100년
통 장

100년

돈 걱정 없는 노후를 준비하는 연금 플랜

통 장

• 하나금융그룹 100년행복연구센터 지음 •

P page2

행복한 은퇴에
등대가 되어주는 책

'100세 시대'라는 표현이 더 이상 낯설지 않게 느껴지는 초고령화사회가 도래하고 있습니다. 최근 코로나19가 기승을 부리고 있지만, 이 또한 100년이라는 긴 인생 여정을 놓고 보면 잠시 스쳐 지나가는 유행과도 같은 것입니다. 코로나19는 백신이 개발되면 종식되겠지만, 은퇴자들의 노후생활을 위협하는 다양한 위험은 여전히 우리 곁을 떠나지 않을 것입니다. 대표적인 것이 바로 은퇴자금의 설계와 운용이라고 할 수 있습니다. 고령화사회가 성큼 다가왔지만 아직도 우리 사회에서는 노후 재정설계에 대한 인식 및 대처 방안에 대한 모색이 부족합니다. 이제는 늘어난 기대수명에 걸맞은 자산 수명의 건강한 연장에 대해 고민이 필요한 시기입니다.

2020년 5월, 하나금융그룹은 이 같은 문제의식 아래 하나은행과 하나금융투자의 연구 역량을 한데 모아 '100년행복연구센터'를 출범했습니다. 센터는 출범 이후 다양한 활동 실적을 남겼습니다. 「생애금융보고서」 시리즈인 「대한민국 퇴직자들이 사는 법」을 통해 이 시대 퇴직자들의 초상을 그려냈으며, 이어 「100년 행복, 금퇴족으로 사는 법」을 통해서는 은퇴설계의 모범적인 사례를 제시함과 동시에 개개인이 각자의 소득 및 자산 수준에 따라 은퇴 준비 정도를 가늠해볼 수 있는 금퇴족 점수표를 제시하여 좋은 반응을 얻었습니다.

이번에 100년행복연구센터원들의 노력으로 한국인들의 은퇴 준비 대안인 연금 관련 이슈를 종합적이고 체계적으로 다룬 『100년 통장』이라는 역작을 발간하게 되었습니다. 『100년 통장』은 차곡차곡 예금을 쌓듯이 은퇴 준비 또한 미리미리 체계적으로 준비해야 한다는 문제의식하에 집필되었습니다. '구슬이 서 말이라도 꿰어야 보배'라는 말도 있듯이, 그냥 많이 쌓는 데 그치지 않고 어떻게 잘 쌓아야 할지에 대한 연구원들의 고심이 녹아 있습니다.

특히 국내 연금 운용 시장은 안전성을 너무 강조한 나머지 원금보장형 투자에 치중되어온 것이 사실입니다. 하지만 바야흐로 제로금리 시대를 맞이하여 적절한 위험하에 수익을 추구해야 하는, 발상의 전환이 필요한 시기입니다. 그렇다고 소중한 노후자산을 별다른 준비 없이 위험자산에 비중을 높여 배분하는 것도 현명하지는 않을 것입니다. 다행히 본서를 통해서 그런 해법을 제시하게 되어 더욱더 의미 있다는 생각입니다.

앞선 연구물들의 기반 아래 연금 선진국들의 사례를 살펴본 것 또한 꼭 필요한 과정이라고 할 수 있습니다. 우리보다 한발 앞서 고령화와 연금자산의 시대를 맞이한 선진국들의 경험을 교훈 삼아 우리 실정에 맞는 대안을 찾아야 하기 때문입니다.

이 책의 가장 큰 의미는 막연한 상황 나열보다는 구체적인 실행 방안을 제시한 데 있다고 생각합니다. 생애주기별 리밸런싱 전략은 그 출발점일 것이고, 실제 위험을 고려할 때 조정수익이 높은 자산에는 어떤 것이 있으며 어떻게 투자하면 좋을지에 대한 전략들을 세부적으로 친절하게 제시하였습니다.

시중에 연금설계에 관한 책들은 이미 많이 있습니다. 하지만 『100년 통장』처럼 이 이슈를 체계적이고 종합적으로 다룬 책은 흔치 않습니다. 이 책이 은퇴자들뿐만 아니라 미래의 행복한 은퇴를 준비하는 모든 한국인에게 작은 등대와 같은 역할을 해주리라는 점을 믿어 의심치 않습니다. 감사합니다.

하나금융그룹 회장 **김정태**

은퇴 후 30년,
어떻게 준비해야 할까?

언론에서는 하루가 멀다고 저출산과 고령화 문제를 이야기한다. 매년 10월 2일이면 노인의 날 행사가 열리고, 정부에서는 100세를 맞이하는 노인들에게 명아주로 만든 전통 지팡이인 청려장(靑藜杖)을 선물한다.

그렇다면 우리나라에서 100년을 넘게 사는 사람들은 얼마나 될까? 보건복지부에 따르면 2020년 8월 말 주민등록 기준으로 2만 1,411명이라고 한다. 2000년에는 934명으로 1,000명이 안 됐는데, 20년 만에 무려 2만 477명이 증가했다. 바야흐로 백세인 2만 명 시대, 많은 사람이 우리의 생각보다 오래 산다.

생활수준이 높아지고 의료 환경도 좋아지면서 이처럼 기대수명이 늘어나고 있기는 하지만, 이를 축복이 아니라 또 다른 숙제로 받아들이는 사람도 많다. 예전 같으면 50대 중반에 은퇴하고 손주들의 재롱을 보며 느긋하게 지내다 70 전후로 세상을 떠나는 게 흔한 인생 마무리로 여겨졌다. 하지만 이제는 그보다 20~30년을 더 살아야 한다.

살아가는 데에는 돈이 든다. 당연한 얘기다. 기본적인 의식주를 떠나 배우고 소통하고 도전하는 등 더 나은 삶을 위한 시도를 하는 데에도 돈이 필요하다. 대부분 사람은 이 돈을 월급을 받아 충당하기에, 일에서 떠나 월급을 받지 못하게 되면 삶 자체가 고통이 된다. 많은 이들이 은퇴 후 삶을 걱정하는 이유가 바로 이것이다. 게다가 한국은 OECD 회원국 중 노인층 빈곤율 1위라는 불명예까지 안고 있다. 이런 이유로 노인층의 경제활동인구도 한국이 OECD 회원국 중 가장 많은 비율을 보인다. 그나마도 청년 세대와 일자리 다툼을 벌이지 않아도 되는 지하철 택배나 경비, 환경미화원 등에 쏠려 있다.

우리는 부모가 자녀 뒷바라지를 하고, 이후 나이가 들면 자녀가 부모를 봉양하는 문화 속에서 살아왔다. 하지만 이제는 살아가는 환경은 물론 인생 주기와 인구구조 자체가 바뀌었기 때문에 그런 전통이 이어지기 어렵다. 1950년대에만 해도 노인 1명을 16명이 부양했다. 하지만 2036년이면 그 숫자가 2명으로 줄어든다는 통계가 있다. 16명이 하던 일을 2명이 한다면 얼마나 잘 해낼 수 있겠는가. 어쩌면 자녀 세대는 자기 삶을 꾸려가기도 버거울 것이다. 경제적으로 저성장 기조가 지속되면서 청년 세대의 취업 문제가 당면 과제로 떠올랐기 때문이다. 전 세계적으로 이 문제는 갈수록 심각성을 더해갈 것이며, 남아 있는 일자리도 앞으로는 기계와 싸우거나 세대 간 자리 다툼을 해야 한다. 한마디로, 노년이 되어도 자력갱생해야 하는 시대인 것이다.

평생 열심히 일했는데, 70 넘어서까지 먹고살기 위해 일해야 한다면 너무 억울하지 않은가? 여기에 힌트를 주는 말이 있다.

"자는 동안에도 돈을 버는 방법을 찾지 못한다면, 당신은 죽을 때까지 일해야 할 것이다."

'오마하의 현인'으로 불리는 워런 버핏의 말이다. 내가 일하는 동안, 그리고 은퇴한 후에도 돈이 돈을 벌어오는 시스템을 만들어두어야 한다. 이 책에서 바로 그 문제를 중점적으로 다루고자 한다.

1장에서는 하나금융그룹 100년행복연구센터에서 실시한 설문조사를 바탕으로 대한민국 퇴직자의 현주소를 짚어본다. 은퇴 준비가 충실해 노후 생활에 대한 걱정이 없는 이들을 금퇴족(金退族)으로 명명하고, 이들의 모습을 2장에서 구체적으로 그려본다. 3장에서는 우리나라의 연금제도를 전반적으로 살펴보고 은퇴 준비를 위한 금융 솔루션을 제안하며, 4장에서는 연금부자 나라들의 연금제도와 운용 현황을 알아본다. 이를 바탕으로 5장에서는 연금자산을 운용할 때의 핵심을 이야기하고, 6장에서는 현시점에 놓치지 말아야 하는 자산 운용 방법을 분야별로 제시한다.

노후 걱정 없이 당당히 은퇴하는 금퇴족은 따로 있지 않다. 현재의 소득수준에서 할 수 있는 노후 준비 전략을 세우고 충실히 이행한다면, 누구나 금퇴족이 될 수 있다. 그 과정에 이 책이 도움이 되기를 기대한다.

차례

6장 › 100년 행복을 위한 연금자산 운용 전략

1장

100세 시대,
축복일까 저주일까

대한민국 퇴직자의
현주소

누구도 은퇴를 피할 수 없기에 노후를 얼마나 안정적으로 보낼 수 있느냐 하는 문제는 모든 사람에게 지대한 관심사다. 그러나 정작 은퇴 후에 얼마의 자금이 필요한지, 은퇴자금을 어떻게 마련해나가야 할지 막막하기만 하다.

하나금융그룹 100년행복연구센터는 2019년 11~12월 서울 등 수도권과 5대 광역시에 거주하는 50~64세 남녀 퇴직자 1,000명을 대상으로, 현재 그들의 생활상을 조사한 보고서 「대한민국 퇴직자들이 사는 법」을 내놓았다. 이들은 직장 생활을 하다가 퇴직한 도시 생활자로, 아직 국민연금을 받을 시기에는 이르지 않은 연령대다. 한마디로 '퇴직'과 '은퇴' 사이에 끼인 사람들인 셈이다. 이들 중에는 당장 생활비가 걱정인 사람이 있는가 하면, 직장에 다니는 동안 탄탄하게 준비한 덕에 노후가 끄떡없다는 사람도 있다. 이들의 응답 내용을 바탕으로 대한민국 퇴직자의 현주소를 짚어보고자 한다.

퇴직자 평균 생활비 252만 원

직장인이라면 평생 자산관리에 힘쓴다. 그러나 자산관리의 성패를 좌우하는 결정적인 시기는 바로 퇴직한 직후다. 우리나라 직장인은 평균 50세 전후에 생애 주된 직장에서 퇴직한다. 이후 재취업을 하거나 자영업을 시작하더라도 수입은 절반 가까이 줄어든다. 그런데 노후자금 관리부터 자녀 결혼, 부동산 활용, 부모 간병, 상속 대비까지 수많은 돈 문제가 이때부터 본격적으로 불거진다. 또한 50대는 전 세대를 통틀어 보유 자산이 가장 큰 시점으로, 이때의 자산관리가 일을 완전히 접게 되는 노후의 경제적 자립을 좌우한다.

「대한민국 퇴직자들이 사는 법」 보고서에 따르면, 생애 주된 직장에서 퇴직한 50~64세 남녀 도시 생활자들은 가구 단위로 평균 월 252만 원을 지출하는 것으로 나타났다. 3명 중 2명은 퇴직하기 이전에 비해 생활비를 줄였다고 답했다. 이들은 월 200~300만 원이면 경제적으로 겨우 자립하는 것일 뿐, 여가를 즐기고 여행도 해보기에는 모자란다고 입을 모은다. 아파트 관리비, 보험료, 의료비 등으로 월 100만 원은 기본으로 나가기 때문이다.

표 1-1 ▶ 퇴직 이전에 비해 현재 지출하는 생활비 수준은?

(단위: %)

생활비 지출을 줄였다	62.8
생활비 지출은 그대로다	29.9
생활비 지출이 늘었다	7.3
계	100

※ 월평균 생활비: 252만 원
※ 수도권과 5대 광역시에 거주하는 50~64세 남녀 퇴직자 1,000명을 대상으로 함

부부 중 1명 이상이 경제활동을 하는 가구 84.8%

그렇다면 이들은 생활비를 어떻게 충당할까? 생활비의 주된 원천은 재취업이나 창업을 해서 벌어들이는 소득으로, 부부 중 1명 또는 둘 다 경제활동을 지속한다고 답했다. 조사 대상자 중 37.2%는 재취업, 17.9%는 자영업이라는 형태로 일을 계속하고 있으며, 현재 미취업자라고 하더라도 64.8%는 재취업 또는 창업을 준비 중이었다. 여기에 배우자가 일하는 경우까지 고려하면, 부부 중 1명 이상이 경제활동을 하는 가구가 무려 84.8%에 달하는 것으로 밝혀졌다. 이때 평균적인 경제활동 소득은 월 394만 원이다.

표 1-2 › 퇴직 이후 경제활동 현황

퇴직 이후 경제활동으로 벌어들이는 소득

(단위: 만 원, %)

부부 모두 미취업	0	15.2
부부 중 1인 이상 경제활동	393.7	84.8
계		100

경제활동 중 외벌이·맞벌이 소득 및 비율

외벌이	331.5	55.9
맞벌이	513.9	28.9
계		84.8

외벌이 중 남성·여성 소득 및 비율

남성	363.9	44.8
여성	200.8	11.1
계		55.9

※ 월평균 경제활동 소득: 394만 원

노후 경제적 자립에서 퇴직금의 역할

퇴직 당사자나 배우자의 경제활동 다음으로 중요한 생활비 원천은 그 동안 모아놓은 금융자산이다. 여기에는 생애 주된 직장에서 받은 마지막 퇴직금이 중요한 부분을 차지하는데, 조사 결과 58.3%는 마지막 퇴직금을 바로 인출했지만 나머지 41.7%는 퇴직금을 일부 또는 전부 남겨두고 금융자산으로 운용 중이라고 답했다.

퇴직금을 운용 중인 이들에게 그 사용처를 물어보니, 30.9%가 정기적으로 인출하여 생활비에 보탰다고 답했다. 그 밖에 자녀 지원, 주택 마련, 투자용 부동산 매입, 사업자금이나 기타 투자 목적 등 다양한 응답이 나왔다. 여기서 중요한 사실은 남겨둔 퇴직금이 경제적 자립에 도움이 된다고 답한 사람이 절반을 넘는다는 것이다. 퇴직금 전부 또는 일부를 남겨 계속 운용하는 사람 중에서 2명 중 1명꼴인 50.8%가 '매우 도움 된다(9.8%)', '도움 된다(41.0%)'라고 답했다.

표 1-3 › 퇴직금이 경제적 자립에 도움이 되는가?

(단위: %)

전부 또는 일부를 금융 상품으로 운용 중인 퇴직금의 사용처는?(417명)

생활비 보충	30.9
자녀 학자금, 결혼자금	20.4
주택 매입	5.8
투자용 부동산 매입	5.5
기타 투자	7.0
사업자금	2.6
대출 상환	6.2
자녀 이외 친족 지원	1.0
잘 모르겠다	20.6
계	100

마지막 퇴직금이 경제적 자립에 얼마나 도움이 되었나?(417명)

매우 도움됨	9.8
도움됨	41.0
보통	35.3
별로 도움 안 됨	12.0
전혀 도움 안 됨	1.9
계	100

퇴직자 2명 중 1명은
아직도 노후 준비 중

퇴직과 동시에 노후 준비도 마쳤다면 걱정이 없을 텐데 현실은 그처럼 녹록지 않다. 실제로 금번 응답자 중 8.2%만이 노후자금이 충분하다고 답했고, 3명 중 2명(66.0%)은 노후자금이 부족하다고 말했다.

퇴직자들이 충분하다고 생각하는 노후자금은 얼마일까? 그리고 부족한 노후자금은 어떻게 마련할 수 있을까?

퇴직자가 원하는 노후자금은 평균 6억 800만 원
—

노후자금으로 얼마가 있어야 충분하다고 생각하는지 퇴직자들의 생각을 들어봤다. 그 결과 평균 6억 800만 원으로 조사됐다. 이를 위해 퇴직자 2명 중 1명(54.2%)은 퇴직 후에도 노후 준비를 위한 저축을 이어가는데, 평균 저축액은 월 109.5만 원이었다. 물론 노후 준비를 위한 저축액은 사람마다 달라 5명 중 1명(20.1%)은 월 50만 원 미만을 저축하는 한편, 또 다른 5명 중 1명(18.1%)은 월 200만 원 이상 저축했다.

표 1-4 ▶ 노후자금 마련을 위한 월평균 저축액은?

(단위: %)

노후자금이 충분하다고 생각하는가?

충분하다	8.2
보통이다	25.8
부족하다	66.0
계	100

노후자금 마련을 위해 저축을 계속하고 있는가?

하고 있음	54.2
하지 않음	45.8
계	100

저축 중인 사람들의 월평균 저축액(월평균 저축액 109.5만 원)

50만 원 미만	20.1
50-100만 원	28.2
100-150만 원	26.2
150-200만 원	7.4
200만 원 이상	18.1
계	100

노후자금의 든든한 한 축, 국민연금

___

매달 적립한 국민연금도 노후자금 계산에서 빠질 수 없다. 퇴직자들은 국민연금을 통해 평균 93.9만 원을 받을 것으로 예상했다. 언제부터 받기 시작할 것이냐는 질문에는 퇴직자 대부분(72.4%)이 노령연금 수급 연령에 맞춰 받겠다고 답했다. 그 밖에 국민연금을 일찍 받는 조기연금을 신청하겠다는 응답이 12.3%, 연기연금을 신청해서 늦게 받는 대신 연금액을 늘리겠다는 응답이 15.3%를 차지했다.

표 1-5 › 국민연금 예상 수령 시기는?

(단위: %)

수급 연령에 맞춰 수령	72.4
조기연금 신청	12.3
연기연금 신청	15.3
계	100
퇴직자들의 국민연금 예상 수령액	939,000원

※ 대상자 중 국민연금 수령 예정자 848명

생활비 월 300만 원이면 안심할 수 있는 수준

___

앞서 봤듯이, 50대 이상 퇴직자들이 평균적으로 바라는 노후자금은 6억 800만 원이다. 6억 800만 원은 월 195만 원을 30년 동안 꺼내 쓸 수 있을 정도의 금액이다(매년 물가상승률만큼 늘려 인출하고, 물가상승률보다

1%p 정도 높은 수익률로 노후자금을 운용한다고 가정했을 때의 결과). 여기에 국민연금 예상액 월 94만 원을 더하면 30년간 노후 생활비 월 289만 원 정도가 확보되는 셈이다.

이렇게 역산을 해보니, 퇴직자들은 생활비로 월 300만 원 정도가 확보되면 안심할 만한 수준으로 본다는 걸 알 수 있었다.

그림 1-1 › 퇴직자들이 생각하는 노후자금과 국민연금

주 1: 월 195만 원은 매년 물가상승률만큼 늘려 인출하고, 물가상승률보다 1%p 정도
높은 수익률로 노후자금을 운용한다고 가정했을 때의 결과

월요병이 가고
퇴직 후유증 찾아온다

대부분 직장인이 매일 아침 만원 전철에 시달리고, 업무와 인간관계에서 오는 스트레스로 고통받는다. 월요일 아침이면 괜히 우울하고 몸도 무거워지는 월요병에 시달린다. 그러다 보니 직장 그만두고 쉬는 사람이 그저 부럽기만 하다.

그런데 실제로 직장을 그만두면 내 인생이 행복에 좀더 가까워질 수 있을까? 대한민국 퇴직자들의 '퇴직 후유증'에 대한 생각을 들어봤다.

대부분 퇴직자가 직장에서 벗어나면 마냥 홀가분할 줄 알았지만 월요병보다 더 길고 힘든 '퇴직 후유증'을 겪었다고 답했다. 퇴직 후유증은 생애 주된 직장에서 퇴직한 후, 가족과 사회에 적응하지 못하는 상황을 말한다. 100년행복연구센터의 조사에 따르면 퇴직자의 65.4%가 퇴직 후유증을 경험한 적이 있으며, 후유증이 3년 이상 계속되는 경우도 20%가량 됐다.

표 1-6 ▶ 퇴직 후유증을 경험한 적이 있는가?

(단위: %)

지금도 겪고 있음	26.6
과거에 겪은 적 있음	38.8
전혀 겪은 적 없음	34.6
계	100

퇴직 후유증 경험 여부-남성

지금도 겪고 있음	27.9
과거에 겪은 적 있음	41.7
전혀 겪은 적 없음	30.4
계	100

퇴직 후유증 경험 여부-여성

지금도 겪고 있음	25.1
과거에 겪은 적 있음	35.3
전혀 겪은 적 없음	39.6
계	100

퇴직 후유증의 원인과 극복하는 방법

퇴직 후유증을 겪게 되는 주된 이유는 무엇일까? 퇴직 후유증은 여성보다 남성이 더 많이 겪는 것으로 나타났다. 후유증의 주된 원인으로 남성은 '가장으로서 생계를 책임지지 못한다는 압박감'이, 여성은 '성취와 사회적 지위 상실감'이 가장 많았다. 또한 남녀 공통으로 퇴직 이후 가족과 소통하고 자신의 역할을 찾는 데 어려움을 느낀다고 답했다.

퇴직자들이 완전은퇴를 희망하는 시기는 평균 66세이지만, 만 60~64세의 응답자 중 '70세가 넘어도 일하겠다'라고 대답한 이들이 60.5%였다. 만 50~54세에 주된 직장에서 퇴직하는 것을 고려한다면, 이후에도 길게는 20년가량 경제활동을 하는 셈이다.

퇴직자들의 절반 이상은 퇴직 후 1년 정도면 후유증을 극복하는 것으로 보이는데, 2명 중 1명은 퇴직 후유증을 극복한 이후에도 가끔 우울증이나 불안함을 느낀다고 했다. 퇴직 후유증을 극복한 계기로 남성은 경제활동 재개(49.8%), 여성은 여가활동(47.2%)이라고 답했으며 배우자와의 관계가 좋을수록 회복의 속도가 좀더 빨랐다.

표 1-7 › 퇴직 후유증의 원인은 무엇이고, 어떻게 극복했는가?

퇴직 후유증의 원인

구분	남성	여성
1위	가장 역할 압박감	성취와 지위 상실감
2위	성취와 지위 상실감	자아실현 하락
3위	가족과 소통 문제	가족과 소통 문제

퇴직 후유증 극복 방법

구분	남성	여성
1위	경제활동 재개	여가활동
2위	가족의 위로와 격려	시간이 지나며 점차 극복됨
3위	여가활동	가족의 위로와 격려

재취업 대신 창업에 도전하는 사람들

퇴직 후 창업을 선택한 퇴직자들의 이야기도 눈여겨볼 만하다. 남성은 도소매업과 음식점, 여성은 도소매업과 교육업에 도전하는 비율이 높았다. 자영업을 선택한 이유로는 '특별한 기술이 없고 그나마 할 수 있는 것을 찾아서(33%)', '시간을 자유롭게 쓰고 싶어서(33%)'라고 답했다. '자영업을 하고 싶어서(13.4%)' 시작했다는 응답은 상대적으로 낮았다. 창업자금을 마련한 방법으로는 보유 중인 금융자산을 활용하거나 퇴직금과 대출을 이용했다고 답한 비중이 월등히 높았다.

표 1-8 › 창업자금은 어떻게 마련했는가?

(단위: %)

보유 금융자산	62.6
퇴직금	45.8
대출	37.4
친인척	14.5
부동산 매각	7.8
불필요	3.9
계	172.0

※ 응답 1~3순위 합산

2장

금퇴족을
아시나요

금퇴족을 꿈꾸는 사람들

금퇴족은 누구인가?

인생은 후반전이 멋있어야 한다고 흔히 말한다. 젊음을 바친 일터를 뒤로하고 새롭게 시작하는 인생 후반전의 든든한 버팀목은 누가 뭐래도 풍족한 노후자금이다. 100년행복연구센터는 금번 조사를 통해 생애 주된 직장에서 은퇴한 50대 이상 퇴직자 가운데, 스스로 노후자금이 충분하다고 평가한 사람들을 '금퇴족'이라고 정의했다.

금퇴족은 전체 응답자 1,000명 가운데 단 8.2%를 차지했다. 인생 후반전에 대한 준비를 착실히 해나가기가 쉽지 않음을 보여주는 결과다. 금퇴족은 현재에 이르기까지 경제활동이나 자산관리에서 다른 이들과 어떻게 차별화됐는지, 그들의 모범 사례에서 우리가 배워야 할 점은 무엇인지 살펴보고자 한다.

50대 이상 퇴직자들은 한 달 생활비로 평균 252만 원을 쓴다. 그러나 금퇴족은 평균적으로 308만 원을 지출한다. 조사 대상자 평균 252만 원보다 52만 원이나 더 많은 것이다. 이들 중 상당수(67%)는 당장 생활비를 마련하는 데에도 지장이 없다고 답했다.

표 2-1 ▶ 노후자금이 충분하다고 생각하는가?

(단위: %)

충분하다(금퇴족)	8.2
보통이다	25.8
부족하다	41.6
매우 부족하다	24.4
계	100

월 평균 생활비 지출 금액

(단위: 만 원)

금퇴족(+56.2만 원)	307.9
전체 퇴직자	251.7

※ 평균적으로 생각하는 노후자금 6억 800만 원

금퇴족의 주요 생활비 원천은 금융자산

금퇴족도 다른 퇴직자들과 마찬가지로 재취업이나 자영업 창업처럼 경제활동이 주요한 생활비 원천이라고 답했다. 다만 차이점이 있다면, 금융자산이 큰 비중을 차지한다는 점이었다.

표 2-2 ▶ 생활비를 마련하는 주요 방법

(단위: %)

구분	금퇴족	전체
배우자의 경제활동	48.8	52.2
본인(나)의 경제활동	41.5	49.7
모아놓은 금융자산	62.2	40.8
부동산 임대	26.8	10.3
부모, 자녀가 주는 용돈	1.2	7.6
대출	0.0	7.5
정부, 지역사회의 지원	2.4	4.3
기타	1.2	1.1
계	184.1	173.5

※ 응답 1~2순위 합산

표 2-3 ▶ 생활비에 쓰이는 금융자산의 비중

(단위: %)

구분	금퇴족	전체
퇴직연금, 연금저축, 연금보험	47.1	30.6
입출금 계좌, 예적금	37.9	56.2
주식, 채권 및 펀드 등 투자상품	15.0	13.2
계	100	100

금퇴족의 다섯 가지 공통점

———

첫째, 연금 활용에 일찍부터 눈떴다

금퇴족은 일찍부터 노후자금 마련에 나섰다. 금퇴족 3명 중 1명(34.2%)은 35세 이전에 이미 노후자금을 모으기 시작했다. 특히 연금 상품을 더 일찍부터, 더 많이 활용했다는 게 두드러진 차이점이다.

조사 대상자들에게 젊었을 때부터 50세가 될 때까지 자산을 모으기 위해 어떤 금융상품을 주로 활용했는지 물어봤다. 금퇴족은 25세 이전에 이미 연금을 활용한 경우가 20.7%나 됐고, 나이가 들수록 점차 늘어나 40대에서는 절반 가까이(46.3%)가 연금을 활용했다고 답했다. 그에 비해 다른 퇴직자들은 연금 활용 비율이 25세 이전에 12.5%, 40대에 이르러서도 30% 수준에 불과했다. 연령대별 연금 활용 비중 면에서 금퇴족은 동료 퇴직자에 비해 10년 정도 앞서 있었던 셈이다.

그 결과 금퇴족은 당장 생활비를 마련하는 데 연금 덕을 톡톡히 보고 있으며, 생활비 가운데 연금이 차지하는 비중이 크다. 이 밖에도 금퇴족은 연금의 달인이라고 할 만큼 연금제도를 잘 활용하고 있었다. 금퇴족 중 62.7%는 앞으로도 국민연금 수령액을 고려해서 지금 하고 있는 일과 자산관리를 계획해두었다고 답했다.

둘째, 금융상품 투자 경험이 많다

금퇴족은 금융상품으로 자산을 축적하는 투자자다. 금퇴족은 다른 퇴

그림 2-1 ▶ 연령대별 연금활용 비중 및 투자상품 활용 여부

과거 연령대별 연금활용 비중
(단위: %)

😊 금퇴족　😣 그 외

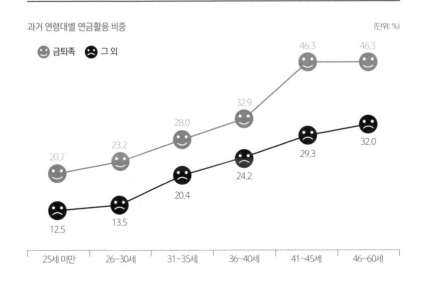

😊 20.7　😊 23.2　😊 28.0　😊 32.9　😊 46.3　😊 46.3

😣 12.5　😣 13.5　😣 20.4　😣 24.2　😣 29.3　😣 32.0

| 25세 미만 | 26~30세 | 31~35세 | 36~40세 | 41~45세 | 46~60세 |

과거 연령대별 투자상품 활용 여부
(단위: %)

😊 금퇴족　😣 그 외

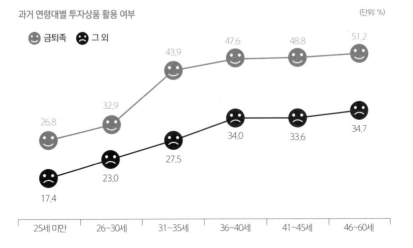

😊 26.8　😊 32.9　😊 43.9　😊 47.6　😊 48.8　😊 51.2

😣 17.4　😣 23.0　😣 27.5　😣 34.0　😣 33.6　😣 34.7

| 25세 미만 | 26~30세 | 31~35세 | 36~40세 | 41~45세 | 46~60세 |

※ 과거 시점별로 자산 축적에 활용한 금융상품(MMF를 제외한 펀드, 주식, 파생상품 등)을 3순위까지 질문함

직자에 비해 펀드나 주식, 파생상품을 더 많이 활용한 것으로 나타났다. 특히 절반에 가까운 금퇴족(43.9%)이 30대 초반에 이미 금융상품에 투자했고, 이후 50세까지 투자 경험이 조금씩 늘었다. 세부적인 상품별로는 '주식, 펀드, 파생상품'의 순으로 투자 경험이 많았다.

셋째, 자산관리 정보를 지속적으로 수집한다

금퇴족은 자산관리에 관한 정보를 지속적으로 수집한다. 금퇴족 4명 중 1명(25.6%)은 투자 지식이나 정보 측면에서 자신감이 있다고 답했다. 금퇴족 외 퇴직자 중에서는 7.0%만이 자신 있다고 답한 점과 대비된다. 특히 금퇴족은 다른 퇴직자에 비해 금융회사의 자산관리 및 운용 전문가를 활용해본 경험이 많았다.

표 2-4 › 금퇴족은 어떤 영역에서 전문가와 상담하는가?

(단위: %)

보험	70.3
은퇴자산 운용	45.9
세금관리	37.8
상속 및 증여	16.2
부동산 관리	13.5
기타	8.1
계	191.8

※ 복수 응답

넷째, 일찍부터 내 집을 마련했다

표 2-5 ▶ 생애 첫 주택 마련 시기는?

(단위: %)

구분	금퇴족	일반 퇴직자
34세 이전	46.1	34.8
35~39세	26.3	26.1
40~44세	15.8	17.8
45~49세	9.2	13.5
50~54세	0.0	5.9
55세 이상	1.3	0.9
기타	1.3	1.0
계	100	100

※ 대상자 중 주택 보유자 755명

금퇴족 대부분(92.7%)은 본인이나 배우자의 명의로 된 주택을 보유하고 있다. 특히 금퇴족 중 46.1%는 34세 이전에 생애 첫 주택을 마련했고, 금퇴족 외 퇴직자의 경우 34.8%가 34세까지 주택을 장만했다. 금퇴족 10명 중 9명(88.2%)은 40대 초반까지 주택을 마련했다. 주거안정이 중요한 만큼 다른 퇴직자들 역시 대다수(78.7%)가 40대 초반까지 첫 주택을 마련한 경험이 있었지만 금퇴족에게는 미치지 못했다.

금퇴족은 거주 주택 이외의 부동산을 보유한 경우도 많았다. 10명 중 7명(72.0%)이 거주 주택 이외의 부동산을 가지고 있었다. 다른 퇴직자도 거주 주택 이외의 부동산을 보유한 경우가 10명 중 4명(37.0%)으로 나타났다. 부동산의 유형별 선호도는 금퇴족 여부를 불문하고 모든 퇴직자가 비슷하게 나타나, '주택(1가구 2주택 이상), 토지, 상가, 오피스텔' 순이었다.

다섯째, 부동산으로 현금흐름을 만들었다

금퇴족은 경제활동을 계속하고 금융자산을 활용하는 것뿐만 아니라 부동산에서도 현금흐름을 만들고 있다. 금퇴족 중에서는 주택·상가·창고 등을 통해 임대소득을 얻는다는 비중이 41.5%나 됐고, 토지 같은 그 외 부동산 임대수익이 있다는 경우도 8.5%나 됐다. 생활비를 마련하는 방법이 한곳에 집중되지 않는 '소득원의 분산'을 이루는 것이다. 소득원의 분산 역시 분산투자처럼 리스크를 줄이는 역할을 한다. 예기치 않게 잠시 일을 못 하게 되는 상황이 되어 한 군데에서 소득이 잠시 끊기더라도 다른 소득원으로 충당할 수 있기 때문이다.

그렇다면 금퇴족을 제외한 다른 퇴직자들은 소득원의 분산을 어떻게 이룰 수 있을까? 그 해법 중 하나가 바로 주택연금이다. 주택 보유자 중 73.5%는 주택연금 가입 계획을 세워두고 있거나 노후자금이 부족해지는 상황이 되면 주택연금을 비상수단으로 활용할 계획이었다. 이들은 평균적으로 68세부터 157만 원씩 주택연금을 받을 것으로 전망했다. 금퇴족 역시 절반 이상(52.7%)이 주택연금 활용 의향이 있었다. 이들은 평균 72세부터 월 174만 원씩 받을 것으로 예상했다.

금퇴족에게도 걱정거리는 있다

노후 생활 걱정 없이 당당하게 퇴직한 금퇴족, 아무런 걱정이 없을 것 같지만 그들에게도 걱정거리는 있다. 그 핵심은 바로 건강과 가족이다. 가장 큰 걱정거리는 앞으로 늘어날 의료비이고, 결혼시켜야 할 자녀나 아직 학업을 마치지 못한 자녀의 뒷바라지를 해야 한다는 점, 거기다 노부모 봉양 문제도 남아 있다. 특히 금퇴족은 투자자산도 많은 만큼 다른 퇴직자에 비해 투자관리를 지속적으로 해야 하는 등, 길어진 인생 덕에 책임질 거리도 늘어난 셈이다. 노인이라고 뒤편으로 물러서기에는 아직 몸도 마음도 젊은 퇴직자들, 이들이 퇴직 후에도 일과 자산관리를 놓지 않는 이유다.

빅데이터로 분석한
금퇴족의 노후 준비

100년행복연구센터의 퇴직자 설문조사에서 금퇴족은 현역 시절 일찍부터 연금을 활용했고, 금융투자도 꾸준히 계속해온 것으로 드러났다. 이를 일반화할 수 있을까? 100년행복연구센터는 하나은행 빅데이터 분석 기술을 활용하여 퇴직 이전의 금퇴족, 젊은 금퇴족의 사례들도 찾아 분석했다.

지금의 생활수준을 유지할 수 있다면, 당신은 금퇴족

금퇴족을 찾기 전에 짚고 넘어가야 할 게 있다. '금퇴족' 하면 어떤 이미지가 떠오르는가? 아마도 대부분 사람은 부자들의 모습을 떠올릴 것이다. 노후자금이 몇십억은 훌쩍 넘을 것 같은 사람들 말이다. 그러나 100년행복연구센터가 생각하는 금퇴족은 부자들만이 아니다. 은퇴 이후에도 생활수준이 크게 나빠지지 않고 지금과 같은 삶이 가능하다면, 그만한 금융자산을 마련하기 위해 차곡차곡 모아가고 있다면, 누구나 금퇴족이 될 수 있다.

앞서 제시한 설문조사 결과에서 50~64세 퇴직자가 '충분하다'라고 답한 노후자금은 평균 6억 800만 원이었다. 하지만 이들이 내놓은 개별적인 생각을 들여다보면 커다란 차이가 드러난다. 5,000만 원이면 노후자금으로 충분하다는 사람이 있는가 하면, 10억도 모자라 12억 원이 넘어야 한다고 답한 이들도 있다. 사람마다 필요하다고 생각하는 노후자금이 천차만별이라는 얘기다.

그림 2-2 ▶ 50~64세 퇴직자들이 말하는 충분한 노후자금은?

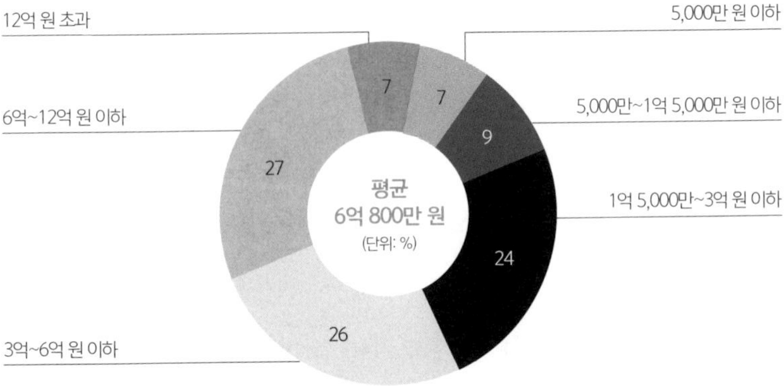

12억 원 초과
6억~12억 원 이하
3억~6억 원 이하

5,000만 원 이하
5,000만~1억 5,000만 원 이하
1억 5,000만~3억 원 이하

평균
6억 800만 원
(단위: %)

7
7
9
24
26
27

※ 수도권과 5대 광역시에 거주하는 50~64세 남녀 퇴직자 1,000명을 대상으로 함

소득수준과 보유한 금융자산에 따라 금퇴족을 찾다

―

필요로 하는 노후자금이 사람마다 다른 건 당연한 일이다. 노후에 얼마나 쓸 것인지가 저마다 다르기 때문이다. 국민연금의 국민노후보장 패널에서 제시한 부부 적정 생활비 월 243만 원이 대표적인 노후 생활비 기준이지만, 이 역시 어디까지나 평균치일 뿐이다. 소득수준에 따라 그보다 덜 소비하는 사람, 반대로 그 정도로는 턱없이 부족한 사람이 있기 마련이다.

더불어 돈을 어떻게 굴리느냐, 주로 무엇으로 운용하느냐에 따라서도 노후자금은 달라진다. 지출이 같아도 자금을 주로 예·적금으로 운용할 때는 더 많은 돈을 미리 쌓아두어야 한다. 반면 자금을 금융투자자산으로 운용한다면 예금만 있을 때보다 저축액이 작아도 될 것이다. 기대수익률이 높으면 앞으로 자금이 더 빠른 속도로 늘어날 수 있기 때문이다.

수많은 사례 가운데 금퇴족을 찾으면서 이 두 가지 요소를 고려했다. 개인별로 소득수준과 소비수준을 추정했고, 은퇴 시점으로 본 60세 이후 기대여명 동안 오늘의 소비지출이 유지되어야 한다는 것으로 노후소득의 기준을 세웠다. 또한 언제든지 꺼내 쓸 수 있는 요구불 예금부터 적금, 보험, 국내외 채권과 주식형 펀드까지 보유 금융자산에 따라 기대수익률을 달리 적용했다.

빅데이터를 통해 금퇴족을 찾는 작업은 2019년 12월 기준 하나은행 고객 중 30~55세 남성을 대상으로 실행했다(그림 2-3).

그림 2-3 › 금퇴족 찾기 프로세스

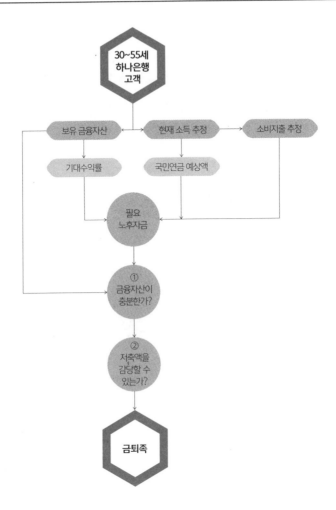

연령대별로 살펴본 금퇴족

—

50대 초반의 금퇴족, 은퇴 이후 월 298만 원의 현금흐름 확보

먼저 퇴직이 가장 가까운 50대 초반부터 살펴보자. 같은 연령대의 수많은 사례 가운데 추출된 금퇴족을 보면, 월소득은 평균 511만 원으로 파악됐다. 이는 통계청 자료에 따른 같은 연령대 임금근로자 평균(442만 원)보다 69만 원 많은 액수다.

현재 소득수준에 따라 추정된 금퇴족의 소비지출은 평균 월 298만 원이다. 이 금액 가운데 131만 원, 그러니까 약 44%는 국민연금으로 충당할 것으로 예상된다. 그러니 남은 167만 원의 현금흐름은 자신이 가진 금융자산에서 마련해야 한다.

50세가 넘었으니 이미 생애 주된 직장에서 퇴직했거나 퇴직이 가까울 텐데, 이런 상황에서 저축을 계속할 수 있을까? 결코 쉬운 일은 아니지만, 많은 사람이 50대 이후에도 저축을 계속하고 있다. 100년 행복연구센터의 설문조사 결과에 따르면, 절반 이상(54.2%)이 노후자금 마련을 위해 저축을 계속하는 것으로 나타났다.

그림 2-4 ▸ 50대 초반 금퇴족의 필요 생활비

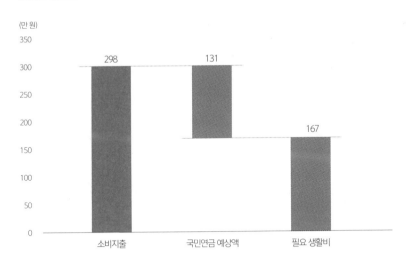

(만 원)

※ 하나은행 고객 중 2019년 12월 기준 30~55세 남성을 대상으로 함

40대 초반, 금퇴족의 윤곽이 드러나는 시기

금퇴족이 금융자산을 더 많이 가진 사람들이라는 점은 당연한 일이다. 그 차이가 본격적으로 두드러지기 시작하는 시점은 바로 40대 초반이다.

연령대별 전체 남성과 금퇴족의 금융자산 크기를 살펴봤더니, 30대까지는 그리 큰 차이가 나지 않았다. 30대 초반 금퇴족은 평균 6,000만 원을 가져 전체 조사 대상에 비해 1,000만 원 더 많은 것에 그쳤고, 30대 후반에도 1억 1,000만 원으로 전체와의 격차는 5,000만 원 정도였다.

그러다 40대 초반으로 가면 이야기가 달라진다. 금퇴족과 전체 사이에 1억 원 이상의 차이가 난다. 40~44세 금퇴족의 금융자산은 2억 원으로 전체(8,000만 원)에 비해 1억 2,000만 원이나 더 많다. 30대 후반 금융자산의 차이가 5,000만 원일 때는 어느 정도 따라잡을 수 있겠지만, 1억 2,000만 원이면 1~2년 만에 따라잡을 수 있는 수준이 아니다. 40대 후반과 50대 초반으로 갈수록 격차는 더 벌어진다. 45~49세의 금융자산 격차는 2억 2,000만 원, 50~55세일 때는 2억 7,000만 원으로 커진다.

따라서 금퇴족이 되기 위한 마지노선은 40대 초반이라고 볼 수 있다. 저축과 투자를 그 이후로 늦출수록 금퇴족이 되기란 불가능에 가까워진다.

그림 2-5 › 금퇴족의 보유 금융자산

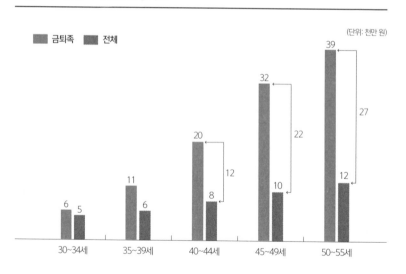

금융자산의 구성으로 살펴본 금퇴족

연금·펀드·신탁이 금융자산의 60% 이상을 차지한다

달라지는 것은 금융자산의 크기만이 아니다. 상품 구성에서도 40대 초반부터 차이가 나타나는데, 금퇴족은 연금·펀드·신탁이 전체 금융자산의 60% 이상을 차지한다. 연령대별로 조금씩 다르지만, 전체 조사 대상의 연금·펀드·신탁 비중은 대체로 50% 전후다. 그에 비해 금퇴족은 7~15%p 정도 더 높다.

비중으로 보면 차이가 그리 크지 않은 것처럼 보이지만, 금액으로 따져보면 엄청난 차이임을 알 수 있다. 예를 들어 40대 초반 금퇴족의 금융자산 2억 원 가운데 연금·펀드·신탁 규모는 1억 3,000만 원인 데 비해, 같은 연령대 전체 조사 대상의 금융자산 8,000만 원 가운데 연금·펀드·신탁 규모는 4,000만 원 정도에 불과하다.

그림 2-6 › 연령대별 금융상품 비중

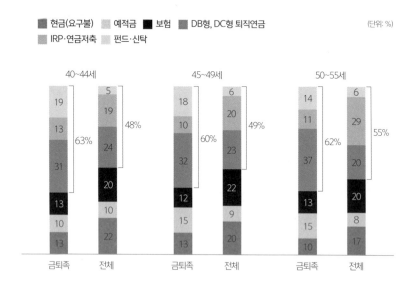

주식 비중은 40~44세에, 펀드 규모는 45~49세에 절정을 이룬다

보통은 일반 펀드계좌를 개설해 펀드투자를 하는데, 직장인이나 소득이 있는 사람들은 회사에서 가입하는 DC형 퇴직연금이나 개인형 퇴직연금(IRP) 또는 연금저축펀드를 통해서도 펀드투자를 할 수 있다. 이런 식으로 펀드에 투자한 사례를 살펴보니, 금퇴족은 40대부터 본격적으로 투자 규모가 늘기 시작하여 40대 후반에 절정을 이루고 50대까지 이어지는 것으로 분석됐다.

그림 2-7 › 연령대별 펀드투자 규모 및 비중

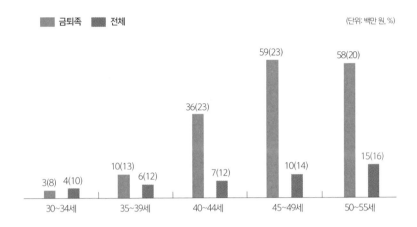

※ DC형, IRP, 연금저축(펀드), 일반 리테일 펀드 등으로 MMF, 채권, 주식, 혼합형 펀드잔액임
※ 괄호 안은 DB형 적립금을 제외하고 직접 관리하는 자산 가운데 펀드 투자자산의 비중임

40~44세의 펀드투자 금액은 평균 3,600만 원으로 밝혀졌다. 이는 퇴직금(DB형 적립금)을 제외하고 자신이 직접 관리하는 금융자산 가운데 23%를 차지한다. 펀드투자는 44~49세일 때 5,900만 원으로 가장 많았고, 50~55세에는 5,800만 원으로 비슷한 규모를 보였다. 펀드를 활용한 주식투자 비중은 전 연령대 가운데 40대 초반이 15%로 가장 높으며, 45~49세일 때 12%, 50~55세일 때 8%로 점차 낮아졌다.

그림 2-8 › 연령대별 주식투자 비중

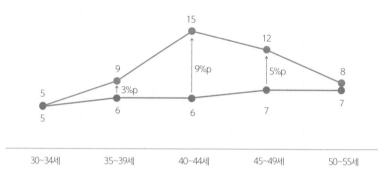

부동산이 있다면 금퇴족의 범위는 확대된다

부동산이 있다면 금퇴족의 범위는 확대된다

금융자산 이외에 부동산으로 현금흐름을 만들 수 있다면 금퇴족의 모습은 어떻게 달라질까?

60세 이후 기대여명 동안 부동산에서 월 65만 원씩 나온다고 해보자. 2019년 한국감정원에 따른 우리나라 평균 주택 가격 3억 1,000만 원을 가지고 60세부터 종신정액형 주택연금을 받는다고 가정한 것이다. 종신정액형 주택연금은 평생 매월 동일한 연금액을 지급해주는 것으로, 국민연금처럼 물가상승률에 따라서 연금액이 늘어나지는 않는다.

그림 2-9 ▶ 부동산을 고려한 금융자산 규모

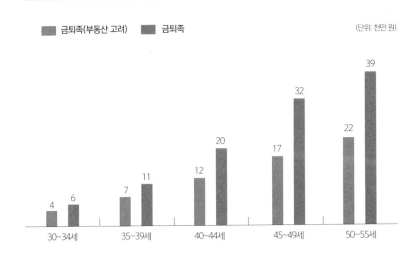

주택연금과 부동산 현금흐름이 있다면 금퇴족이 되기 위한 금융자산 금액은 줄어든다. 금융자산 외의 현금흐름 월 65만 원을 고려하여 금퇴족을 다시 찾아봤다. 그 결과 50대 초반 금퇴족의 필요 금융자산은 3억 9,000만 원에서 2억 2,000만 원으로 1억 7,000만 원 줄었다. 금융자산 규모만 보면 10년 전 40대 초반 수준(2억 원)으로 돌아가는 것이다.

또 하나의 변화는 필요한 주식투자 비중도 줄어든다는 것이다. 펀드를 활용한 주식투자도 전 연령대에 걸쳐 8% 수준으로 낮아졌다. 특히 주식투자 비중이 가장 컸던 40~44세의 경우 주식 비중이 기준 15%에서 8% 수준으로 가장 크게 줄었다.

그림 2-10 ▶ 부동산을 고려한 주식투자 비중

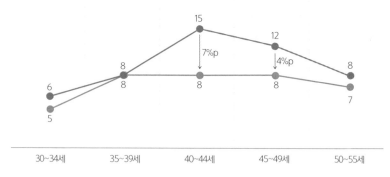

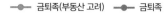

※ 국내외 주식형 및 혼합형 펀드 잔액을 바탕으로 주식투자 비중을 계산함
※ DB형 적립금을 제외하고 개인이 직접 관리하는 자산 대비 주식의 비중임

    100년행복연구센터의 퇴직자 대상 설문조사에서도 대부분(73.5%)이 추후 주택연금을 노후자금으로 활용할 수 있을 것으로 생각하고 있었다. 하지만 주택연금 활용 의향이 있는 사람 대부분(54.4%)은 노후자금이 부족해지는 상황일 때에야 주택연금을 활용하겠다고 생각했다. 처음부터 주택연금을 노후자금원에 포함시키겠다는 사람은 5명 중 1명(19.1%)에 불과했다. 따라서 거주 주택 외에 현금흐름이 창출되는 부동산이 없다고 본다면, 부동산 현금흐름을 고려하지 않은 경우의 금퇴족을 기본 모델로 삼는 게 더 안전한 방법이다.

소득수준이 높을수록 금퇴족이 되기 위한
금융자산도 더 많이 필요하다

소득 월 300만 원 미만인 50대 금퇴족의 금융자산은 평균 1억 5,000
만 원이다. 이후 소득이 높아질수록 금융자산도 늘어난다. 예컨대 소
득 월 300~400만 원 대는 3억 1,000만 원, 500~700만 원 대는 5억
1,000만 원이다. 소득이 그보다 더 높은 경우 금퇴족의 평균 금융자산
은 10억 6,000만 원이다.

이처럼 소득이 높을수록 금퇴족이 되기 위한 금융자산 역시 덩달아
커지는 것은 당연한 결과다. 소득이 커질수록 소비지출도 증가하기 때
문이다. 소비지출이 증가하더라도 국민연금 예상액은 일정 수준 이하

그림 2-11 › 소득수준별 50대 금퇴족의 예상 소비지출과 국민연금 예상액

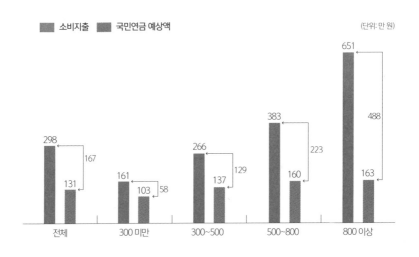

에서 머물기 때문에 소득이 높아질수록 직접 마련해야 하는 현금흐름 규모는 커질 수밖에 없다.

〈그림 2-11〉을 보면 50대 금퇴족의 예상 소비지출과 국민연금 예상액을 알 수 있다. 평균적으로 50대 금퇴족의 소비지출은 월 298만 원이고, 이 중 월 131만 원은 국민연금으로 충당할 것으로 추정됐다. 소득수준별로 보면 월소득 300만 원 미만의 경우 추정되는 소비지출액 161만 원 가운데 64%(103만 원)가 국민연금 수령액이므로, 나머지 58만 원을 금융자산으로 마련해야 한다. 소득수준이 높을수록, 국민연금에서 받을 것으로 예상되는 연금 외에 자신이 직접 충당해야 하는 현금흐름은 더 커진다. 월소득 300~400만 원대는 129만 원, 500~700만 원대는 223만 원이다. 월소득 800만 원 이상 고소득층은 소비지출액 651만 원 중 448만 원을 직접 마련해야 한다.

소득수준에 따른
금퇴족의 모습

금퇴족은 전반적으로 금융자산이 더 많다. 연령대가 높아질수록 금융 자산의 차이가 커지며, 40대 초반 이후로는 1억 원 이상 격차가 크게 벌어진다. 금퇴족의 금융자산은 연금·펀드·신탁이 60% 이상을 차지하며, 펀드를 통한 주식투자 규모도 금퇴족이 상대적으로 더 크다. 그 가운데에서도 40대 초반에서 주식투자가 가장 활발하다.

여기까지는 금퇴족을 전체적으로 들여다봤을 때 드러나는 특징이다. 하지만 사람마다 사는 모습이 다르니, 더 세부적으로 들여다볼 필요가 있다. 특히 생활수준에 지대한 영향을 미치는 것이 소득이므로, 이를 기준으로 구분해볼 필요가 있을 것이다. 소득수준을 기준으로 평균 소득자, 중상위 소득자, 상위 소득자 등 3개 집단으로 나누어 금퇴족을 세밀하게 살펴보자.

평균 소득자(월소득 300~500만 원)

먼저 월 300만 원 이상 500만 원 미만, 즉 300~400만 원대의 소득을 거두는 사람들을 평균 소득자로 정의했다. 이는 우리나라 전체 임금근로자 평균(2018년 기준 월 297만 원)부터 대기업 임금근로자 평균(501만 원) 사이의 소득수준이다.

> **▶평균 소득자: 세전 월 300만 원 이상~500만 원 미만**
> 임금근로 일자리 전체 평균소득(297만 원) ~ 대기업 평균소득(501만 원) 수준
>
> ※ 소득수준은 통계청의 2018년 기준 임금근로 일자리 소득 결과 자료 참조

평균 소득자 가운데 40대 금퇴족부터 살펴보자. 현재 이들의 소득은 평균 월 380만 원으로, 월 292만 원이 소비지출에 쓰인다. 이들은 60세 이전까지 꾸준히 경제활동을 하면 월 134만 원의 국민연금을 받을 것으로 예상된다. 60세부터 월 292만 원의 소비지출을 계속 유지하려면 국민연금을 제하고 월 158만 원의 현금흐름을 직접 마련해야 하는데, 40대 금퇴족은 이런 목표에 바짝 다가와 있는 사람들이다.

40대 금퇴족은 금융자산 중 51%가 연금, 21%가 주식

40대 평균 소득자 중 금퇴족은 평균 2억 원 금융자산을 가지고 있다. 같은 소득수준 중 나머지 조사 대상이 평균 6,000만 원인 데 비해 3배 이상 더 많다. 금융자산 2억 원의 구성을 들여다보면 DB형(퇴직금)이나

DC형과 같이 회사에서 가입하는 퇴직연금이 38%로 가장 큰 부분을 차지한다. 금액으로 따지면 약 7,600만 원이다. 그 외 세제 혜택이 있는 연금저축(보험·신탁·펀드)이나 개인형 IRP가 13%(2,600만 원)를 차지한다. 결국 40대 금퇴족이 가진 금융자산 2억 원 가운데 1억 원 이상이 회사의 퇴직연금과 개인이 추가로 저축한 연금이라는 뜻이다.

연금 다음으로 큰 비중을 차지하는 것이 펀드(19%)다. 금액으로 보면 4,000만 원에 가깝다. 그에 비해 금퇴족이 아닌 40대 평균 소득자는 펀드에 겨우 3%만을 할애했을 뿐이다. 금액으로 따져보면 전체 금융자산 6,000만 원 가운데 180만 원 정도다.

40대 금퇴족의 금융투자 현황을 살펴보자. 여기서는 DB형 퇴직연금과 같이 직장에서 책임지는 금융자산은 제외했다. DC형 퇴직연금과 개인형 퇴직연금(IRP), 연금저축 등 연금에 있는 금융자산도 예금·보험·펀드로 운용되므로 그 잔액을 추출했다. 이것을 나머지 일반 계좌에 있는 요구불부터 예·적금, 펀드 금액과 합쳐서 전체 금융투자 비중을 계산했다.

그 결과 40대 금퇴족의 금융자산 중 45%가 요구불과 예·적금, MMF 등의 금리형 상품이었다. 펀드의 비중은 29%로, 국내외 주식형과 혼합형 펀드로 주로 운용하고 있으며 채권형 펀드는 거의 없었다. 펀드 유형별 투자 비중을 볼 때 40대 금퇴족은 직접 관리하는 금융자산 가운데 21%를 주식에 할애하고 있었다.

그림 2-12 › 40대 평균 소득자의 금융자산과 투자 비중

평균 금융자산 규모 및 구성비 (단위: %)

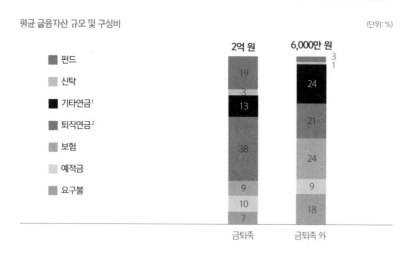

주 1: 기타연금: 연금저축보험·신탁·펀드와 IRP를 말함
주 2: 퇴직연금: DB형, DC형과 같이 회사에서 가입된 연금제도를 말함

금퇴족의 평균 금융투자 비중(DB형 제외) (단위: %)

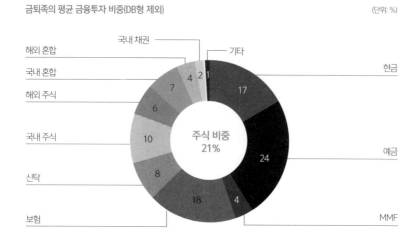

※ DB형 적립금을 제외하고 개인이 직접 운용하는 금융자산 기준
※ 연금제도(DC형·IRP·연금저축)에 담긴 예금, 보험, 신탁, 펀드를 합산하여 집계함

50대 초반 금퇴족은 금융자산 중 55%가 연금, 10%가 주식

50~55세 금퇴족의 금융자산은 평균 3억 1,000만 원이나 된다. 금융 자산 구성을 보면 회사에서 가입된 퇴직연금이 45%(1억 4,000만 원)이고, 개인형 퇴직연금(IRP)이나 연금저축 등의 기타연금이 10%(3,000만 원)를 차지한다. 이 두 가지를 합친 연금이 금퇴족 금융자산의 절반 이상인 55%(1억 7,000만 원)에 달한다. 그에 비해 금퇴족 기준에 들지 못한 50대 초반 평균 소득자는 금융자산 중 DB형 또는 DC형과 같은 회사의 퇴직연금이 겨우 16%(960만 원)에 그쳤다.

뒤에서 살펴보겠지만, 이들은 같은 연령대 중상위 소득자나 상위 소득자 금퇴족과 비교해봐도 회사 퇴직연금 비중이 상당히 큰 편이다. 그만큼 평균 소득자의 경우 퇴직연금을 중도에 꺼내 쓰지 않고 그대로 유지하는 것이 금퇴족이 되는 지름길로 보인다.

50대의 금융투자 비중을 보면 40대와 비교했을 때 요구불과 예·적금, MMF까지 금리형 상품 비중은 44%로 비슷하다. 그러나 보험의 비중이 28%로 40대에 비해 10%p 더 증가했으며, 그 대신 펀드투자 비중은 16%로 40대에 비해 줄어들었다. 펀드투자가 줄면서 주식투자 비중도 40대에 비해 11%p 낮은 10%가 되었다.

그림 2-13 ▶ 50대 평균 소득자의 금융자산과 투자 비중

평균 금융자산 규모 및 구성비

(단위: %)

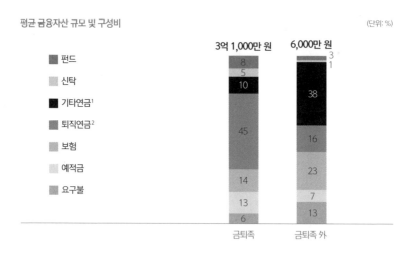

주 1: 기타연금: 연금저축보험·신탁·펀드와 IRP를 말함
주 2: 퇴직연금: DB형, DC형과 같이 회사에서 가입된 연금제도를 말함

금퇴족의 평균 금융투자 비중(DB형 제외)

(단위: %)

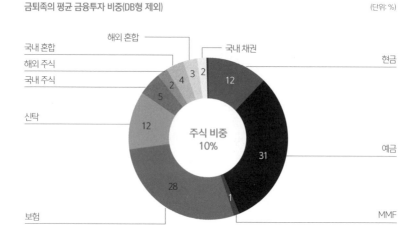

※ DB형 적립금을 제외하고 개인이 직접 운용하는 금융자산 기준
※ 연금제도(DC형·IRP·연금저축)에 담긴 예금, 보험, 신탁, 펀드를 합산하여 집계함

중상위 소득자(월 500~800만 원)

___

중상위 소득자는 대기업 평균임금(501만 원) 이상이면서 임금금로자 상위 4.5%(800만 원) 미만인 사람들이다. 40대 금퇴족의 집계 결과를 중심으로 하고, 추가로 50대 금퇴족의 금융자산 구성과 금융투자 현황을 살펴보자.

> **중상위 소득자: 세전 월 500만 원 이상~800만 원 미만**
> 대기업 임금근로자 평균소득(501만 원) ~ 임금근로자 상위 4.5% 미만 수준

> ※ 소득수준은 통계청의 2018년 기준 임금근로 일자리 소득 결과 자료 참조

중상위 소득자 가운데 금퇴족, 특히 현재의 40대(40~49세) 금퇴족은 평균적으로 월 649만 원을 벌어들이고, 생활비로 415만 원 정도를 지출하는 것으로 집계됐다. 이런 생활수준을 60세 이후에도 20년 이상 유지해야 하는데, 앞으로도 꾸준히 경제활동을 한다면 월 164만 원의 국민연금을 받을 것으로 추정된다. 결국 이들은 415만 원 가운데 국민연금 164만 원을 제한 251만 원을 금융자산에서 추가로 확보해야 한다.

40대 금퇴족은 금융자산 중 34%가 연금, 15%가 주식

40대 중상위 소득자 중 금퇴족은 평균 3억 4,000만 원을 가진 것으로 집계됐다. 금퇴족이 아닌 경우 평균 8,000만 원인 데 비해 2억 6,000

만 원이 더 많다. 금융자산 가운데 DB형 또는 DC형 등의 회사 퇴직연금이 26%로 가장 큰 부분을 차지한다. 그 외 세제 혜택이 있는 연금저축(보험·신탁·펀드)이나 개인형 퇴직연금(IRP)이 8%로, 전체 금융자산의 3분의 1(34%)이 회사에서 가입되거나 개인이 직접 불입하고 관리하는 연금이다.

이번에는 금융투자 현황을 살펴보자. 여기서는 DB형(퇴직금)을 제외하고 DC형과 연금저축에 담긴 예금, 보험과 펀드 잔액 등을 추출했다. 이것을 나머지 일반 요구불부터 예·적금, 펀드 금액과 합쳐서 전체 금융투자 비중을 계산했다. 한마디로 세제 혜택이 있는 연금과 일반 계좌를 통틀어 자신이 직접 관리하는 자산을 어디에 운용하는지를 중심으로 살펴본 것이다.

그 결과 40대 금퇴족의 금융자산 중 절반 이상(52%)이 요구불과 예·적금, MMF 등의 금리형 상품이었다. 펀드의 비중은 19%였는데, 국내외 주식형과 혼합형 펀드를 금융자산의 3~6% 정도를 할애해 고루 투자하는 대신 채권형은 거의 투자하지 않았다. 전체 금융자산 가운데 주식투자 비중은 15% 정도로 나타났다.

그림 2-14 ▶ 40대 중상위 소득자의 금융자산과 투자 비중

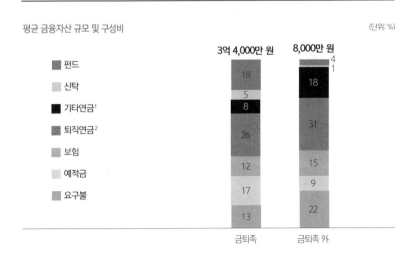

평균 금융자산 규모 및 구성비   (단위: %)

■ 펀드
■ 신탁
■ 기타연금[1]
■ 퇴직연금[2]
■ 보험
■ 예적금
■ 요구불

3억 4,000만 원 / 8,000만 원

금퇴족 / 금퇴족 外

주 1: 기타연금: 연금저축보험·신탁·펀드와 IRP를 말함
주 2: 퇴직연금: DB형, DC형과 같이 회사에서 가입된 연금제도를 말함

평균 금융투자 비중(DB형 제외)   (단위: %)

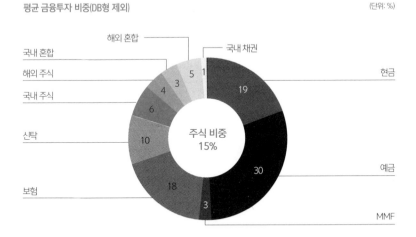

※ DB형 적립금을 제외하고 개인이 직접 운용하는 금융자산 기준
※ 연금제도(DC형·IRP·연금저축)에 담긴 예금, 보험, 신탁, 펀드를 합산하여 집계함

50대 금퇴족에게는 금융자산의 안정성이 핵심

퇴직이 가까운 50대 초반(50~55세) 금퇴족의 보유 금융자산은 평균 5억 2,000만 원이었다. 금융자산 구성비를 살펴보면 요구불과 예·적금, 보험이 전체 금융자산의 절반(51%)을 차지하며, 그중에서도 예·적금 비중이 29%로 가장 컸다. 나머지 절반(49%)은 연금·펀드·신탁인데 29%는 회사의 퇴직연금과 개인형 퇴직연금(IRP), 연금저축 등의 연금자산이다.

이번에는 주로 무엇으로 금융자산을 운용하는지, 금융투자 현황을 보자. 50대 금퇴족은 40대와 비교해 펀드(16%) 비중은 작고, 신탁(12%) 비중은 조금 크다. 펀드투자 내에서도 국내 채권형 펀드의 비중이 커진 것을 볼 때 금융자산에서 안정성을 좀더 추구한다고 해석할 수 있다.

그림 2-15 ▶ 50대 중상위 소득자의 금융자산과 투자 비중

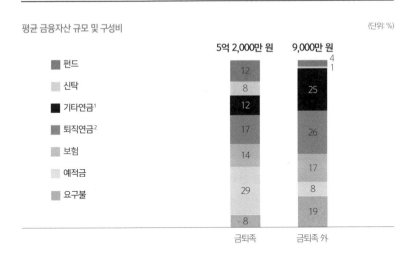

평균 금융자산 규모 및 구성비 (단위: %)

5억 2,000만 원 / 9,000만 원

- 펀드
- 신탁
- 기타연금[1]
- 퇴직연금[2]
- 보험
- 예적금
- 요구불

금퇴족: 12, 8, 12, 17, 14, 29, 8

금퇴족 外: 4, 1, 25, 26, 17, 8, 19

주 1: 기타연금: 연금저축보험·신탁·펀드와 IRP를 말함
주 2: 퇴직연금: DB형, DC형과 같이 회사에서 가입된 연금제도를 말함

평균 금융투자 비중(DB형 제외) (단위: %)

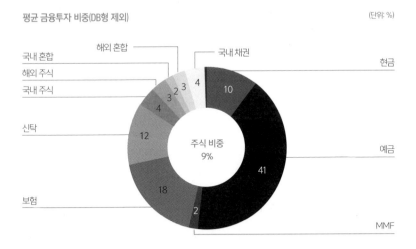

주식 비중
9%

국내 채권 4
현금 10
예금 41
MMF 2
보험 18
신탁 12
국내 주식 4
해외 주식 3
국내 혼합 2
해외 혼합 3

※ DB형 적립금을 제외하고 개인이 직접 운용하는 금융자산 기준
※ 연금제도(DC형·IRP·연금저축)에 담긴 예금, 보험, 신탁, 펀드를 합산하여 집계함

상위 소득자(월 800만 원 이상)

임금근로자 가운데 상위 4.5% 정도가 월 800만 원 이상의 소득을 거
둔다. 이들을 상위 소득자로 분류했다. 앞서와 같이 40대(40~49세)와
50대 초반으로 구분하여 금융자산 구성과 금융투자 대상을 살펴보자.

> **상위 소득자: 세전 월 800만 원 이상**
> 임금근로자 상위 4.5%의 소득 이상 수준

※ 소득수준은 통계청의 2018년 기준 임금근로 일자리 소득 결과 자료 참조

상위 소득자 40대 금퇴족은 평균 월소득 1,523만 원에 소비지출은
월 657만 원으로 집계됐다. 이런 생활수준을 60세 은퇴 이후에도 계
속 유지하려면 국민연금 예상액 167만 원을 제외하고 추가로 490만
원을 금융자산에서 마련해야 한다.

40대 금퇴족 금융자산은 평균 6억 3,000만 원, 이 중 연금자산이 25%

40대 상위 소득자 중 금퇴족은 금융자산을 평균 6억 3,000만 원 보유
한 것으로 나타났다. 같은 소득수준 중 나머지 조사 대상이 평균 1억
1,000만 원인 데 비해 6배 가까이 많다.

금융자산 구성비를 살펴보면 연금·신탁·펀드가 48%로 3억 원을
차지한다. 그 가운데 퇴직연금과 기타연금 등 연금자산은 24%이며,
금액으로 따지면 1억 5,000만 원 정도다. 그다음은 일반 펀드로 약

1억 1,000만 원(18%)이다.

그렇다면 이들은 직접 관리하는 금융자산을 어디에 운용하고 있을까? 먼저 펀드투자 비중(MMF 제외)은 16%에 불과한 것으로 나타났다. 펀드투자를 통해 11%만이 주식에 할애되는 것으로 드러났다.

그림 2-16 › 40대 상위 소득자의 금융자산과 투자 비중

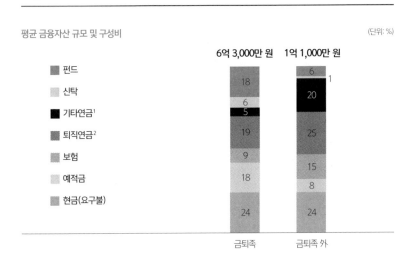

평균 금융자산 규모 및 구성비   (단위: %)

주 1: 기타연금: 연금저축보험·신탁·펀드와 IRP를 말함
주 2: 퇴직연금: DB형, DC형과 같이 회사에서 가입된 연금제도를 말함

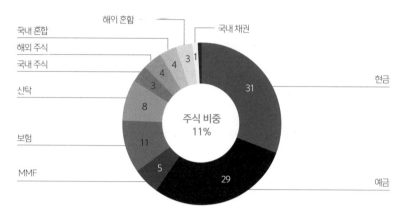

평균 금융투자 비중(DB형 제외)　　　　　　　　　　　　　　　　　　(단위: %)

국내 혼합
해외 주식
국내 주식
신탁
보험
MMF
해외 혼합
국내 채권
현금
예금

주식 비중
11%

31
29
5
11
8
3
4
4
3
1

※ DB형 적립금을 제외하고 개인이 직접 운용하는 금융자산 기준
※ 연금제도(DC형·IRP·연금저축)에 담긴 예금, 보험, 신탁, 펀드를 합산하여 집계함

50대 초반 금퇴족의 금융자산은 10억 6,000만 원, 이 중 연금이 30%

50대 초반 상위 소득자 중 금퇴족은 보유 금융자산이 평균 10억 6,000만 원이었다. 금융자산 중 퇴직연금과 기타연금의 비중은 30%로, 금액으로 따지면 3억 2,000만 원에 가깝다. 연금 외에 일반 펀드가 15%, 보험이 12%인 것으로 나타났다. 금퇴족이 아닌 경우에도 평균 금융자산은 1억 5,000만인데, 여기서도 퇴직연금과 기타 개인연금 등 연금자산이 절반 이상(51%)을 차지했다.

50대 초반 금퇴족의 경우 자신이 직접 운용하는 금융자산(DB형 적립금 제외) 가운데 펀드 등을 통한 주식투자 비중은 약 7%다.

그림 2-17 ▸ 50~55세 상위 소득자의 금융자산과 투자 비중

평균 금융자산 규모 및 구성비

(단위: %)

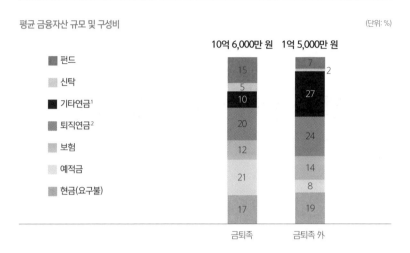

주 1: 기타연금: 연금저축보험·신탁·펀드와 IRP를 말함
주 2: 퇴직연금: DB형, DC형과 같이 회사에서 가입된 연금제도를 말함

평균 금융투자 비중(DB형 제외)

(단위: %)

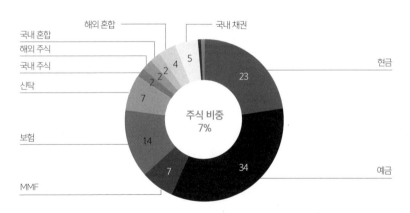

※ DB형 적립금을 제외하고 개인이 직접 운용하는 금융자산 기준
※ 연금제도(DC형·IRP·연금저축)에 담긴 예금, 보험, 신탁, 펀드를 합산하여 집계함

부의 현명한 이전을 위한
금퇴족의 증여·상속 전략

바야흐로 100세 시대다. 급속한 고령화에 따라 자녀 세대로 부를 이전하고 상속하는 문제에 대한 고민도 커졌다. 국세청이 내놓은 「2020년 국세통계연보」에 따르면 2019년 상속세 신고 건수는 9,555건으로 전년 대비 13.1% 증가했고, 증여 신고 건수도 15만 1,399건(전년 대비 4.3% 증가)으로 꾸준히 증가하고 있다.

'상속·증여는 생전에 준비해야 한다' 58.3%

금퇴족은 상속과 증여에 대해서 어떤 생각을 하고 있을까? 100년행복연구센터의 「대한민국 퇴직자들이 사는 법」에 따르면, '상속·증여는 생전에 준비해야 한다'라는 의견이 58.3%로 높게 나타났다. 10억 원 이상의 자산을 보유하고 있는 퇴직자들은 무려 83.9%가 미리 준비해야 한다고 응답했다. 즉, 보유 자산이 많을수록 상속·증여 준비에 대한 필요성을 크게 느끼고 있었다. 보유 자산의 규모에 따라 금액의 차이만 있을 뿐, 자녀를 위한 재산 이전은 미리미리 준비해야 한다고 생각하고 있었다.

표 2-6 ▸ 보유 자산별 상속·증여에 대한 생각은?

(단위: %)

구분	전체	3억 원 미만	3-5억 원	5~10억 원	10억 원 이상
매우 필요	14.4	12.3	13.7	11.2	24.1
필요	43.9	31.3	46.2	51.3	59.8
보통	27.9	35.1	28.3	27.2	12.1
필요 없음	10.0	13.8	9.0	9.4	3.4
전혀 필요 없음	3.8	7.4	2.8	0.9	0.6
계	100	100	100	100	100

'모든 자녀에게 공평히 상속하겠다' 65.7%

금퇴족은 상속 자금에 대한 비율을 어떻게 생각하고 있을까? 100년행복연구센터가 조사한 바에 따르면 부모님의 사랑은 공평한 것으로 나타났다. 자산을 가진 대부분의 부모(65.7%)가 '모든 자녀에게 공평히 상속하겠다'라고 답한 것이다. 물론 '나를 봉양하거나 애정이 더 가는 자녀(9.2%)', '재정 지원이 필요한 자녀(6.0%)'라는 응답도 있었다.

표 2-7 ▶ 상속·증여 대상자는?

(단위: %)

모든 자녀에게 공평히 상속한다	65.7
잘 모르겠다	9.8
나를 봉양하거나 애정이 더 가는 자녀	9.2
재정 지원이 필요한 자녀	6.0
장남, 장손	3.5
상속하지 않는다	2.4
기타(기부, 형제자매 등)	3.4
계	100

물려줄 자산은 현금 50%, 부동산 55%

상속 또는 증여할 재산으로 고려하고 있는 것은 현금(예금 포함) 50.6%, 부동산 55.8%로 비슷하게 나타났다. 그 밖에 '보험, 주식, 현물자산(금, 귀금속)' 순으로 높은 응답률을 보였다. 또한 상속세를 절감하기 위해 부동산이나 주식 등 미래 가격 상승 여력이 있는 재산부터 증여하는 게 일반적이다. 부동산이나 주식 등의 재산은 10년, 20년 후에 몇 배, 몇십 배로 늘어날 수 있기 때문이다. 따라서 증여를 통해 상속재산을 줄이고자 하는 것이다.

일부는 기대수명의 증가로 노후자금이 생전에 소진되지는 않을까 하는 두려움도 갖고 있었으며, 그때를 대비해 주택연금 활용도 고려하고 있다고 답했다. 주택연금을 통하여 생전에는 부족한 생활비를 충당하고, 사망 시 상속을 통해 남은 재산을 이전하고자 하는 것이다.

상속과 증여, 무엇이 유리할까?

사후에 재산을 물려주는 상속과 생전에 재산을 이전하는 증여 중에서 선택할 때 가장 먼저 고민해야 하는 것은 무엇일까?

▸물려줄 재산이 10억 원 이하라면 상속이 유리

먼저 나의 은퇴 생활에 부담되지 않는 선에서 물려줄 재산을 계산한다. 그리고 상속, 증여 시 세금 없이 물려줄 수 있는 최대 금액과 세율도 각각 체크한다. 배우자가 있고, 물려줄 재산이 10억 원 미만이라면 상속이 유리할 수 있다. 상속세는 배우자가 있는 경우 10억 원의 공제 한도가 있기 때문이다. 배우자가 없는 경우라도 5억 원까지 공제받을 수 있다.

상속을 할 경우 재산의 가격 및 가격 평가 방법에 따라 세금이 달라지므로, 세금을 최대한 절감할 수 있는 방법을 찾는 것이 중요하다. 상속세 절감을 위해서는 미래 가격 상승 여력이 있는 재산(부동산, 주식 등)부터 사전증여하는 것을 고려해볼 수 있다. 더불어 정책 변경에 따른 세금제도나 상속재산 규모에 따라 지속적으로 계획을 수정해나가야 한다.

▶10억 원 초과라면 사전증여를 고려

물려줄 재산이 10억 원을 초과할 경우 증여를 고려한다. 증여는 아무 대가 없이 상대방에게 주는 것이다. 이때 받은 사람에게는 세금을 내야 하는 의무가 부과되는데, 증여 대상과 기간별로 면세 한도가 있다. 이를 잘 활용하면 합법적으로 세금을 줄이면서 자산을 효과적으로 이전할 수 있다.

증여세는 누구에게 증여를 받았느냐에 따라 면제 한도가 달라진다. 예를 들어 미성년자가 직계존속으로부터 받은 재산에 대해서는 2,000만 원을 공제받을 수 있다. 직계존속은 조부모, 외조부모, 부모 모두를 포함한다. 예를 들어 할아버지가 손자에게 2,000만 원을 주고 아버지가 자녀에게 2,000만 원을 주었다면, 4,000만 원 중 2,000만 원만 비과세를 적용받을 수 있다. 자녀가 성년이 되면 공제 한도가 5,000만 원으로 늘어나기 때문에 절세 효과는 더욱 커진다.

증여는 빠르면 빠를수록 좋다. 증여 한도는 10년 주기로 새롭게 생겨나기 때문이다. 만약 이것을 자녀 출생 시부터 활용한다면, 자녀가 결혼하기 전(만 30세로 가정)까지 총 4번, 원금 기준 1억 4,000만 원을 줄 수 있다. 그런데 만 30세가 된 자녀의 결혼자금으로 1억 4,000만 원을 일시에 지원하는 경우에는 약 873만 원의 증여세가 발생할 수 있다.

장기간 투자를 통해 수익률을 높이면서 비과세 증여 혜택까지 챙기는 사전증여 상품도 주목할 만하다. 큰돈을 모아 먼 훗날 한꺼번에 주기보다는 계획적으로 사전증여할 경우 세금을 더 적게 낼 수 있기 때문이다. 한 번에 2,000만 원을 주기 어려운 사람도 10년에 걸쳐 2,000만 원, 즉 1년에 200만 원 또는 매월 16만 7,000원 등 소액으로 증여할 수 있다. 단, 사전증여를 활용하면서 행위능력이 없는 미성년자를 대신해 대리인인 부모가 주식 매수·매도를 반복할 경우 추가 세금이 발생할 수 있다. 따라서 자녀에게 증여한 자산은 변동성을 낮추면서 장기적으로 꾸준한 성과를 추구하는 자산배분 상품으로 선택하는 것이 안전하다.

증여세는 '스스로 신고하는 세금'이기 때문에 증여받은 자가 기한 내에 알아서 신고해야 한다는 점을 주의해야 한다. 제대로 신고하지 않거나 더 적게 납부한 경우 나중에 가산세를 물어야 하는 상황이 발생할 수 있다. 또한 증여한 지 10년이 지나지 않아 상속이 발생했다면 증여재산도 상속재산에 포함된다.

재산은 물려주는 사람, 물려받는 사람 모두가 행복하고 감사할 때 최고의 가치가 있다. 후일 가족 간의 갈등을 없애기 위해서라도, 재산을 남길 때는 가족 간의 이해와 형평성 있는 분산을 반드시 고려해야 할 것이다.

3장

노후 준비의 기본,
연금제도

국민연금: 누구에게나 열린 공적연금

국민연금은 1988년 1월부터 시행돼 어느덧 30년이라는 세월을 국민과 함께했다. 근로자 10인 이상이 근무하는 사업장을 대상으로 출발해, 단계적으로 대상을 확대하면서 1999년 4월 1일 전 국민이 국민연금에 가입할 수 있게 됐다.

국민연금은 미래에 노후소득을 보장하기 위한 공적연금제도다. 소득이 있을 때 꾸준히 보험료를 납부한 후 나이가 들어 더는 생업에 종사하지 못할 때, 일정한 연령에 이르면 국가에서 매월 지급하는 연금을 수령한다. 이는 노후의 삶을 유지하는 데 도움이 된다. 국민연금공단 통계에 따르면 1988년 443만 명을 시작으로, 2020년 5월 기준 2,214만 명이 국민연금에 가입하고 있다. 연금 수급자도 약 518만 명에 달하며, 매월 100만 원 이상 수령하는 사람도 무려 30만 명을 넘어서는 등 노후자금의 든든한 버팀목이 되고 있다.

국민연금의 장점

———

법에 따라 의무적으로 가입해야 하는 국민연금, 탄탄한 노후 준비를
위해 일부러도 가입해야 한다. 국민연금은 여느 노후 준비 금융상품
에서 찾을 수 없는 큰 장점을 가지고 있기 때문이다.

물가상승률을 반영해 연금 수령액이 자동으로 늘어난다

국민연금의 실질가치는 시간이 흘러도 변함이 없다. 과거에 납부한 보
험료를 연금을 받는 시점의 현재가치로 환산하여 연금액을 산정하고,
여기에 물가상승률을 반영하기 때문이다. 또한 연금을 수령하는 중에
도 매년 전국 소비자물가 변동률만큼 인상된 금액으로 지급되므로 연
금의 실질가치는 항상 보장된다. 예를 들어 2019년에 다달이 100만
원씩 국민연금을 받던 사람이 있다면 2020년에는 물가상승률 0.4%를
반영해 100만 4,000원을 받게 된다. 2021년에도 2020년 한 해 물가
상승률만큼 늘어난 연금을 받게 된다. 이런 식으로 매년 물가상승률이
반영되면서 지난 10년 동안 국민연금은 약 18% 이상 금액이 늘었다.

표 3-1 › 2010년 이후 국민연금 인상률 추이

(단위: %)

구분	2010년	2012년	2014년	2016년	2018년	2020년	직전 10년
인상률	2.8	4.0	1.3	0.7	1.9	0.4	18.5

자료: 국민연금공단, 100년행복연구센터

평생 연금을 수령하고 상속도 할 수 있다

국민연금은 사망하기 전까지 평생 연금을 수령하다가, 사망 후에는 생계를 함께하던 가족에게 이전할 수 있다. 이를 유족연금이라고 한다. 배우자가 있다면 배우자가 사망할 때까지, 자녀의 경우 25세 성인이 될 때까지 연금이 계속 지급된다. 배우자나 자녀가 없다면 부모님에게 유족연금 지급 순서가 돌아간다. 유족연금 수령액은 20년 이상 가입한 경우 본인 연금의 60%다. 국민연금은 나뿐만 아니라 내 가족의 생계 걱정을 덜어주는 안전장치인 셈이다.

수익률이 높은 금융상품에 가입하는 효과가 있다

실제 국민연금은 내가 낸 보험료에 비해 연금을 더 받는다. 국민연금연구원의 분석에 따르면 가입자 평균 수준의 소득(월 227만 원, 2018년)을 거두는 사람의 경우 납부한 보험료 대비 연금의 가치가 2배에 가깝다는 계산이다. 이는 보험료를 20년간 납입하고 연금을 20년간 받았을 때를 기준으로 한 것이다. 그러니 이보다 더 오래 살수록, 더불어 유족연금까지 생각하면 연금 가치는 더 커질 수 있다. 거기다 소득이 낮을수록 낸 돈에 비해 연금을 상대적으로 더 받는다. 바로 국민연금의 소득재분배 기능 덕이다. 같은 기준으로 계산하면 월소득 100만 원인 경우 보험료 대비 연금액은 3배까지 커진다.●

● 국민연금공단 보도자료(2019.01.23), 「국민연금, 월 100만 원 이상 수령자 최초로 20만 명 넘어」

이처럼 다양한 장점을 생각해보면 국민연금은 반드시 챙겨야 할 노후 준비의 안전판이라고 할 수 있다.

국민연금 가입자 유형

대한민국 국민이라면, 특별한 경우를 제외하고는 소득이 있는 성인(만 18~60세)의 경우 모두 국민연금에 가입해야 한다. 최소 가입 기간인 10년을 채워야 노령연금으로 수령할 수 있다. 국민연금 가입자의 유형으로는 사업장가입자, 지역가입자, 임의가입자, 임의계속가입자가 있다.

사업장가입자

국민연금에 가입된 사업장의 18세 이상 60세 미만의 사용자와 근로자를 말한다(2015년 7월 29일부터는 18세 미만의 사업장 근로자도 사용자 동의 없이 사업장가입자가 될 수 있다). 현재 연금보험료는 기준소득 월액의 9%로, 사업장가입자는 사용자가 그중 50%를 부담하고 본인의 월급에서 나머지 50%를 공제해 납부한다.

지역가입자

18세 이상 60세 미만의 사업장가입자가 아닌 자를 말하며, 개인별로 국민연금을 납부해야 한다. 주로 종업원 없이 개인 사업을 하는 이들이 해당하며 납부 예외자도 지역가입자에 포함된다. 현재 연금보험료는 기준소득 월액의 9%로 본인이 전액 부담한다.

임의가입자

의무 가입 대상이 아닌 사람이 60세 이전 희망에 의해 국민연금에 가입하는 것을 말한다. 최근에는 학생이나 전업주부들이 먼저 나서서 국민연금에 가입하고 있다. 소득이 없다면 국민연금 의무 가입자는 아니지만, 노후 준비를 위해 본인 스스로 가입하는 것이다. 소득이 없는 임의가입자는 납부할 보험료를 스스로 정하는데, 2020년 현재 지역가입자의 중위수 소득 100만 원을 기준으로 그 9%에 해당하는 9만 원 이상으로 정하면 된다(단, 기초생활수급자는 소득에 따른 보험료 적용). 물론 본인의 희망에 따라 더 많이 납부할 수도 있다.

임의계속가입자

60세에 도달했지만 가입 기간(최소 10년 이상)이 부족해 연금을 받지 못하거나 가입 기간을 연장해 더 많은 연금을 받고자 하는 경우, 65세 이전에 본인이 신청하는 것을 말한다. 예를 들어 만 60세가 됐을 때 연금을 납부한 기간이 8년이라면, 최소 10년이라는 가입 기간 조건을 충족하지 못해 노령연금으로 수령할 수 없다. 이때 임의계속가입을 신청해 2년 이상을 납입하면 후에 노령연금으로 수령할 수 있다.

그림 3-1 › 국민연금 가입자 현황

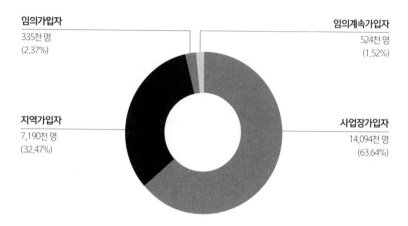

임의가입자
335천 명
(2.37%)

임의계속가입자
524천 명
(1.52%)

지역가입자
7,190천 명
(32.47%)

사업장가입자
14,094천 명
(63.64%)

※ 2020년 5월 말 기준

> **연금보험료 = 가입자의 기준소득 월액 × 연금보험료율**

기준소득 월액이란?

– 연금보험료를 산정하고 급여를 계산하기 위하여 소득 월액(실제 소득)을 기초로 일정 범위(상·하한) 내에서 1,000원 미만을 절사한 금액을 말한다.

– 매년 7월 사업장가입자와 지역가입자 전원(납부 예외자 제외)의 평균 소득 월액이 3년간 변동한 비율을 반영해 상·하한액이 조정된다.

※ 2020년 7월 1일부터 2021년 6월 30일까지 적용: 하한액 32만 원, 상한액 503만 원

국민연금 급여의 유형

나이가 듦에 따라 소득이 감소하기 마련인데, 일정한 요건을 갖추었다면 국민연금을 수령함으로써 기본적인 삶을 유지할 수 있다. 대표적인 연금 급여로는 노령연금(분할연금), 유족연금이 있다.

노령연금

국민연금의 기초가 되는 대표적인 급여다. 10년 이상 연금보험료를 납부했다면 연금 수급 개시 연령 이후부터 평생 매월 받을 수 있다. 또한 지급 연령이 안 되더라도 연금을 앞당겨 받을 수 있는데 이를 조기노령연금이라고 한다. 연금 수급 개시 연령 5년 전부터 소득이 있는 업무에 종사하지 않는 경우 신청하면 된다. 그러나 조기연금을 신청할 때는 주의할 필요가 있다. 연금 받는 시기를 1년 앞당길 때마다 연금 지급률은 6%씩 감액되므로, 최대 5년 먼저 받으면 연금액이 30% 줄어들기 때문이다.

표 3-2 › 출생연도별 연금 수급 개시 연령

구분	1952년 이전	1953~ 1956년	1957~ 1960년	1961~ 1964년	1965~ 1968년	1969년 이후
노령연금, 분할연금, 반환일시금	60세	61세	62세	63세	64세	65세
조기노령연금 (2013년 1월 이후)	55세	56세	57세	58세	59세	60세

유족연금

일정한 연금보험료 납부 기간이 있고 노령연금 및 장애연금(2급 이상) 수급자가 사망한 경우, 생계를 같이하는 가족이 유족연금을 지급받을 수 있다. 2019년 국민연금 통계에 따르면 유족연금 수급자의 90%는 배우자이며 2010년 42만 4,000명에서 2019년 80만 8,000명으로 무려 2배나 증가했다. 유족연금은 남겨진 가족이 생계를 안정적으로 유지하는 데 큰 도움이 되고 있다.

국민연금 늘리기 200% 활용법

———

이처럼 국민연금은 노후 준비 측면에서 여러 장점을 가지고 있다. 가능하면 많이 받고 싶겠지만, 국민연금 더 받겠다고 보험료를 마음대로 많이 낼 수도 없다. 국민연금 보험료는 원칙적으로 신고된 소득의 9%이고, 매월 낼 수 있는 보험료 상한(2020년 기준 월 45만 원)도 있기 때문이다.

국민연금 수령액은 가입 기간과 납부 금액에 따라 결정되는데, 제도를 잘 활용하면 연금액을 늘릴 수 있다.

과거 못 낸 보험료 납부하기: 국민연금 추납(추후납부)

국민연금에 가입했지만 과거에 군 입대나 실직 또는 사업 중단으로 형편이 어려워져 보험료를 내지 못했거나(납부 예외), 결혼 후 경력이 단절되면서 국민연금 가입 대상에서 제외됐던 경우(적용 제외) 나중에 보험료를 한꺼번에 낼 수 있다. 이를 국민연금 추납(추후납부)이라고 한다. 추납을 신청하려면 가입자 자격을 취득하여 연금보험료를 납부 중이어야 한다. 예를 들어 경력단절 주부라면 임의가입을 신청하거나 재취업을 통해 가입자가 됐을 때 추납 보험료를 납부하면 된다. 추납 보험료는 전액을 일시에 납부할 수도 있고, 금액이 클 경우 월 단위 최대 60회로 분할하여 납부할 수도 있다. 추후납부를 하면 그만큼 국민연금 가입 기간이 회복되고, 나중에 받을 수 있는 국민연금액도 늘어난다.

돌려받은 국민연금 보험료 반납하기: 반환일시금 반납

1999년 이전에는 직장을 그만두면서 국민연금을 돌려받은 사람들도 있다. 당시에는 퇴직 등 가입 자격이 상실된 후 1년이 지났을 때 그동안 낸 보험료를 청구하면 반환일시금으로 한꺼번에 돌려받을 수 있었다. 그렇게 수령한 반환일시금과 이자를 더해 공단에 반납하면 가입 기간을 복원할 수 있다. 이를 반환일시금제도라고 한다.

국민연금은 연금액 산정 시 '소득대체율'이 반영된다. 소득대체율이란 국민연금 가입 기간을 40년으로 전제했을 때 본인의 평균 소득월액 대비 수령하게 되는 연금액의 비율을 말한다. 2020년 현재 소득대체율은 44%지만 1998년까지는 70%였다. 반환일시금을 반납하면 소득대체율이 높았던 시기의 가입 기간을 되돌리므로 연금액을 늘리는 데 효과적이다.

연금액이 개인의 생애 평균 소득의 몇 퍼센트가 되는지를 보여주는 비율로, 연금 가입 기간 중 평균 소득을 현재가치로 환산한 금액 대비 연금 지급액이다. 월 연금 수령액을 연금 가입 기간의 월평균 소득으로 나눠 구한다.

※ 소득대체율 40년 전제 시

1988~1998년	1999~2007년	2008~2027년	2028년 이후
70%	60%	50%(2008년) → 40.5%(2027년)	40%

가입 대상이 아니어도 국민연금 가입하기: 임의계속가입

더는 의무 가입 대상이 아니지만 60세가 넘은 경우에도 보험료를 계속 납입하여 국민연금 가입 기간을 연장하면 연금 수령액을 늘릴 수 있다. 65세가 될 때까지 최장 5년 동안 보험료를 더 낼 수 있기 때문이다. 노령연금을 청구해서 연금을 받고 있다면 임의계속가입을 신청할 수 없으니, 국민연금 가입 기간을 연장할지 아니면 연금을 수령할지를 미리미리 결정해두면 좋다.

그림 3-2 › 임의가입자와 임의계속가입자 연도별 추이

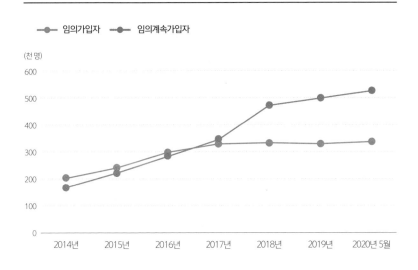

국민연금 가능한 한 늦게 받기: 연기연금

보험료를 더 내지 않고도 국민연금을 더 받는 마지막 방법이 있다. 바로 수령 시기를 늦추는 것이다. 65세가 될 때까지 최장 5년 동안 연금 받기를 늦추면 1년마다 7.2%(월 0.6%)씩 연금 수령액이 늘어난다. 받을 연금 중 일부분만 연기할 수도 있다. 연기연금을 신청할 때 연금 중 50%에서 100%까지 10% 단위로 선택하여 연기 비율을 정할 수 있다. 단, 연기연금은 1회에 한해 신청할 수 있으므로, 국민연금 신청 시기 및 필요 노후자금을 사전에 신중하게 결정할 필요가 있다.

가입 기간 늘려주는 크레딧제도

크레딧제도란 사회적으로 가치 있는 행위에 대한 보상으로 국민연금 가입 기간을 추가로 인정해주는 제도다. 두 자녀 이상을 얻거나 병역 의무를 이행했을 때, 실직으로 보험료를 내기 힘들 때도 가입 기간을 추가로 인정해준다.

출산크레딧

2008년 1월 1일 이후 둘째 자녀 이상을 얻은 경우(출산, 입양 등)에 국민 연금 가입 기간을 추가로 인정해주는 제도다. 자녀가 2명인 경우 12개월, 3명 이상인 경우에는 둘째 자녀에게 인정되는 12개월에 셋째 자녀 이상 1명마다 18개월을 추가하여 최장 50개월까지 가입 기간을 인정받을 수 있다. 추가로 인정되는 가입 기간에 따른 비용은 국가에 서 전부 또는 일부 부담하게 된다. 출산크레딧은 노령연금을 청구하는 시점에 신청할 수 있다.

군복무크레딧

2008년 1월 1일 이후 입대하여 병역 의무를 이행한 사람에게 6개월의 국민연금 가입 기간을 인정해주는 제도다. 군복무 기간에는 취업을 할 수 없기에 근로소득이 발생하지 않는데, 군복무 기간 일부를 인정하여 해당 기간에 국민연금을 납부하지 못한 사람에게 노령연금 수급 기회를 확대하고자 하는 것이다. 이에 따른 비용은 국가에서 전부 부담하며, 노령연금을 청구하는 시점에 신청하면 노령연금 수령액을 늘릴 수 있다.

※ 대상: 현역병, 전환복무자, 상근 예비역, 사회복무 요원, 국제협력 봉사요원, 공익근무 요원 등

실업크레딧

2016년 8월 1일부터 시행된 실업크레딧은 실직으로 국민연금 보험료 납부가 어려운 기간에 대하여 구직급여를 받고 있는 수급자가 희망하는 경우, 보험료 일부를 국가가 지원하고 그 가입 기간을 추가로 인정해주는 제도다. 지원 대상은 18세 이상 60세 미만의 실직자로, 구직급여를 받았고 국민연금 보험료를 1개월 이상 납부한 이력이 있는 가입자다. 단, 연간 종합소득(사업소득 및 근로소득 제외)이 1,680만 원을 초과하거나 재산세 과세표준의 합이 6억 원을 초과하는 자는 보험료 지원 대상에서 제외된다.

연금보험료의 25%는 본인이 부담하고 나머지 75%는 국가에서 지원한다. 1인당 구직급여 수급 기간 중 최대 12개월까지 가능하다. 국민연금 보험료 산정기준이 되는 인정소득은 실직하기 직전에 받았던 3개월 평균 소득의 50%에 해당하는 금액으로 최대 70만 원을 초과할 수 없다.

퇴직연금:
DB형, DC형, IRP

은퇴 후에도 안정적인 삶을 유지하기 위해 꾸준히 저축해나가야 한다는 사실은 누구나 안다. 하지만 이를 실천으로 옮기기란 생각처럼 쉽지 않다. 그런데 직장에 다니기만 하면 급여의 일정 부분이 의무적으로 노후를 위한 자금으로 쌓이는데, 바로 퇴직연금이다.

퇴직연금은 '사회 보장, 기업 보장, 자기 보장'의 의미를 갖는 3층 연금 체제 중 2층 기업 보장에 해당한다. 퇴직 후 표준적인 생활을 유지하기 위한 것으로, 근로소득이 있는 경우 가입된다. 근속연수 1년 이상인 근로자라면 퇴직 시 30일분 이상의 평균임금을 퇴직금으로 받는다. 종전 퇴직금제도에서는 기업이 도산하여 근로자들이 실직할 때 퇴직금마저 떼일 염려가 있었다. 이런 불상사를 막기 위해 2005년 12월 '근로자퇴직급여 보장법'이 제정되면서 퇴직연금제도가 도입됐다. 근로자를 고용한 기업은 퇴직하는 근로자에게 급여를 지급하기 위하여 퇴직급여제도 중 하나 이상의 제도를 설정하도록 의무화됐다.

아직 퇴직연금제도를 도입하지 않은 회사라고 하더라도, 직원이 퇴직하면 퇴직금을 지급해야 할 의무가 있다. 퇴직연금제도를 도입하지 않은 회사는 직원들의 퇴직자금을 회사 내에 적립했다가 지급하는 데 반해, 퇴직연금제도를 도입한 회사는 사외 적립을 기본으로 DB(Defined Benefit)와 DC(Defined Contribution) 중 한 가지 또는 두 가지 모두를 선택하여 퇴직금을 운용하게 된다.

퇴직금을 사외 금융기관에 적립하는 퇴직연금제도

퇴직연금제도에서는 직원이 재직하는 동안 회사가 퇴직금을 사외 금융기관에 적립하고, 직원이 퇴직한 후 이를 금융기관으로부터 연금 또는 일시금 형태로 지급받는다. 만약 기업이 도산한다고 하더라도 근로자는 금융기관에 적립된 퇴직금만큼은 받을 수 있으므로 퇴직금 수급에 대한 걱정을 덜어낼 수 있다.

근로자들이 이직할 때마다 받게 되는 퇴직금을 55세 이후 실제 은퇴할 때까지 적립해갈 수 있는 연금계좌로 IRP(Individual Retirement Pension, 개인형퇴직연금)가 있다. 2012년 7월 개정 근로자퇴직급여보장법이 시행되면서 퇴직금의 IRP 이전이 의무화되었다. 5년 뒤인 2017년 7월에는 가입 대상도 근로자뿐만 아니라 자영업자 등으로 확대됐다. 즉 소득이 있는 자라면 IRP를 통해 누구나 퇴직연금에 가입할 수 있게 된 셈이다.

퇴직연금제도는 확정급여(DB)형, 확정기여(DC)형, 개인형(IRP)으로 분류된다. 가입 주체에 따라 회사에서 가입하는 DB형과 DC형, 개인이 가입하는 개인형 IRP로 나뉜다. DB형과 DC형의 가장 큰 차이점은 자금 운용 주체인데 DB형은 기업이, DC형은 근로자가 직접 자금을 운용한다.

그림 3-3 ▶ 퇴직금제도 vs 퇴직연금제도 vs 개인형 IRP

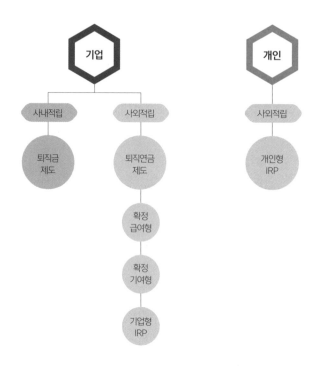

퇴직할 때 받는 돈이 정해진 확정급여(DB)형 퇴직연금제도

—

확정급여(DB)형 퇴직연금제도는 '근로자가 퇴직 시 받을 퇴직급여'가 이미 확정된 제도를 말한다. 퇴직급여는 근무 기간과 평균임금에 따라 정해지는데, 평균임금이란 사유 발생일(퇴직) 이전 3개월 동안 근로자에게 지급된 임금 총액을 그 기간의 일수로 나눈 금액을 말한다.

기업은 매년 부담금을 사외 금융회사에 적립하여 운용하며, DB 적립금의 운용 성과 역시 사용자인 기업에 귀속된다. 운용 성과가 근로자가 받게 되는 퇴직급여액에 영향을 주지 않는 방식이다. 기업은 운용수익과 상관없이 최소한 '30일분의 평균임금 × 근속연수' 이상을 퇴사하는 임직원에게 지급해야 한다. 예를 들어 입사하고 1년 차에 월 200만 원, 3년 차에 250만 원, 5년 차에 300만 원을 받은 직원이 퇴직한다면 최근 급여인 300만 원에 근속연수 5년을 곱한 금액인 1,500만 원이 퇴직금이 된다. 퇴직금은 각각의 직원 명의로 불입되지 않고, 직원들이 퇴직했을 때 지급해야 할 금액을 예상하여(이를 추계액이라고 한다) 부담금을 적립한다.

내가 직접 운용하는 확정기여(DC)형 퇴직연금제도

—

DB형 퇴직연금제도가 '근로자 퇴직 시 받을 퇴직급여'가 확정된 제도라면, 확정기여(DC)형 퇴직연금제도는 매년 '사용자(기업)가 납입할 부담금'이 확정된 제도다. 매년 '사용자(기업)가 납입할 부담금'이란 근로자 연간 임금총액의 12분의 1 이상을 말한다.

사용자가 근로자 연간 임금총액이 12분의 1 이상을 매년 부담금으로 납부하면, 근로자는 자기 책임하에 적립금을 운용하고 퇴직 시 원금과 이익을 연금 또는 일시금으로 수령하게 된다. 즉, 회사가 매년 내 계좌에 돈을 넣어주고 내가 그 돈을 직접 운용하다가 퇴직할 때 그동안의 불입 원금과 수익을 받아 가는 구조다. 예를 들어 입사하고 1년 차에 월 200만 원, 3년 차에 250만 원, 5년 차에 300만 원을 받은 직원이 퇴직한다면 회사가 불입한 원금과 그동안 직접 운용하여 생긴 수익을 합한 금액을 퇴직금으로 받게 된다.

표 3-3 ▶ DB형 vs DC형

구분	DB	DC
운용책임	사용자(회사)	가입자(근로자)
부담금 수준	운용 성과에 따라 변동	사전 확정 (연간 임금총액 12분의 1 이상)
퇴직 시 수령액	사전 확정 (퇴직 시 평균임금 × 근속연수)	운용 성과에 따라 변동

DC형은 적금 같은 금융상품이 아니기 때문에 DC형에 가입한다고 해서 자동으로 이자가 붙는 것은 아니다. 다양한 금융상품을 담는 주머니(계좌)라고 할 수 있으므로, 가입자 스스로 어떤 금융상품을 얼마나 담을지 정해야 한다. 이를 '운용지시'라고 한다. DC형 계좌에 돈만 넣고 아무런 운용지시를 하지 않으면, 미운용자산으로 남아 이자가 거의 붙지 않거나 만기가 짧은 금리형 상품으로 운용될 수 있다.

DC형에서 적립금 운용, 어떻게 하면 유리할까?

DC형의 경우 재원을 어떻게 운용하느냐에 따라 내 퇴직금의 규모가 달라진다. 안전한 운용 방법에만 투자하면 수익성이 낮아질 수 있고, 수익성이 높은 운용 방법에만 투자하면 안정성이 저하될 수 있기 때문에 노후 생활 및 위험선호도를 고려하여 현명한 자산배분을 해야 한다.

퇴직연금제도에서는 상품의 운용 방법에 따라 원리금 보장형 상품과 원리금 비보장형 상품으로 구분하며, 연금자산의 안정적인 운용을 위해 원리금 비보장 상품에 대하여는 투자 한도를 설정하고 투자 금지 대상을 열거하고 있다.

구분	원리금 보장 상품	원리금 비보장 상품
개념	원금과 이자가 보장되는 상품	불특정 다수의 투자자로부터 모집한 자금을 자산운용사가 다양한 자산에 투자하고 운용수익을 투자자에게 돌려주는 상품
원리금 보장	가능	불가
상품 운용보수	없음	있음
예금자 보호	DC, IRP 가능	불가

▶ 원리금 보장 상품

원리금 보장형의 대표 자산으로는 은행, 저축은행, 우체국의 예·적금이 있다. 그 밖에 GIC(원리금보장보험), ELB(주가연계파생결합사채) 등이 있다.

정기예금은 예전엔 시중은행 정기예금으로만 구성됐으나 2018년 11월 이후 저축은행의 정기예금도 선택할 수 있게 됐다. 다만, 저축은행은 제1 금융권보다 신용도가 낮기 때문에 원금과 이자를 포함하여 5,000만 원 이내로만 운용하는 것이 좋다.

퇴직연금으로 운용하는 상품은 기존 예·적금과 별도로 5,000만 원까지 기관별로 각각 예금자 보호가 되며, 법적으로 퇴직연금 사업자는 자사의 상품을 사용하지 못하게 되어 있다.

▶ 원리금 비보장(실적배당형) 상품

원리금 비보장형 상품으로는 펀드(수익증권)와 실적배당형 보험계약이 있다.

실적배당형 상품은 예금자 보호나 원리금 보장이 되지 않는 상품이므로 공격적인 투자 성향을 가진 근로자라고 하더라도, 위험자산에는 적립금의 최대 70% 한도 내에서만 투자할 수 있도록 법으로 정하고 있다. 예외적으로 주식 비중 80% 이내 등 일정한 기준에 맞는 적격 TDF(Target Date Fund, 타깃데이트펀드)에는 100% 투자할 수 있다.

주식형	주식 60% 이상	고위험-고수익 추구
주식혼합형	주식 40% 이상~60% 미만	채권투자의 안정성과 주식투자의
채권혼합형	주식 40% 미만	수익성을 동시에 추구
채권형	주식 0%	안정적인 수익 추구

› TDF와 로보어드바이저

투자형 상품을 운용할 때는 반드시 분산투자를 해야 한다. 투자 위험과 기대수익률이 서로 다른 자산을 편입하면 가격 변동 시에도 좀 더 안정적으로 관리할 수 있기 때문이다. 투자는 하고 싶으나 투자 관리에 어려움을 느낀다면 TDF와 로보어드바이저(Robo Advisor)를 주목해볼 만하다.

TDF는 '생애주기별 자산배분펀드'로 불리며, 펀드 스스로 자산배분을 실행하는 상품이다. 은퇴 시점(예: 2040년, 2045년)에 맞춰 채권자산과 성장형 자산의 비율을 조정하는데, 은퇴가 가까워질수록 주식과 같은 성장형 자산이 줄어들고 안정형 자산은 늘어난다. TDF는 국내와 해외, 주식·채권·부동산(특별자산) 등 여러 펀드에 분산투자 하는 방식으로 운용된다.

로보어드바이저는 컴퓨터 알고리즘을 활용하여 자동화된 투자자문 또는 자산관리 서비스를 제공하는 온라인 서비스다. 인터넷이나 모바일 홈페이지에서 누구에게나 개인 맞춤식 관리 서비스를 제공하는 게 특징인데, 로보어드바이저를 퇴직연금 관리에도 활용할 수 있다.

절세 혜택과 노후 준비를 동시에: 개인형 IRP

개인형 IRP란?

개인형 IRP는 근로자가 중간정산을 받거나 퇴직 또는 이직 시 받은 퇴직금을 본인 명의의 계좌에 적립·운용하여 연금 등 노후자금으로 활용할 수 있게 한 제도다. 개인형 IRP는 직장인은 물론 자영업자, 공무원, 군인, 의사, 변호사, 프리랜서 등 소득이 있는 사람이라면 누구나 가입할 수 있다. 회사에서 받은 퇴직금 외에도 추가로 납입할 수 있고, 연금저축펀드와 IRP를 합산하여 연간 1,800만 원까지 불입할 수 있으며, 일시금으로 받거나 만 55세 이후에 연금으로 수령할 수 있다.

퇴직금 수령 및 운용

근로자퇴직급여 보장법 개정 전에는 퇴직금을 받은 근로자가 개인형 퇴직연금에 가입하는 것은 선택 사항이었다. 그러나 근로자퇴직급여 보장법 개정과 함께 퇴직금을 받은 모든 근로자가 의무적으로 개인형 IRP를 개설하고 IRP를 통해 퇴직금을 수령하도록 바뀌었다. 단, 근로자가 55세 이후 퇴직금을 받는 경우나 퇴직급여액이 세전 300만 원 이하인 경우에는 의무적으로 이전하지 않아도 된다. IRP 이전 의무 대상에 해당하지 않는 퇴직자라고 하더라도 퇴직급여를 지급받은 날로부터 60일 이내에 개인형 IRP에 이전하거나 입금하면 최종 지급할 때까지 퇴직소득세를 이연할 수 있다.

그림 3-4 › 퇴직 후 퇴직금 지급 절차

그림 3-5 › 퇴직금의 IRP 의무 이전

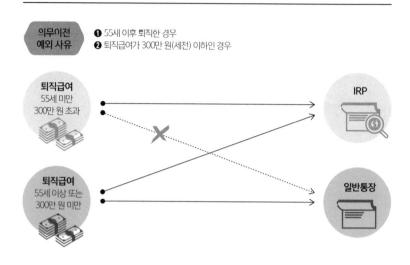

금융감독원에 따르면, 개인형 IRP의 계약 건수는 2014년 144.1만 건에서 2019년 377.2만 건으로 꾸준히 증가하고 있다. 그러나 IRP를 활용하여 퇴직 재원을 연금으로 수령하는 비율은 여전히 2.7%에 머물러 있다. 퇴직자의 97.3%가 퇴직 재원을 IRP로 이전한 후 일시금으로 수령하는 것이다. 오랜 기간 직장에서 활약한 덕에 받는 공로훈장과 같은 퇴직금이다. 물론 퇴직금이 일시금으로 쓰이는 다양한 이유가 있겠지만, 퇴직금을 IRP에서 연금으로 수령할 때 추가적으로 받는 세제 혜택과 은퇴 이후 생활비 마련이라는 IRP 본래 기능을 한번 되짚어볼 일이다.

표 3-4 › 유형별 퇴직급여 수령 현황(2019년)

(단위: 좌, 억 원, %)

구분	연금 수령		일시금 수령		합 계	
		비중		비중		비중
계좌 수(A)	8,455	2.7	309,727	97.3	318,182	100
금액(B)	18,047	26.3	50,641	73.7	68,688	100
계좌당 금액(B/A)	2.13	–	0.16	–	0.22	–

자료: 금융감독원

퇴직금을 IRP로 이전할 때의 세제 혜택

• 퇴직소득세 과세이연

퇴직금이 IRP 계좌로 입금될 때는 퇴직소득세를 차감하기 전인 퇴직금 전액이 입금된다. 퇴직소득세 납부가 이연되어 세전 퇴직금을 원금으로 운용하기 때문에 그만큼 유리하다. 예를 들어 근로자의 퇴직금이 5,000만 원이라면, 세금을 떼지 않은 5,000만 원 전액이 IRP 계좌에 입금된다. 퇴직금인 5,000만 원에 대한 퇴직소득세가 최종 개인형 IRP에서 연금, 일시금 등으로 실제 꺼내 쓸 때까지 미뤄지는 것이다. 세금을 떼지 않은 원금을 운용함으로써 더 많은 이자수익을 거둘 수 있다. 이연된 퇴직소득세가 클수록, 운용수익률이 높을수록 효과는 커진다.

• 퇴직소득세 절감

퇴직소득세는 납부자의 퇴직소득, 근속 기간, 중간정산 여부 등에 따라 다른데 퇴직금이 클수록, 근속연수가 짧을수록 세율이 높다. 과세가 미루어진 퇴직소득(이연퇴직소득)을 일시금으로 받지 않고 연금으로 수령한다면, 퇴직할 때 내야 할 퇴직소득세의 70%만 원천징수된다. 달리 말하면 세금을 30% 할인받는 셈이다. 2020년 세법이 개정돼 연금 수령 시점 11년 차 이후에는 세금을 40% 절감할 수 있다. 퇴직소득세율이 10%인 사람이 퇴직금을 연금으로 나눠 받으면 세금을 7%만 내게 되고, 11년 차 이후 수령분은 6%만 징구된다.

예를 들어, 만 55세에 퇴직한 A씨가 퇴직금을 20년 동안 연금으로 수령한다고 가정하자. 이때 퇴직금에 대한 연금소득세는 연금 수령 10년까지는 퇴직소득세율의 70%, 11년에서 20년까지는 퇴직소득세율의 60%가 부과된다.

표 3-5 › 퇴직금의 수령 형태에 따른 과세

재원	수령 형태	과세	비고
퇴직금	일시금(연금 외 수령)	퇴직소득세 100%(할인 없음)	분류과세
	연금	연금소득세: 퇴직소득세의 70%, 10년 초과 시에는 퇴직소득세의 60%	분류과세

> **분류과세 vs 분리과세**
> • 분류과세: 여타 소득과 합산하지 않고 종합소득과 따로 분류해서 과세하는 것 (양도소득, 퇴직소득 등)
> • 분리과세: 종합 과세표준에 합산하지 않고 분리해서 과세하는 것으로, 원천징수로 과세가 종결됨(연 2,000만 원 이하의 이자나 배당소득 등)

• 운용수익 저율과세

퇴직금을 일시금으로 수령하면 퇴직소득세를 전액 납부해야 하나, 연금으로 받을 때는 퇴직소득세 70%로 분리과세된다. 운용수익에 대해서도 일시금으로 받을 때는 기타소득세 16.5%를 부과하지만, 연금으로 수령하면 연령에 따라 3.3~5.5%의 저율로 연금소득세를 부과한다. 다시 말해서 퇴직금을 일시에 사용하는 것에 대해서는 혜택이 없으나, 연금으로 수령할 때는 퇴직소득세를 절감할 수 있다는 뜻이다.

표 3-6 › 수령 형태별 퇴직금과 운용수익의 과세

재원	일시금 수령	연금 수령
퇴직금	퇴직소득세 전액	퇴직소득세의 70%
운용수익	기타소득세 16.5%	연금소득세 3.3-5.5%

IRP에 가입할 때의 3단계 세제 혜택

IRP 계좌는 퇴직금을 수령하는 용도 이외에 개인 자금을 추가 적립하는 용도로도 사용할 수 있다. 특히 소득이 있는 사람이라면 누구나 IRP에 가입할 수 있게 되면서 기존 퇴직금 보전 역할도 있지만, IRP 자체만으로 세제 혜택을 활용할 수 있는 훌륭한 재테크 수단, 노후자금 마련 수단으로 떠올랐다. 개인형 IRP에 가입하면 부담금을 납입하고 운용하여 연금으로 인출할 때까지 3단계에 걸쳐 세금 혜택을 받을 수 있다.

표 3-7 ▶ IRP의 3단계 세제 혜택

납입 단계	운용 단계	수령 단계
부담금 세액공제	운용수익 비과세	연금 인출 시 저율과세

• 1단계: 부담금 납입 단계

IRP에 개인 부담금을 납입할 때의 장점은 납입이 자유롭고 금액 부담도 적다는 것이다. 매월 조금씩 나눠 투자하거나, 여유자금이 생겼을 때 투자할 수도 있다. 입금 한도는 모든 금융기관 합쳐서 연간 1,800만 원이고, 그중 700만 원까지는 세액공제 혜택이 주어진다. 세액공제율은 개인의 소득수준에 따라 다른데, 연간 총급여 5,500만 원(종합소득 4,000만 원) 이하인 경우 세액공제율 16.5%가 적용된다. 즉, 연간 세액공제 한도 700만 원을 입금한다면 최대 115만 5,000원을 세액공제받을 수 있다. 근로소득이 5,500만 원(종합소득일 경우 4,000만 원)을 넘으면 세액공제율이 낮아져 13.2%가 되고, 최대 92만 4,000원까지 세액공제를 받을 수 있다.

표 3-8 ▶ 연금계좌 세액공제 한도 및 공제율

연간 소득구간		세액공제 한도(만 원)			세액공제율 (%)
총급여(근로자)	종합소득금액	전체	연금저축	IRP	
5,500만 원 이하	4,000만 원 이하	700	400	700	16.5
5,500만 원~1억 2,000만 원 이하	4,000만 원~1억 원 이하	700	400	700	13.2
1억 2,000만 원 초과	1억 원 초과	700	300	700	13.2

또한 연금저축에 가입되어 있는 경우에는 연금저축과 퇴직연금을 합하여 연 700만 원까지 세액공제를 받을 수 있다. 연금저축과 퇴직연금에 각각 얼마나 불입하느냐에 따라 세제 혜택을 받을 수 있는 최대 금액이 달라지는데, 똑같은 700만 원을 불입했다고 하더라도 다음의 일곱 가지 경우에 따라 세액공제 금액은 400만 원부터 700만 원까지 차이가 난다.

표 3-9 › 연금저축과 퇴직연금 불입액에 따른 세액공제 가능 금액

(단위: 만 원)

구분	연금저축	퇴직연금	세액공제 가능 금액
Case 1	0	700	700
Case 2	100	600	700
Case 3	200	500	700
Case 4	300	400	700
Case 5	400	300	700
Case 6	500	200	600
Case 7	700	0	400

• 2단계: 적립금 운용 단계

2단계 적립금 운용 단계에서는 사용자 또는 근로자가 납입하는 부담금 및 적립금 운용 과정에서 발생하는 운용수익에 대해 비과세된다. 과세이연된 퇴직급여가 있다면 운용수익에 대한 비과세 효과는 더 커진다.

• 3단계: 적립금 수령 단계

3단계 퇴직급여 수령 단계에서는 '연금으로 받느냐, 연금 외 방법으로 받느냐'에 따라 적용되는 과세 체계가 달라진다. 또한 IRP에 입금된 돈의 꼬리표에 따라 인출 시 세금의 종류와 부과하는 방식이 달라진다. IRP 적립금의 수령 방법은 〈표 3-10〉과 같이 정리할 수 있다.

표 3-10 ▶ IRP 적립금 인출 시 과세

적립금 재원 (돈의 꼬리표)	이연퇴직소득	납입한 원금		운용수익
		세액공제 받음	세액공제 안 받음	
재원 설명	IRP에 이전한 퇴직금	불입금 중 세액공제 혜택 받은 부분	불입금 중 세액공제 받지 않은 부분	퇴직금과 납입금을 넘은 수익
연금 수령 시 과세	연금소득세 (퇴직소득세 70%)	연금소득세	비과세	연금소득세
연금 외 수령 시 과세	퇴직소득세 (퇴직소득세 100%)	기타소득세	비과세	기타소득세

① 연금 수령 시 과세

연금을 수령하고자 할 때는 다음의 요건을 충족해야 한다.

- 55세 이후 연금 수령 개시 신청
- 연금계좌 가입일로부터 5년 경과(단, 이연퇴직소득이 연금계좌에 있는 경우에는 제외)
- 연금 수령 한도 이내에서 인출(연금 수령 외의 인출은 모두 '연금 외 수령'에 해당)

> **▸연금 수령 한도란?**

$$\frac{연금계좌\ 평가액}{(11 - 연금\ 수령\ 연차)} \times 120\%$$

※ 연금 수령 연차: 연금 수령이 충족되는 날이 속하는 연도를 기산 연차 1로 하여 매년 누적합산함
(단, IRP 가입일 또는 이연퇴직소득의 DB·DC형 가입일이 2013.3.1 이전이면 기산 연차를 6부
터 시작함)

연금으로 꺼내 쓰면 3.3~5.5%의 연금소득세를 원천징수한다. 가입자의 나이에 따라 세율도 달리 적용되는데 55세에서 69세까지는 5.5%, 70세부터 79세까지는 4.4%, 80세 이후부터는 3.3% 세율이 적용된다. 단, 연금 수령 한도를 초과하여 인출할 때는 사유에 따라 기타소득세 및 퇴직소득세를 납부할 수 있다.

그림 3-6 ▸ 연금 수령 시 세율

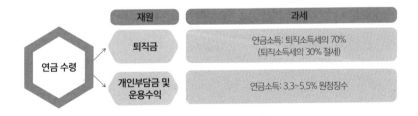

수령 방법과 상관없이 인출액이 '연금 수령 한도' 기준을 넘지 않으면 연금으로 인정된다. 이때 주의할 것은 총 수령액이 연간 1,200만

원(월 100만 원) 이하인 경우에는 연금소득세 원천징수로 끝나지만, 연간 1,200만 원을 넘어서면 종합소득세 신고 대상이 된다는 점이다. 종합소득세 신고 대상에 해당하면 추후 다른 소득과 합쳐 그해 소득세를 다시 계산하게 된다.

② 연금 외 수령 시 과세

퇴직금을 일시금으로 수령할 때는 세금할인 혜택 없이 퇴직소득세 100%를 납입해야 하고 분류과세된다. 그리고 개인 부담금 및 운용수익을 일시금으로 수령할 때는 기타소득세 16.5%로 분리과세된다.

그림 3-7 › 일시금 수령 시 세율

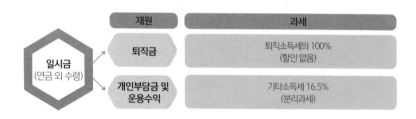

세액공제를 받지 않은 원금에 대해서는 언제 인출하든 세금에 대한 제약이 없다. 납입한 금액에 대해 세금 혜택을 받지 않았기 때문에 수령 시에도 세금을 매기지 않는 것이다.

IRP에서 돈을 꺼내 쓸 때는 세금이 적게 붙는 순서에 따라 인출된다. 가장 먼저 세액공제 받지 않은 원금(비과세)이 인출되고, 퇴직금 부분(퇴직소득세의 70%), 세액공제 받은 원금(연금소득세 3.3~5.5%), 운용수익(연금소득세 3.3~5.5%) 순이다.

표 3-11 ▶ IRP의 인출 순서

인출순서	소득원천	연금소득세	종합소득 대상 여부
1	과세 제외 (소득·세액공제 받지 않은 원금)	비과세	해당 없음
2	퇴직소득	이연퇴직소득세 × 70% (11년 차 이후 수령분은 60%)	분리과세
3	기타소득 (소득·세액공제 받은 원금 + 전체 운용수익)	- 80세 이상: 3.3% - 70세 이상: 4.4% - 일반적인 경우: 5.5% ※ 지방세 포함	연간 사적연금 수령액 합계액 이 1,200만 원을 초과하면 종 합소득 합산신고

개인연금:
연금보험, 연금신탁, 연금펀드

스스로 준비하는 연금저축

우리나라 연금저축제도는 1994년 정부가 각종 비과세 저축제도를 폐지·정비하면서 개인 스스로 노후 준비를 위한 저축을 할 수 있도록 개인연금저축으로 도입됐다. 이후 2001년 사적연금제도에 대한 과세제도가 시행되면서 기존의 개인연금저축은 판매가 중지되고, 연금저축제도가 도입됐다.

현재는 2013년 기존 조세특례제한법에 따른 연금저축제도는 폐지되고, 소득세법에서 규정되어 시행되는 새로운 형태의 연금저축계좌제도가 운영되고 있다.

표 3-13 ▶ 구 개인연금저축, 연금저축, 연금저축계좌 비교

구분	구 개인연금 저축	연금저축	연금저축계좌
가입 대상	만 18세 이상 국내 거주자		제한 없음
판매 기간	1994년 6월~2000년 12월	2001년 1월~2013년 2월	2013년 3월~현재
납입 요건	납입 기간: 10년 이상 분기별 300만 원(연 1,200만 원) 한도		가입 기간: 5년 이상 납입 금액: 연 1,800만 원 한도
연금 수령 요건	적립 후 10년 경과 및 만 55세 이후 수령 5년 이상 분할 수령	만 55세 이후 수령 5년 이상 연금으로 받을 것	만 55세 이후 수령 연간 연금 수령 한도 내에서 수령할 것
연금 수령 한도	없음		연금계좌의 평가액/(11 - 연금 수령 연차) × 120% ※ 수령 한도 내에서 수령 시 연금소득세율 적용 ※ 한도 초과분은 기타소득세율(16.5%) 등 적용
세제 혜택 (한도)	소득공제 = MIN(연간납입액 × 40%, 72만 원)	소득공제 = MIN(연간납입액 × 100%, 400만 원) ※ 세액공제(2014년부터)	세액공제 = 세액공제 한도금액 × 세율 ※ 세액공제(2014년부터)
중도해지 시 과세	이자소득세(15.4%) 부과	기타소득세(16.5%) 부과	기타소득세(16.5%) 부과
연금 수령 시 세율	비과세	연금소득세(3.3-5.5%)	연금소득세(3.3-5.5%)
종합과세	-	-	연간 연금 수령액 1,200만 원 초과 시 수령액 전액 ※ 사적연금 수령액만 고려

연금저축과 세제

직장인들이 절세를 목적으로 가입하는 대표 상품으로 연금저축을 꼽을 수 있다. 특히 연말이 다가오면 연말정산 환급액을 늘리기 위해 보유 중인 연금저축계좌에 추가 입금을 해본 경험이 있을 것이다. 연금저축은 연간 1,800만 원을 납입할 수 있다. 하지만 연금저축계좌에 많이 입금한다고 해서 연말정산 시 많이 돌려받는 것은 아니다.

연금저축은 납입 금액과 개인 소득에 따라 세액공제 혜택이 달라진다. 세액공제 한도는 최대 연 400만 원이다. 단, 연소득이 총급여소득 1억 2,000만 원을 초과(종합소득 1억 원 초과)하는 경우에는 세액공제 한도가 300만 원으로 줄어든다.

연금저축 공제율도 총급여 5,500만 원 이하(종합소득 4,000만 원 이하)인 경우 16.5%, 총급여 5,500만 원 초과(종합소득 4,000만 원 초과)인 경우 13.2%가 적용된다. 적립금을 운용하는 기간에는 발생한 이자나 배당에 대해 세금을 즉시 부과하지 않는다.

가입 후 5년이 경과하고 만 55세 이후에 연금을 수령할 때는 연령에 따라 저율(연 3.3~5.5%)로 연금소득세를 부과한다. 반대로 55세 이전에 인출하면 연금 외 수령으로 간주하여 인출한 금액의 16.5%를 기타소득세로 내야 한다. 연금을 중도에 임의해지(일시금 수령도 포함)하는 경우에도 기타소득세 16.5%가 적용돼 세제상 불이익이 있으니 주의해야 한다.

연금저축계좌 납입 기간 절세 TIP

세액공제 혜택: 맞벌이 부부라면 소득이 적은 배우자가 유리하다

연금저축에 대한 세제 혜택은 소득에 따라 세액공제율이 달라진다. 총급여가 5,500만 원을 초과하는 근로자라면 13.2%가 적용되고, 5,500만 원 이하 근로자는 16.5%가 적용된다. 따라서 맞벌이 부부라면, 총급여가 적은 배우자가 먼저 세액공제 한도 금액까지 연금저축에 납입하는 것이 유리하다.

세액공제 한도 초과 납입액: 이월 신청하여 다음 해에 혜택을 보자

연금저축 세액공제는 최대 400만 원이다. 지난해 연금저축에 600만 원을 납입해 200만 원은 세액공제 혜택을 받지 못했다면, 올해 연말정산(종합소득세 신고) 시 공제받지 못한 200만 원에 대해 세액공제를 신청할 수 있다. 이를 세액공제 이월 신청이라고 한다. 이월 신청서와 함께 국세청 홈택스(hometax.go.kr)나 세무관서에서 발급받은 소득·세액공제확인서를 금융회사에 제출하면 된다. 그러면 금융회사에서 200만 원을 올해 낸 것으로 수정한 연금납입확인서를 발급해주는데, 이를 증빙으로 하여 올해 세액공제를 받으면 된다.

세액공제 받지 않은 초과 납입액: 과세이연으로 저율과세 적용받자

세액공제를 받지 못한 연금저축 불입금을 당장 계좌에서 인출할 수도 있다. 연금저축계좌에서 인출할 때 따로 세금을 내지 않는다. 다만 여기에 붙은 운용수익에 대해서는 세금이 부과된다. 연금 수령 시 세제와 마찬가지로 운용수익을 55세 이전에 꺼내 쓰면 16.5%의 기타소득세를 내고, 55세 이후 연금으로 수령하면 3.3~5.5%의 저율로 과세되는 연금소득세를 낸다.

50대 이상: 연 200만 원 세액공제 추가 한도를 활용하자

50세 이상 장년층이라면 2020년부터 3년간 한시적으로 연금저축 세액공제 한도가 400만 원에서 600만 원으로 200만 원 늘어난다. 이에 따라 연금저축과 IRP를 합한 세액공제 한도는 700만 원에서 900만 원으로 늘어난다. 50세 이상이면서 총급여가 5,500만 원 이하인 경우 최대 공제 금액이 115만 원에서 148.5만 원으로 33.5만 원 늘어나고, 5,500만 원 초과인 경우 최대공제 금액이 92.4만 원에서 118.8만 원으로 26.4만 원 늘어나게 된다.

다만 세액공제 추가 혜택이 50세 이상 모두에게 적용되는 것은 아니다. 총급여 1억 2,000만 원(종합소득 1억 원) 초과 또는 금융소득금액 2,000만 원 초과인 고소득자에게는 적용되지 않는다. 여유자금이 있는 50대라면 추가 입금을 통해 세금환급 혜택을 누리면서 앞으로 연금액도 늘리는 전략을 고려할 필요가 있다.

표 3-14 › 만 50세 이상의 연금저축과 퇴직연금 불입액에 따른 세액공제 한도와 금액

구분	연금저축 (최대 600만 원) 납입금액	퇴직연금 (DC, IRP) 본인 부담금 (최대 900만 원) 납입금액	세액공제 가능액	근로소득 총급여 5,500만 원 이하 (종합소득 4,000 만 원 이하) 공제율 16.5%	근로소득 총급여 5,500만 원 초과 ~1억 2,000만 원 이하 (종합소득 4,000 만 원 초과~1억 원 이하) 공제율 13.2%
Case 1	400만 원	500만 원	900만 원	148만 5,000원	118만 8,000원
Case 2	900만 원		600만 원	99만 원	79만 2,000원
Case 3		900만 원	900만 원	148만 5,000원	118만 8,000원

※ 연금저축 최대 600만 원(퇴직연금 합산 900만 원)

※ 2022년 12월 31일까지 한시적 적용

연금저축계좌 연금 수령 시 절세 TIP

연간 1,200만 원 이내로 연금 수령액 한도를 관리하자

연금을 수령할 때는 연금소득세(3.3~5.5%)가 부과된다. 이때 연금 수령액이 연간 1,200만 원을 초과하면 연금 수령액 전체에 대해 연금소득세 대신 종합소득세가 부과된다. 따라서 연금 수령액을 확인하여 연간 1,200만 원을 초과하지 않도록 연금 수령 시기 또는 수령 기간을 조절할 필요가 있다. 단, 1,200만 원 한도 산정 시 공적연금(국민연금 등), 퇴직금으로 받는 퇴직연금, 구 개인연금은 제외된다.

연금 수령은 10년(또는 5년) 이상으로 길게 하자

연금을 수령할 때는 10년 이상 연금 수령 한도 내에서 받아야 저율의 연금소득세가 부과된다. 연금 수령 기간을 10년 미만으로 단축할 경우 연간 연금 수령액이 세법상 수령 한도를 초과할 가능성이 있으며, 한도를 초과한 금액에 대해서는 기타소득세 16.5%가 부과되어 손해를 볼 수 있다.

연금 수령 시기를 최대한 늦추자

세법상 연금소득세는 가입자의 연금 수령 시 나이가 많을수록 세율이 낮아진다. 따라서 경제적 여유가 있다면 연금 수령 시기를 늦춤으로써 납부할 세금을 줄일 수 있다.

표 3-15 ▸ 연금 수령 나이에 따라 달라지는 연금소득세율

(단위: %)

구분	55세 이상~70세 미만	71세 이상~80세 미만	80세 이상
연금 수령 시	5.50	4.40	3.30
종신연금 수령 시	4.40		3.30

연금저축의 세 가지 유형, 보험·신탁·펀드

연금저축에는 보험, 신탁, 펀드가 있다. 2019년 금융감독원에 따르면 전체 연금저축 적립금 중 연금저축보험이 73.6%로 가장 높은 비율을 차지했다. 그다음이 연금저축신탁(12.2%), 연금저축펀드(10.1%) 순이었다. 세제 혜택이라는 틀은 같지만 상품이 다른 만큼 서로 다른 특징을 가지고 있다. 원금 보장을 원한다면 연금저축보험을, 원금 보장보다는 수익성(기대수익률)을 추구한다면 연금펀드가 적합하다. 현재 연금저축신탁은 신규가 불가능하다.

그림 3-8 › 연금저축 업권별 적립금 비중

(단위: %, 조 원)

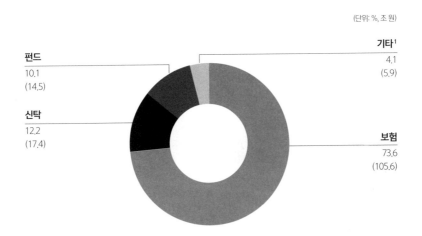

기타[1]
4.1
(5.9)

펀드
10.1
(14.5)

신탁
12.2
(17.4)

보험
73.6
(105.6)

주 1: 신협, 수협 새마을금고 및 우체국에서 판매하는 연금저축공제보험
※ 2019년 말 기준
자료: 금융감독원

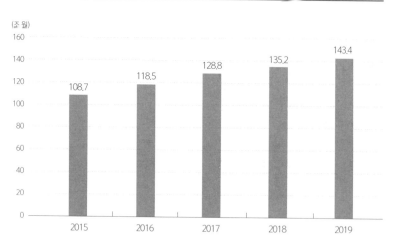

그림 3-9 › 연금저축 적립금 추이

(조 원)

2015: 108.7
2016: 118.5
2017: 128.8
2018: 135.2
2019: 143.4

※ 보험, 신탁, 펀드 등 합계
자료: 금융감독원

표 3-16 › 연금저축 상품 비교

구 분	보험	신탁	펀드계좌
판매 금융회사	보험·은행·증권	은행	보험·은행·증권
납입 방식	정기납입	자유적립식	자유적립식
운용 방법	매월 공시이율로 부리 (최저보증이율)	금융채·국공채·회사채 등으로 운용 (안정적 운용 추구)	MMF부터 해외 주식형 ETF 등 다양한 펀드로 운용
원금 보장 여부	보장	보장	없음
예금 보호	보호	보호	비보호
연금 수령 방식	종신형, 기간확정형	기간확정형	금액확정형, 기간확정형

연금을 평생 받을 수 있는 연금저축보험

연금저축보험은 매월 각 보험사가 정하는 공시이율로 부리되는 변동
금리형 상품이라고 할 수 있다. 공시이율은 보험사의 자산 운용 이익

에 시중금리를 종합적으로 고려해서 정하는데, 보험사가 무작정 공시이율을 낮출 수는 없다. 공시이율이 지나치게 낮아지는 것을 막는 최저보증이율이 있기 때문이다. 최저보증이율은 보험사에 따라 그리고 가입한 시기에 따라 달라질 수 있지만, 최저보증이율로 확정적인 수익은 예상할 수 있다.

한편 연금저축보험은 펀드나 신탁과 달리 납입 방식이 자유롭지 못해서, 자금 사정이 어려워지면 해지하는 경우가 많았다. 이를 보완하기 위해 2014년 4월 이후 출시된 연금저축보험 상품에는 납입유예제도 기능을 추가했다. 납입이 부담스러워지면 해지하는 대신 유예 기능을 활용하면 된다. 단, 보험사 및 상품에 따라 납입유예 횟수나 기간에 차이가 있으므로 직접 문의해봐야 한다.

안정적인 운용을 추구하는 연금저축신탁

연금저축신탁은 은행이 운용한다고 하니 흔히 이자가 붙는다고 생각할 수 있다. 하지만 엄밀히 따지면 신탁은 자산의 운용 성과에 따라 수익률이 달라지는 상품이다. 연금저축신탁은 가입자가 납입한 원금이 보장되는 만큼 안정적인 운용을 추구한다. 주로 국공채, 통화안정증권이나 금융채처럼 신용도가 매우 높은 채권 중심으로 운용하기에 수익률을 높이는 데 한계가 있다. 현재 연금신탁은 2017년을 마지막으로 판매가 중단됐다.

내 뜻대로 투자하는 연금저축펀드

연금저축펀드의 두드러진 특징은 운용 대상, 즉 투자할 수 있는 펀드
가 다양하다는 점이다. 예를 들어 만기가 짧은 채권에 투자하는 MMF
부터, 글로벌 4차 산업 펀드처럼 전 세계에 흩어져 있는 특정 산업의
주식에 투자하는 펀드까지 운용 대상이 매우 다양하다.

가입자는 여러 가지 연금저축펀드 가운데 1개 이상을 선택해서 투
자 위험을 줄이는 분산투자 효과도 누릴 수 있다. 또한 투자 중인 펀드
에서 언제든지 다른 펀드로 교체할 수도 있다. 연금저축계좌의 또 다
른 매력은 납입이 자유로워 자금 사정에 따라 유연하게 대처할 수 있
다는 점이다.

개인연금 가입자, 얼마나 왜 가입했나?

하나금융그룹 100년행복연구센터와 하나금융경영연구소는 2018년 5월 개인연금에 가입한 18~54세 1,000명을 대상으로 몇 가지 상품에 가입했는지 물어봤다. 여기서 개인연금이란 연금저축(신탁·보험·펀드), IRP뿐만 아니라 비과세 혜택이 있는 연금보험과 변액연금까지 포함한다.

설문조사 결과, 1명이 평균 1.81가지 개인연금에 가입한 것으로 나타났다. 2명 중 1명(51%)은 2가지 이상의 상품에 가입했고, 4가지 이상의 상품에 가입한 사람도 10명 중 1명(7%)에 가까웠다. 여러 가지 개인연금에 가입한 사람들은 세제 혜택을 고려해서 상품이나 납입 금액을 정하고 있었다. 예를 들어 세액공제 혜택이 있는 연금저축과 비과세 혜택이 있는 연금보험처럼, 세제 혜택이 서로 다른 2개 상품에 가입하는 것이다.

▸ 가입한 개인연금 개수별 응답자의 비중

2개 이상 가입한 경우 51%

1개: 49%	2개: 32%	3개: 12%	4개 이상: 7%

대상: 연금저축(보험·신탁·펀드), IRP, 비과세 혜택이 있는 변액연금 또는 일반연금보험 가입자 1,000명

개인연금에 왜 가입했느냐는 질문에는 '노후자금 마련을 위해서'라는 응답이 가장 많았다. 그다음으로는 '세제 혜택이 있기 때문에', '가족이나 지인의 추천이 있어서'라는 응답이 많았다.

하지만 IRP는 좀 달랐다. 노후자금 마련보다 세제 혜택이 있어서 가입했다는 응답이 더 많았고, 가족이나 지인보다 금융회사 직원이나 회사의 권유로 가입한 경우가 많았다. 다른 개인연금에 비해 IRP가 노후자금 마련에 필요한 상품이라는 점이 충분히 알려지지 않았기 때문이다. 2017년부터 IRP 가입 대상이 자영업자, 공무원, 교직원, 군인으로까지 확대됐고 IRP에 가입해야 세액공제도 700만 원까지 받을 수 있다. 그만큼 IRP는 유용한 은퇴 준비 수단이다.

▶개인연금 종류별 가입 이유(1순위 + 2순위)

(단위: %)

구분	연금저축	비과세 연금보험	개인형 IRP
노후자금 마련	❶ 62	❶ 62	❷ 37
세제 혜택(세액공제/비과세 등)	❷ 42	❷ 38	❶ 41
가족/지인의 추천 및 권유	❸ 22	❸ 25	13
자산증식을 위한 투자	18	21	15
금융회사 직원의 추천 및 권유	18	21	❸ 26
직장의 권유	13	7	❹ 26

대상: 연금저축(보험·신탁·펀드), IRP, 비과세 혜택이 있는 변액연금 또는 일반연금보험 가입자 1,000명

3층 연금을 넘어 5층 연금으로:
주택연금과 농지연금

앞서 이야기한 세 가지 연금, 즉 국민연금, 퇴직연금, 개인연금을 3층 연금이라고 부른다. 여기에 또 다른 형태의 연금을 더해 층을 더 쌓아 갈 수 있다. 여기서는 주택연금과 농지연금을 더해 5층 연금을 완성하는 시나리오를 살펴보고자 한다.

내 집에서 월급 받기, 주택연금

"가진 거라고는 집 한 채가 전부인데 어떻게 살지? 이것 참 큰일 났다."

이때 주택연금제도를 아는 사람이라면 이렇게 바꾸어 말할 수 있다.

"나한테 집 한 채라도 있어서 정말 다행이다."

주택연금은 2007년 7월 출시됐다. 첫해 515명에서 2020년 6월 말 현재 7만 6,000명으로 가입자가 꾸준히 늘고 있다. 주택연금은 본인 집을 담보로 맡기고 내달 연금을 받을 수 있는, 국가가 보증하는 연금 제도다. 모아놓은 금융자산으로는 생활비를 충당하기 어렵거나 소득원 이 불안정하다면 노후 생활 안정을 위해 주택연금을 활용할 수 있다.

주택연금의 장점

• **가계부채 없이 안정적인 노후 보장: 나와 배우자가 평생 연금을 수령할 수 있다**
주택연금은 몇 살까지 받을 수 있느냐를 고민할 필요가 없다. 평생 내 집에 거주하면서 부부 중 1명이 사망해도 감액 없이 연금이 평생 지급 되기 때문이다. 만약 생활비가 부족해 금융기관 대출을 이용한다면 매 월 대출이자를 부담해야 하지만, 주택연금은 매월 이자를 납부해야 하 는 부담이 없다. 또한 기존 주택담보대출 사용자도 주택연금으로 전환 할 수 있어 가계부채 증가 없이 노후 생활자금으로 사용할 수 있다.

• **합리적 상속 가능: 집값보다 연금을 많이 받아도 상환할 필요가 없다**
주택연금에 가입하면 부부 모두가 사망할 때까지 연금을 받을 뿐 아니 라 남은 주택자산을 자녀(상속인)에게 남길 수 있다. 주택연금을 수령하 다 부부가 사망하면 살던 주택을 처분해 그간 받은 연금과 이자를 상 환하고, 잔액이 있을 경우 자녀(상속인)에게 돌려준다. 반대로 처분된 금 액이 대출원리금보다 적을 때는 자녀(상속인)에게 잔여금 상환을 청구 하지 않는다. 주택 처분액이 넘치면 자녀(상속인)에게 남기고 모자랄 땐 부담을 지우지 않으므로, 노후 생활비 문제를 해결하면서 자녀의 부담까지 덜어주는 유용한 제도다.

• 세제 감면 혜택: 소득공제 혜택은 물론 재산세, 등록세 감면까지

주택연금에 가입하면 당해 연도에 납부해야 할 재산세의 25%를 감면받을 수 있다. 단, 2019년부터 1가구 1주택에 한해서다. 가입주택이 5억 원 이하이면 재산세(본세) 25%를 감면받고, 5억 원 초과 주택은 5억 원에 해당하는 재산세(본세)만 25%까지 감면받을 수 있다. 또한 저당권 설정 시에도 주택공시가격 5억 원 이하 1주택자라면 등록면허세 75%도 감면된다. 대출이자 비용은 연간 200만 원 한도 내에서 소득공제를 받을 수 있다.

표 3-17 › 주택연금의 세제 감면 혜택

시기	세제 감면 혜택
저당권 설정 시	- 등록면허세(설정 금액의 0.2%)를 주택 가격 및 보유 수에 따라 차등 감면 ① 주택공시가격이 5억 원 이하인 1가구 1주택자: 75% 감면 ② ①에 해당하지 않는 자: 등록면허세액이 400만 원 이하인 경우 75% 감면, 400만 원을 초과하는 경우 300만 원 공제 - 농어촌특별세 면제(등록세액의 20%) - 국민주택채권 매입 의무 면제(설정 금액의 1%)
이용 시	- 대출이자 비용 소득공제(연간 200만 원 한도) - 재산세(본세) 25% 감면

※ 2019년부터 2021년까지 지방세특례제한법 시행령으로 정하는 1가구 1주택에 한해 재산세 감면
※ 주택연금 가입주택이 5억 원 이하이면 재산세(본세) 25% 감면,
5억 원 초과 주택은 5억 원에 해당하는 재산세(본세) 25% 감면
※ 저당권 설정 시 등록세액의 20%, 이용 시 재산세(본세)액의 20%에 해당하는 교육세 부담
※ 등록면허세 감면은 2021년 말 일몰 예정

가입 요건

주택연금은 부부 중 1명이 만 55세 이상일 때 가입할 수 있다. 원칙적으로 부부가 공시 가격 9억 원(시가 12~13억 원 수준) 이하의 주택 하나를 소유한 경우가 해당한다.

지방자치단체에 신고된 노인복지주택도 가능하며, 상가와 주택이 같이 있는 건물이라면 주택이 차지하는 면적이 전체의 50% 이상이어야 한다. 다주택자라도 주택 공시 가격 합산액이 9억 원 이하이면 가입할 수 있다. 9억 원을 초과하는 2주택자는 3년 이내에 주택 하나를 팔면 된다.

더불어 주택연금은 거주 요건도 충족해야 한다. 주택연금에 가입하고자 하는 주택에 가입자 또는 배우자가 실제 거주해야 한다. 따라서 해당 주택을 전세 또는 월세로 주고 있는 경우에는 가입할 수 없다. 단, 2020년 11월 주택금융공사법이 개정되면서 이르면 2021년 6월경이면 부부 중 1명이 거주하면서 주택의 일부를 전월세 줄 때도 주택연금에 가입할 수 있게 될 예정이다.

연금 지급 방식

연금은 지급 방식에 따라 인출 한도(목돈) 설정 없이 매월 종신토록 지급받는 종신 방식과 일정 기간 연금을 수령하는 확정기간 방식이 있다. 또한 주택담보대출이 있지만 연금을 수령하고 싶다면, 대출 한도 범위(50% 초과 90% 이내) 내에서 일시에 찾아 쓰고 나머지 부분을 연금으로 종신토록 지급받는 대출상환 방식도 있다. 질병이나 사고 등의 이유로 큰돈이 필요해졌을 때는 인출금제도를 활용하면 된다. 종신 혼합 방식, 확정기간 혼합 방식을 선택하면 인출 한도를 50% 이내로 설정한 후 나머지 부분만 매월 연금으로 받을 수 있어 비상시 목돈을 활용하기에도 좋다. 이는 연금 지급 방식과 주택의 가격, 나이에 따라 달라지므로 사전에 체크해두어야 한다.

표 3-18 ▸ 주택 유형에 따른 연금 지급 방식

주택 유형 및 지급 방식	종신 방식, 대출상환 방식, 우대 방식	확정기간 방식
일반주택	가입 가능	
노인복지주택 (지자체에 신고된 주택에 한함)	가입 가능	가입 불가
복합용도주택 (상가와 주택이 같이 있는 건물)	가입 가능 (단 등기사항증명서상 주택이 차지하는 면적이 2분의 1 이상)	

주택연금 평균적으로 얼마 받나?

주택연금은 가입자(부부 중 연소자 기준)의 연령과 주택 가격 등에 따라 연금액이 결정되는데, 가입 시 연령과 주택 가격이 높을수록 수령액이 늘어난다. 2020년 6월 말 기준 주택연금 가입 건수가 전국적으로 7만 건을 넘어섰다. 주택의 평균 가격은 3억 원으로 가입자들은 월평균 102만 원의 연금을 받고 있다. 가입 전 내가 받을 수 있는 연금액이 궁금하다면 주택금융공사 홈페이지 주택연금(월 지급금) 조회 기능을 이용해 예상액을 확인해볼 수 있다.

표 3-19 ▷ 주택연금 이용 현황(2020년 6월 기준)

주택연금 가입자 평균

평균 연령	72세
평균 월 지급금	102만 원
평균 주택 가격	3억 원

지급 방식별 선택 비율

(단위: %)

종신지급 방식	64.4
종신혼합 방식	22.3
확정혼합 방식	1.2
사전가입 방식	0.8
대출상환 방식	2.7
우대지급 방식	6.6
우대혼합 방식	2.0

※ 부부 중 연소자 기준
※ 가입자 수 7만 6,158명
자료: 주택금융공사(2020년 6월)

주택연금 가입 후 집값이 오르면 손해 아닐까?

주택연금 가입 이후 주택 가격이 크게 하락하거나 상승하더라도 가입자에게 불리한 점은 없다. 연금 지급액은 예상되는 주택 가격 상승률 등을 반영하여 산출되는데, 만약 가입 기간에 주택 가격이 하락해 가입자가 받을 연금 총액보다 낮아지더라도 연금 지급액은 달라지지 않는다. 가입 시 평가된 주택 가격을 기준으로 결정된 연금 지급액이 종신까지 보장된다. 반대로 주택 가격이 큰 폭으로 올라 연금 총액이 주택 가격보다 적어질 수도 있다. 이때는 가입자가 사망한 후 주택을 처분하여, 연금 등을 정산하고 남은 금액을 자녀에게 상속해준다.

내 땅에서 농사도 짓고 연금도 받는 농지연금

젊은 세대부터 은퇴자들까지 월수입을 늘리는 재테크에 관심이 많다. '은퇴자의 로망', '꼬마빌딩이 인기'라는 내용의 기사를 많이 접하게 된다. 하지만 치솟는 부동산 가격에 월급쟁이로 살아가면서 내 집 마련도 녹록지 않은 현실인지라 꼬마빌딩 재테크는 상상으로만 끝나곤 한다.

그렇다면 다른 방법은 없을까? 은퇴 후 귀농을 생각하는 사람이라면 농지연금에 주목할 필요가 있다. 농지연금은 만 65세 이상 노령 농업인이 소유한 농지를 담보로 노후 생활자금을 매월 연금으로 받는 제도다. 2011년 처음 도입됐으며, 7년이 지난 2018년에 가입자가 1만 명을 넘어섰다. 이들의 월평균 수급액은 90만 원 정도로 알려져 있다. 은퇴 이후 안정적인 노후 생활을 위해 농지연금제도를 적극적으로 활용해보자.

농촌 어르신의 효자 상품, 농지연금

• 정부가 보증하는 안정적인 평생 연금: 부부가 종신토록 수령

농지연금은 정부의 재정 지원을 통해 연금 지급이 평생 보장된다. 가입자가 연금을 수령하다가 사망할 경우 배우자에게 승계할 수 있으며, 배우자도 사망 시까지 계속해서 연금을 수령할 수 있다. 단, 배우자는 60세 이상이면서 연금을 승계한다는 신청을 해야 한다.

- **연금도 수령하면서 추가 소득도 거둘 수 있다: 영농 또는 임대소득 가능**

가입자는 연금을 수령하면서 해당 농지를 직접 경작하거나, 타인에게 농지를 임대해 연금 이외의 추가 수입도 얻을 수 있다.

- **세금 절약도 가능하다: 재산세 감면**

농지는 개별공시지가의 0.07%에 해당하는 재산세가 부과된다. 하지만 농지연금을 신청한 농지 가격이 6억 원 이내라면 재산세가 전액 감면된다. 6억 원을 초과하는 농지는 6억 원 초과분에 대한 재산세만 납부하면 된다.

- **농지 가격보다 연금을 많이 받아도 상환할 필요가 없다: 합리적 상속**

농지연금 가입자와 배우자가 모두 사망하면 담보농지를 처분해서 연금채무를 상환하게 된다. 이때 농지를 처분하고 남은 금액이 있으면 상속인에게 돌려준다. 반면 받은 연금 총액이 농지를 처분한 금액보다 많다면 자녀(상속인)에게 부족한 금액을 청구하지 않는다. 그러므로 농지 가격의 등락과 상관없이 오래 받으면 그만큼 유리한 셈이다.

누가 받을 수 있나?

농지연금은 만 65세 이상이면서 영농 경력이 5년 이상이면 가입할 수 있다. 영농 경력이 반드시 5년간 연속될 필요는 없다. 전체 영농 기간이 5년만 채우면 된다. 담보로 제공되는 농지는 공부상 지목이 전·답·과수원으로 실제 영농에 이용되고 있어야 한다. 또한 저당권 등 제한

물권 설정이 없고, 압류·가압류·가처분 등의 목적물이 아니면 가능하다. 담보농지 평가는 개별공시지가 100%, 또는 감정평가 80% 중 가입자가 선택할 수 있다.

연금 지급 방식

연금 지급 방식에는 종신형과 기간형이 있다. 가입자(배우자) 사망 시까지 매월 일정한 금액을 지급하는 정액종신형과 가입자가 선택한 일정 기간 매월 일정한 금액을 지급받는 기간정액형이다. 만약 가입 초기에 많은 금액을 받고 싶다면 전후후박(前厚後薄)형을 선택하면 된다. 10년 동안 정액형보다 많이 받다가 11년째부터 작게 받는 형태다. 또한 연금 수령 시 원금 일부를 자유롭게 사용하고 싶다면 일시인출형을 선택하면 된다. 일시인출형을 택하면 지급 가능 총액 중 30% 이내는 언제든지 수시로 인출할 수 있다. 그 외에도 공사에 소유권 이전을 전제로 연금을 더 많이 받는 경영이양형이 있다. 단, 연금 지급 방식별로 신청할 수 있는 나이가 정해져 있으니 본인의 경제 사정에 맞게 사전에 체크해두어야 한다.

표 3-20 › 연금 지급 방식별 가입 가능 연령

지급 방식	종신형, 경영이양형	기간정액형 (5년)	기간정액형 (10년)	기간정액형 (15년)
가입 연령	만 65세 이상	만 78세 이상	만 73세 이상	만 68세 이상

농지연금 어떻게 신청하나?

농지은행·농지연금 포털사이트(fpo.or.kr)에서 필요한 서류와 함께 접수 신청을 하고, 공사 직원의 상담을 거쳐 진행하면 된다. 내가 가진 땅으로 농지연금액이 얼마나 나올지 연금 유형에 따라 계산도 해볼 수 있다. 물론 방문이나 전화상담 신청도 가능하다.

고령화 시대 또 하나의 금융 솔루션: 신탁

믿음을 바탕으로 하는 금융상품, 신탁

100세 시대를 살아가는 우리에게 은퇴 이후 재무설계는 어떤 모습이어야 할까? 은퇴 이후에는 자산의 크기를 키우는 것보다는 재산을 안정적으로 관리하고 돈으로 생기는 문제를 최소화하는 것이 중요하다. 또한 은퇴 이후 남은 30~40년을 행복하게 살기 위해서는 다양한 리스크에 대비하는 안전장치가 반드시 필요하다. 신탁은 이런 문제를 해결하는 데 유용한 대안이다.

신탁은 말 그대로 '믿고 맡긴다'라는 의미다. 금전·유가증권·부동산 등 본인이 소유하고 있는 재산을 믿을 수 있는 대상에게 관리와 처분을 의뢰하는 것을 말한다. 이때 재산을 맡기는 사람을 '위탁자'라고 하고, 재산을 맡아 운용·관리·보관하는 재산관리기구를 '수탁자'라고 한다. 그리고 이를 통해 재산이나 수익을 지급받는 사람을 '수익자'라고 한다. 수익자는 위탁자가 직접 지정하는데, 위탁자 본인이 될 수도 있고 제3자 또는 법인이 될 수도 있다. 다시 말해 위탁자·수익자·수탁자가 서로의 '믿음'을 바탕으로 재산관리 또는 재산 증식을 목적으로 가입하는 금융상품이 바로 신탁이다. 이를 위해 중요한 것은 '믿고 맡길 수 있는 기관(수탁자)'인데 이 역할을 맡는 기관은 은행, 증권사, 부동산신탁회사와 같은 금융회사들이다. 현재 신탁업자 중 수탁고, 신탁보수 측면에서는 은행이 가장 큰 비중을 차지한다.

신탁재산으로 설정된 재산은 대내외적으로 수탁자의 소유가 되고, 신탁재산은 수탁자 및 위탁자의 재산과 구별된다. 신탁재산에 대해서는 원칙적으로 강제집행을 할 수 없기에 위탁자는 재산을 더욱 안심하고 맡길 수 있다. 단, 예외적으로 신탁 계약 이전의 원인으로 발생한 권리 또는 신탁사무의 처리상 발생한 권리에 대해서는 강제집행이 진행될 수도 있다.

그림 3-10 ▶ 신탁 계약의 구조

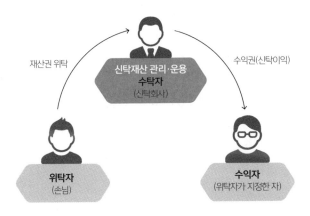

신탁이 은퇴자들의 걱정거리에 대안이 될 수 있을까?

실제로 은퇴를 맞은 고령자에게는 어떤 걱정거리가 있으며, 그에 대한 금융 솔루션으로 신탁 계약을 어떻게 활용할 수 있을까?

　하나금융그룹 100년행복연구센터와 하나금융경영연구소가 국민연금을 받고 있는 65~75세 650명을 대상으로 실시한 설문조사 결과를 보면 고령자의 걱정거리가 잘 나타난다. 그들의 가장 큰 걱정거리는 '건강'이며, 응답자 중 20%는 나중에 돈관리를 스스로 하지 못할까 봐 걱정된다고 말했다. 의학 기술의 발전으로 기대여명은 늘어났지만, 노화에 따른 자연적인 문제들 역시 급증함에 따라 은퇴 이후의 삶이 더욱 복잡해진 것이다.

국민연금 받는 60~70대
무엇이 걱정되나?
의료비를 못 낼까 봐, 금융자산이 바닥날까 봐 걱정

지금 국민연금을 받고 있는 은퇴자들은 어떤 걱정거리를 안고 있을까? 2018년 9월 하나금융그룹 100년행복연구센터는 하나금융경영연구소와 함께 국민연금을 받고 있는 고령자들을 대상으로 경제생활 이모저모에 대해 물어봤다. 대상자는 수도권에 살며, 직장이나 직업에서 물러난 65~75세 650명이다.

조사 결과 가장 걱정하는 것은 단연 의료비(51%)였다. 그다음으로는 가진 금융자산이 바닥날까 봐(34%), 나중에 생활수준이 추락할까 봐(34%) 걱정하고 있었다. 나중에 집에서 요양하거나 요양원에 들어갈 비용을 댈 수 없을까 봐 걱정된다는 응답도 29%나 됐다.

이런 걱정을 덜기 위해 은퇴자들은 주로 소비를 줄이거나 일을 계속하겠다는 생각을 하고 있었다. 저축을 계속하겠다는 사람도 많았다. '은퇴하고 나면 저축은 하지 않아도 될 것'이라는 생각을 벗어난 결과다. 한편 남은 생애 동안 끊이지 않고 현금이 나오는 금융상품을 선호했으며, 건강보험을 보강하고 싶다는 사람들도 많았다.

▶ 국민연금 수급자의 경제적인 측면에서 걱정거리와 해결 방법

경제적으로 가장 걱정되는 문제

1위	의료비를 댈 수 없을까 봐(51%)
2~3위	금융자산이 바닥날까 봐(34%) 생활수준이 추락할까 봐(34%)
4위	나중에 요양비를 댈 수 없을까 봐(29%)
5위	홀로된 후 경제적으로 어려워질까 봐(26%)
6위	나중에 스스로 돈관리를 못 할까 봐(20%)
7위	상속재산을 남기지 못할까 봐(12%)
8~10위	자영업하다 손해 볼까 봐(11%) 자녀를 도와주지 못할까 봐(11%) 금융자산의 실질가치가 하락할까 봐(11%)
11위	금융사기를 당할까 봐(9%)

걱정을 덜기 위해 하려는 행동

1위	소비를 줄인다.
2위	일(근로, 자영업)을 계속한다.
3위	가능한 한 저축을 많이 한다.
4위	살고 있는 주택을 활용한다.
5위	여생 동안 생활비를 지급하는 상품을 찾는다.

걱정을 덜기 위해 찾으려는 금융상품

1위	여생 동안 끊이지 않고 현금이 나오는 상품
2위	암처럼 질병을 진단받거나 사고를 당할 때 목돈을 받는 상품
3위	입·통원 시 의료비가 나오는 상품
4위	자금 적립과 가치 보존을 위한 예·적금 상품
5위	거주 주택을 담보로 맡기고 일정 금액을 받는 주택연금

※ 대상: 서울 및 수도권 거주 국민연금 수급자 650명, 복수 응답
자료: 하나금융경영연구소

내 뜻에 따라 병원비·요양비·간병비를 내주는 치매안심신탁

중앙치매센터에 따르면, 만 60~69세 어르신들이 세상에서 가장 두려운 병으로 꼽은 것은 '치매'였다(2014년 기준). 현재까지도 치매는 효과적인 예방책이나 치료 방법이 없기 때문에 암보다 더 무서운 질병으로 여겨지고 있다. 치매 환자는 15분마다 1명씩 늘어나 2030년에는 전체 노인 10명 중 1명이 치매 환자일 것으로 전망한다.

신탁을 활용하면 큰 병에 걸렸거나 치매가 왔을 때 간병비·병원비·요양비까지 손쉽게 처리할 수 있다. 다음의 사례를 보자.

치매 환자인 시어머니를 모시는 김씨의 시름이 커가고 있다. 병원의 설명대로 어머니의 치매 증상이 악화되면 병시중은 오롯이 김씨 몫일 게 뻔하다. 자신이 힘든 건 그렇다 쳐도 경제적인 부담이 더 걱정이다. 남편 월급으로 어머니 간병비에 애들 교육비를 동시에 대기는 빠듯하기 때문이다. 김씨는 고민 끝에 시어머니 소유의 오피스텔을 팔자고 남편에게 이야기했다. 남편도 같은 생각이었다. 어머니는 동의하실 테지만 형님과 동생네는 어찌 생각할지 김씨 부부는 걱정이다.

가족 간에도 돈은 민감한 문제다. 특히 돈관리나 자산관리를 직접하기 힘들면 자식들이 그 일을 맡아야 할 텐데, 자식들 간에 생각이 다르면 쉽게 풀리지 않는 문제가 될 수 있다. 언제 끝날지 모르는 싸움, 치매를 앓고 있는 가족이 있다면 이런 문제는 현실이 된다.

이런 상황에서 치매안심신탁이 대안이 된다. 치매안심신탁은 신탁 계약을 통하여 치매 초기 또는 치매에 대비하여 본인의 재산을 지키고, 나를 위해 돈이 제대로 쓰일 수 있도록 하는 개인맞춤형 신탁이다. 나중에 본인의 판단 능력이 저하될 때를 대비하여 내가 보유한 자금이 나의 치료비, 생활비, 간병비 등으로 활용될 수 있도록 흐름을 설계하는 것이다. 자금의 적절한 지급, 운용 및 관리뿐만 아니라 사후에도 내가 원하는 대로 상속이 이루어질 수 있도록 설계할 수 있다.

우리나라의 금융 거래는 실명에 의해서만 가능하기 때문에 자신에게 갑작스러운 질병이 생기거나 사고가 발생했을 때 나의 자금을 활용하여 대처하기가 어렵다. 그러나 신탁을 활용하면 미리 지급청구 대리인을 지정하고 인출 한도를 정할 수 있다. 훗날 본인에게 문제가 생길 경우 금융 거래를 대신할 사람을 지정하고, 예고 없이 발생하는 병원비 등에 쉽게 대처할 수 있도록 안전장치를 마련하는 것이다. 물론 일반적으로 대리인의 역할은 치매가 시작되어 의사 판단 능력이 없거나 몸이 불편하여 거동이 어려운 상황 등에 한해 개시되며, 그 이전까지는 아무런 권한도 주어지지 않는다.

또한 매월 인출 가능한 생활비 한도를 정해놓으면 생활자금을 끊이지 않고 지원받을 수 있을 뿐만 아니라, 보이스 피싱 등 어르신을 대상으로 하는 금융 범죄를 예방하는 효과도 누릴 수 있다. 병원비, 간병비, 요양비 등 치료를 위해 긴급 자금이 필요할 때는 병원의 증빙서류 등을 제시해 추가 지급도 받을 수 있다.

또한 적극적인 운용 및 관리가 필요한 자산에 대해서는 신탁 계약을 통해 운용 방법도 지시할 수 있다. 믿을 수 있는 금융회사가 재산을

운용하고 관리하므로 자산의 가치를 효과적으로 보전할 수 있다. 신탁
재산은 정기예금이나 채권과 같은 안정적인 상품으로 운용되는 게 보
통이다. 하지만 재산을 위탁하는 사람의 요구에 따라 맞춤식 관리도
가능하니, 실제 운용 방법은 은행 등 수탁회사와 상담을 통해 결정하
는 것이 좋다.

그림 3-11 › 치매안심신탁의 구조

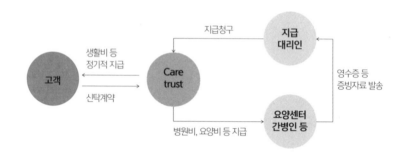

내 뜻에 따라 재산을 물려주는 유언대용신탁

신탁을 활용하면 투명한 자산관리가 가능함은 물론 복잡한 상속 절차
도 말끔하게 해결할 수 있다. 유언대용신탁을 통해 상속하고 싶은 자
녀 또는 제3자, 법인에도 본인이 물려주고 싶은 만큼을 정확하게 전달
할 수 있다. 신탁재산을 받는 사람은 법정상속인의 동의 없이도 재산
을 받을 수 있다. 유언대용신탁이란 위탁자가 살아 있을 때 유언 대신
신탁 계약을 통해 상속 계획을 세우고, 본인이 사망한 후 수익자에게

원본 및 이익을 지급해주는 신탁을 말한다. 유언대용신탁은 위탁자가 사망한 후에 수익자가 신탁의 수익권을 취득하거나 행사할 수 있다. 또한 유언장과 동일한 효과를 가지면서도 복잡한 유언 집행이나 상속 절차가 필요 없어, 상속인인 수익자를 위하여 자산관리 서비스를 원활히 지속할 수 있다는 장점이 있다.

피상속인의 뜻을 기리고 상속인들 간에 잡음 없는 상속을 집행하는 방법으로 유언장이 있다. 그러나 유언장의 진위를 놓고 상속인들의 다툼이 종종 발생한다. 유언장은 민법에서 정한 다섯 가지 방식인 '자필증서, 녹음, 공정증서, 비밀증서, 구수증서'에 의한 것만 인정되고, 모든 절차 요건이 완벽히 갖춰졌을 때 비로소 효력이 인정된다. 그러나 각각의 방식마다 갖춰야 하는 요건이 다르고, 요건을 갖췄다고 하더라도 고인이 남긴 최종 유언장이 맞는지 확인하기 어렵기 때문에 분쟁의 소지가 늘 존재한다. 그러나 신탁을 활용하면 이런 갈등의 여지가 줄어든다.

유언대용신탁 계약을 통해 생전에 유언자의 뜻에 따라 신탁 계약을 체결하고, 나중에 고객이 사망하면 유언 집행까지 대행해주는 서비스도 받을 수 있다. 신탁 계약은 특별한 방식이 요구되지 않고 본인의 의사와 계약 능력만 있으면 유효함을 인정받으며, 사망 후에는 계약에 따라 자산이 이전되므로 유산을 둘러싼 분쟁을 줄일 수 있다.

표 3-21 › 유언장 vs 유언대용신탁

구분	유언장	유언대용신탁
형식	자필증서, 녹음, 공정증서, 비밀증서, 구수증서	금융기관과 신탁 계약으로 유언을 대체
상속인	유언으로 지정	신탁 계약에 따라 설계
유언 집행	상속인의 집행 부담	수탁자(은행)의 객관적이고 투명한 집행
수증자 지정	- 연속적인 수증자 지정 불가능 - 수증자가 먼저 사망할 경우 유언 공증 절차 재진행	- 여러 세대에 걸친 수증자 지정 가능 - 부의 안정적 대물림 가능
생전 재산관리	본인의 노후 및 사후 수증자를 위한 재산 관리 기능 없음	생전부터 관리 가능하며, 사후에도 본인의 뜻대로 관리 및 운용됨
내용 변경	- 내용 변경 시 보증인 2명 필요 - 신규 유언장 작성 절차 따름	- 신탁 계약 변경·해지권 특약 가능 - 위탁자의 간단한 서류로 변경
금전 집행	모든 상속인의 동의 필요	사후 수익자 신분 확인만으로 집행 ※ 타 상속인의 동의 필요 없음

　고령화 시대를 맞아 상속, 증여 등과 관련한 신탁 상품에 대한 수요는 지속적으로 늘어날 것으로 보인다. 신탁은 남길 재산이 많은 사람만 활용할 수 있다고 흔히 생각하지만, 최근에는 본인 유고 시 자녀가 장례비로 내야 할 목돈 부담을 덜어주기 위해 스스로 신탁으로 준비하기도 한다. 적금처럼 소액 적립식으로 불입하여 장례 절차에 필요한 자금을 마련하는 것이다. 또한 신탁을 통해 상조회사와 연계하여 장례 서비스를 받거나 상속과 관련한 세무, 법률 등 유산 정리 지원 서비스도 활용할 수 있다.

　내 돈이 내 뜻대로 쓰이도록 하는 신탁, 특별한 사람만이 아니라 보통 사람도 충분히 활용할 수 있게 된 것이다. 2020년 1월 피상속인이 사망 시점 1년 이전에 유언대용신탁에 맡긴 재산은 유류분에 포함되지 않는다는 첫 판결이 나옴으로써 신탁의 활용도는 앞으로 더욱 높아질 것으로 기대된다.

"유언신탁에 맡긴 자산, 유류분 적용 제외"…
'특정 자녀에게 유산 몰아주기 가능' 재확인

상속할 때 고인의 뜻에 따라 재산을 특정 자녀에게 몰아주거나 사회 단체에 전액 기부할 수 있는 길이 열렸다. 유언대용신탁제도를 이용하면 유류분(遺留分)제도를 적용받지 않을 수 있다는 법원의 1심 판결을 상급 법원도 사실상 용인했기 때문이다. 유류분이란 고인(피상속인)의 뜻과는 무관하게 상속인들이 받을 수 있는 최소한의 유산 비율을 뜻한다.

"신탁재산, 유류분 아니다" 사실상 용인

수원고등법원 제4민사부(부장판사 최규홍)는 지난 15일 고인의 첫째 며느리와 그 자녀들이 고인의 둘째 딸을 상대로 11억여 원을 돌려달라며 낸 유류분 반환 청구 소송에서 항소를 기각했다. 2심은 신탁재산을 유류분에 포함시키는 기준에 대해서는 별다른 판결을 내리지 않았다. 하지만 1심 판결에 반대 의견을 내지 않으면서 사실상 이를 인정했다. 사망 시점 1년 이전에 금융회사가 운용하는 유언대용신탁에 맡긴 자산은 유류분에 포함되지 않는다는 첫 판결이 올 3월 나온 지 7개월여 만이다.

유언대용신탁에 맡긴 재산이 유류분에 포함될지 여부는 2012년 상품이 출시됐을 때부터 논란이 됐다. 상품 특성상 유류분 계산의 바탕이 되는 적극재산과 증여재산 어느 쪽에도 포함되지 않을 수 있기 때문이다. 민법(제1113, 1114조)과 대법원 판례에 따르면 유류분은 △ 상속이 시작될 때 고인이 갖고 있던 재산(적극재산) △ 시기와 상관없이 생전에 상속인(배우자나 자녀 등)에게 증여된 재산(증여재산) △ 사망하기 1년 이내에 제3자에게 증여된 재산(증여재산)을 기반으로 계산한다. 단 제3자가 재산을 받음으로써 특정 상속인에게 손해가 갈 수 있다는 사실을 미리 알았다면 이 역시 시기와 상관없이 유류분 산정 대상에 포함된다. 따라서 고인이 사망하기 1년 이전에 제3자에 해당하는 은행에 재산을 맡기고 그 은행이 다른 상속인에게 피해를 주겠다는 식의 악의가 없다면 유류분 적용을 피할 수 있다.

▶유언신탁 활용 증가할 듯

이번 판결에 대한 상고 여부는 아직 결정되지 않았지만 추후 해당 법리가 확정되면 상속 관행에 적잖은 변화가 불가피할 것으로 보인다. 누구나 유언대용신탁에 가입한 지 1년이 지나면 마음대로 유산을 처분할 수 있기 때문에 상속재산을 특정인에게 몰아주거나 자녀에게 물려주지 않고 전액 기부할 수 있다. 신탁은 유언에 비해 가족 간 상속 분쟁을 최소화할 수 있다는 장점이 있다. 유언장을 통한 상속 집행은 보통 상속인 중 1명이 진행하는 사례가 많은데 이 과정에서 다른 상속인 간 갈등이 빚어지는 일이 잦다. 반면 신탁은 공신력 있는 제3자, 즉 은행이 고인의 뜻에 따라 미리 정해진 대로 상속을 집행하기 때문에 갈등을 방지할 수 있다. 1인 가구와 비혼, 딩크족(자녀 없이 사는 부부)의 가족 형태를 지닌 자산가들에게도 신탁이 활용될 수 있다.

민법 제1009조 등은 자녀 또는 배우자에게는 법정상속분의 2분의 1을, 형제자매 등에게는 3분의 1을 유류분으로 보장하고 있다. 즉 자식이 없다고 하더라도 형제자매 등에게 유류분만큼의 자산이 보장되는데, 이때 신탁을 활용하면 고인의 뜻대로 자산을 처분할 수 있다. 이번 사건에서 고인은 둘째 딸에게 자산을 물려주기 위해 2014년 유언대용신탁에 수도권 부동산 세 건과 현금 3억 원 등을 맡기고 2017년 사망했다.

유류분제도란
상속자들이 일정 비율의 유산을 받을 수 있도록 의무화한 제도. 유언만으로 상속이 이뤄지면 특정인에게 유산이 몰려 나머지 가족의 생계가 어려울 수 있다는 우려에서 1979년 도입됐다.

자료: 「한경닷컴」 2020.10.20

장애 자녀를 위한 평생케어 시스템, 장애인신탁

노후 준비에서 중점을 두는 문제는 사람마다 다르다. 장애 자녀를 둔 부모에게 가장 절실한 노후 준비는 본인이 없더라도 자녀 혼자 세상을 살아갈 수 있도록 안정적인 장치를 마련해놓는 것이다.

그림 3-12 › 0~19세 장애인 등록 현황

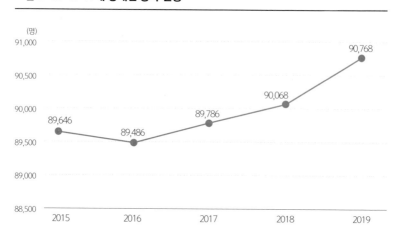

자료: kosis, 보건복지부 장애인 현황

신탁은 장애인이나 특별한 도움이 필요한 자녀 등 지속적으로 재정적인 보살핌이 필요한 문제에도 해결책이 될 수 있다. 특별한 도움이 필요한 자녀에게는 부모가 없더라도 생활비는 물론 돌봄과 치료를 위한 비용이 안정적으로 지급되어야 한다. 또한 부모 사후 자녀에게 남겨진 재산은 친척 및 외부인으로부터 철저하게 보호되어야 한다. 이때 활용할 수 있는 방법이 장애인신탁이다.

장애인신탁이란 장애인을 위해 일정 재산을 금융기관에 맡겨 관리·운용하게 함으로써, 부모가 사망한 후에도 생활자금이 안정적으로 지급되고 최종적으로 장애인 자녀에게 자산이 이전될 수 있도록 하는 제도다. 신탁 계약 체결 당사자인 위탁자와 수탁자인 금융회사가 수익자인 자녀에게 필요한 내용을 계약에 포함시킴으로써, 부모 사후에도 장애 자녀의 평생케어 시스템을 만들어놓는 것이다.

장애인신탁에 가입할 수 있는 대상은 '장애인복지법'에 따른 장애인 또는 '국가유공자 등 예우 및 지원에 관한 법률'에 따른 상이자 및 이와 유사한 자로서 근로 능력이 없는 자이며, 항시 치료를 필요로 하는 중증 환자(암 환자, 만성신부전증 환자, 고엽제 후유증 환자 등)도 가입할 수 있다.

5억 원 증여세 비과세 혜택

장애인신탁은 일정한 조건을 갖추면 5억 원까지 증여세 비과세를 적용받을 수 있기 때문에 절세 효과도 매우 크다. 신탁할 수 있는 재산으로는 금전·부동산 등이 있으며, 증여세를 면제받기 위해서는 다음과 같은 세 가지 조건을 갖추어야 한다.

첫째, 증여받은 재산을 전부 신탁업자에게 신탁해야 한다. 둘째, 그 계약은 장애인 본인이 사망할 때까지 유지되어야 한다. 셋째, 장애인 본인이 신탁의 이익 전부를 받는 수익자가 되어야 한다.

만약 장애인이 사망하기 전에 신탁을 해지하거나, 수익자를 다른 사람으로 변경하는 경우 또는 신탁 이익이 타인에게 귀속되는 경우에는 증여세를 추징당할 수 있다. 다만, 중증장애인의 경우 본인의 의료비, 특수교육비, 간병비를 위한 중도인출이 가능하며, 기초생활비 용도의 인출도 가능하도록 세법이 개정됐다. 신탁 수익이 월 150만 원에 미달하는 경우 부족한 자금을 신탁원금에서 인출할 수 있도록 함으로써 생활비를 안정적으로 확보하게 된 것이다.

또한 기존에는 위탁자와 수익자가 모두 장애인인 경우에만 증여세 비과세 혜택을 받을 수 있었으나, 위탁자와 상관없이 수익자가 장애인인 계약도 동일하게 세제 혜택을 받을 수 있도록 개정됐다. 이를 통해 법률 행위능력이 부족했던 정신장애나 발달장애가 있는 이들도 장애인신탁을 적극적으로 활용할 수 있게 됐다.

상속세 절감 효과

상속세를 줄일 수 있다는 것도 장애인신탁의 큰 장점이다. 일반적으로 사전증여 후 10년 이내에 상속이 개시되면 사전에 증여했던 재산이 상속재산에 합산되지만, 장애인에게 증여한 신탁재산은 상속재산에 합산되지 않아 상속세를 절감할 수 있다.

복지 체계가 좋아졌다고는 하지만 장애가 있는 자가 타인의 돌봄 없이 살아가기란 여전히 녹록지 않다. 이런 의미에서 장애인신탁은 약자를 보호하는 데 매우 유용한 도구이며, 모든 장애 자녀를 둔 부모가 원하는 '평생케어 시스템'이라고 할 수 있다.

미성년 자녀를 보호하기 위한 신탁

날이 갈수록 이혼 및 재혼 가정이 늘어나고 있고 고령화라는 시대 흐름과 맞물려 1인 가족, 재혼 가족, 다문화 가족 등 다양한 형태의 가족이 등장하고 있다. 기존 상품만으로는 한계가 있기에 이런 사회 변화에 따른 금융 솔루션이 절실히 요구된다.

큰 인기를 누렸던 드라마 〈부부의 세계〉 사례를 보면, 신탁을 통해 이혼 가정의 미성년 자녀를 보호할 수 있는 방법을 생각해볼 수 있다. 여주인공 지선우(김희애)는 사회적으로 인정받는 전문직 여성이자 자산가다. 반면 전남편(박해준)은 두 번째 이혼 후 돈과 가정을 모두 잃고, 지선우와 하나뿐인 아들 곁을 맴돌며 술에 의지한 삶을 살아간다. 갈등하는 부부 관계의 가장 큰 피해자로 아들 준영이 등장하고, 이혼 후에도 자녀를 사이에 두고 서로 벗어나지 못하는 부부의 모습이 드라마로 그려졌다.

만약 지선우의 상황이라면 현재 가장 큰 재무적 걱정은 무엇이며, 자신의 노후와 아들의 행복을 위해 선택할 수 있는 방법은 무엇일까?

지선우 본인이 사망한다면 남겨진 재산은 민법(상속)에 의해 미성년자인 아들에게 돌아간다. 문제는 아들이 미성년자이다 보니 상속된 재산을 잘 관리할 수 있을지 걱정이 되고, 아들의 친부인 전남편이 아들을 양육한다고 하더라도 마음이 편치 않다. 상속재산이 전남편의 사업자금 또는 재혼을 위한 밑천으로 허비될 수 있기 때문이다. 지선우는 본인이 남긴 자금이 온전히 아들의 교육과 생활을 위해 쓰이도록

하고 싶을 것이다. 물론 제3자를 후견인으로 지정하는 유언장 작성을 생각해볼 수 있지만, 유언장이 법적 효력을 지니기 위해 거쳐야 하는 복잡한 절차나 개인재산 노출 등 심리적인 저항감 때문에 실행에 옮기기까지 많은 고민이 따른다. 또한 어렵게 유언장을 작성했다고 하더라도, 재산을 관리하는 문제를 해결할 수는 없다. 그러나 지선우가 신탁 계약을 활용한다면, 이런 걱정들은 사라진다. 지선우가 위탁자가 되어 수익자를 미성년 아들로 지정한다. 그리고 아들이 성인이 될 때까지 매월 교육비와 생활비를 안정적으로 지급받고, 성년이 된 이후에 재산 처분권을 받도록 설계할 수 있다.

어린 자녀를 대상으로 하는 신탁은 현실의 이혼 및 재혼 가정이 가진 재무적인 문제를 해결할 수 있는 좋은 대안이다. 또한 가족들의 분쟁을 최소화하는 방법이다. 특히 자녀가 미성년자이거나 특별한 보호가 필요한 장애가 있는 경우에는 더욱더 안정적이고 효과적인 수단이 될 수 있다.

부동산담보신탁

2020년 4월에 발표된 미래에셋 은퇴연구소의 보고서에 따르면, 50대 직장인의 가계 총자산은 평균 약 6억 6,000만 원이며 그중 72.1%가 부동산에 편중되어 있다. 총자산은 평균 6억 원이 넘지만, 금융자산을 3억 원 이상 가진 가계는 15.5% 정도밖에 안 된다. 가계자산 대부분

이 부동산에 쏠려 있기 때문이다. 50대 가계의 현재 자산 구성을 살펴보면 연금 및 금융자산이 충분치 않다. 부동산을 보유하는 것만으로는 매월 필요한 현금흐름을 얻지 못하기 때문에 노후 생활비를 충분히 확보하기는 어려울 것으로 생각된다.

표 3-22 ▶ 50대 가계의 평균 자산 및 부채 현황

(단위: 만 원, %)

구분	금액	비율
총자산	66,078	100
금융자산	16,794	25.4
예적금/저축성보험	6,780	10.3
사적연금	5,139	7.8
국내 주식/채권	2,651	4.0
해외 주식/채권	218	0.3
임차보증금	2,006	3.0
실물자산	49,284	74.6
부동산	47,609	72.1
주택	42,256	63.9
주택 외 부동산	5,353	8.1
기타(차량, 회원권 등)	1,675	2.5
부채	6,987	100
금융부채	5,632	80.6
담보대출	4,320	61.8
신용대출	1,312	18.8
임대보증금	1,355	19.4
순자산	59,091	–

※ 대상: 50대 직장인 가계(n=1960)
자료: 미래에셋 은퇴연구소, 「대한민국 50대 직장인의 은퇴자산 인식·태도 및 운용 계획」, 2020.4

현금자산이 부족한 은퇴자라면 소유 부동산을 방치하지 않고 적극적으로 활용해 노후 생활비로 만드는 전략이 필요하다. 대안으로는 주택을 다운사이징하거나 주택연금에 가입하는 방법이 있다. 이마저도 활용하기 어려울 때는 부동산담보신탁을 고려해볼 수 있다.

부동산담보신탁이란 부동산 소유자가 소유권을 신탁회사에 이전(신탁)하고 수익권증서를 교부받아 그 수익권증서를 담보로 금융기관에서 대출을 받을 수 있는 제도다. 부동산담보신탁은 기존 근저당제도를 대체할 수 있다.

그림 3-13 › 부동산담보신탁의 구조

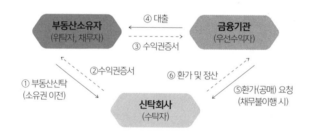

건물을 신축하거나 해외에 체류할 경우 부동산담보신탁을 활용하면 압류 등 근거 없는 제3자로부터 권리가 침해되는 불상사를 예방할 수 있다. 또한 법원 경매를 통한 재산 손실도 방지할 수 있다.

표 3-23 > 담보신탁 vs 저당제도

구분	담보신탁	저당제도
담보권 설정 방식	- 신탁회사로 소유권 이전 - '갑구' 표시 사항	- 근저당권 설정 - '을구' 표시 사항
담보부동산 관리	신탁회사에서 관리	대출기관에서 관리
강제집행	신탁회사에서 직접 공매	법원 경매
강제처분 및 집행 절차	- 절차 간편, 단기간 소요 - 일반 공개시장에서 공매	- 절차 복잡, 장기간 소요 - 폐쇄시장에서 경매
강제집행 비용	적음	많음
파산재단 구성 여부	파산재단에서 제외	파산재단에 포함
소요경비	- 신탁보수 - 등록세·지방교육세 면제 - 국민주택채권 매입 면제 - 지상권 설정 생략 가능	- 등록세·지방교육세 - 국민주택채권 매입 - 지상권 설정 필요함

표 3-24 > 담보신탁 이용 시 장단점

장점	단점
- 대출 관련 부대비용 절감 - 법원 경매 시 저가경락 및 경락지연 예방 - 제3 채권자에 대한 강제처분 방지 - 추가 대출 절차 간편	- 소유권 이전 부담 - 임차관리 시 신탁회사와 협의 필요

그 밖에도 신탁을 활용한 부동산 관리 방법도 눈여겨볼 만하다. 금융기관과 신탁 계약을 해놓으면 향후 소유자가 관리할 수 있는 상황이 되어도 사전에 계약한 방법대로 은행이 부동산 관리를 맡게 된다. 필요에 따라 매입과 매도뿐만 아니라 부동산의 리모델링, 운용, 임대관리 등 다양한 사항을 추가할 수 있다.

4장

선진국의 연금제도는
어떻게 운영되나

글로벌 연금부자 국가들: 미국, 영국, 호주

평생 연금자산을 잘 운용한다면 내 노후는 어떻게 바뀔까? 이 질문에 답하기 위해 우리보다 훨씬 앞서 퇴직연금이나 연금저축 등과 같은 사적연금을 시작한 연금부자 국가들을 살펴보자. 바로 미국, 영국, 호주 등의 영미권 국가다. 이들 국가의 공통점은 19세기 말에 이미 철도회사와 은행 그리고 의료계 일부 기업들에서 연금이 태동한 이후 널리 확산되어 지금까지 이어진다는 점이다. 그만큼 세계적으로 가장 거대하고 역동적인 연금 시장이 자리 잡은 곳이기도 하다.

〈그림 4-1〉에서 볼 수 있듯이, 2019년 기준으로 미국·영국·호주는 GDP와 비교해서도 연금자산 규모가 100%를 훌쩍 넘기는 몇 안 되는 곳이다. 우리나라 한 해 GDP 규모가 2,000조 원에 가까우니 그와 비교해봐도 이들 국가의 연금자산 규모가 어느 정도인지 짐작이 갈 것이다.

그림 4-1 › GDP 대비 연금 시장의 규모(2019년 기준)

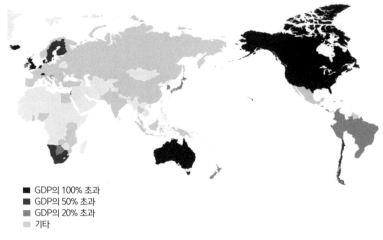

■ GDP의 100% 초과
■ GDP의 50% 초과
■ GDP의 20% 초과
■ 기타

자료: OECD

이들 연금부자국의 1인당 연금자산은 우리나라보다 최소 5배 이상 많다. 1인당 규모가 가장 큰 미국은 10만 달러에 육박한다. 한화로 치면 연금만 1인당 1억 1,000만 원을 넘기는 셈이다. 이들 국가의 연금이 장성한 어른이라면, 우리나라는 이제 막 걸음마를 뗐다고 할 수 있다. 우리나라 전체 연금 시장은 아직까지 GDP 대비 30%에 불과하고, 1인당 연금은 약 1만 달러로 미국의 10분의 1 수준이다.

하지만 우리나라 연금 시장 성적표가 초라하다며 실망하기는 이르다. 우리가 걸음마를 뗀 수준이라는 점은 인정하지만, 걸음을 떼자마자 전속력으로 질주하고 있기 때문이다. 지난 10년간만 보면 우리나라 연금 규모는 4배 가까이 늘었다. 2009년 국내 퇴직연금·연금저축·개인연금보험을 합하여 149.8조 원이던 것이 2019년에는 572.4조 원 규모로 성장한 것이다. 그 가운데에서도 가장 높은 성장세를 보인 것은 퇴직연금으로, 2009년 14.0조 원에서 2019년 221.2조 원으로 16배 불어나 더 일찍부터 시작한 연금저축(143.4조 원)과 개인연금보험 (207.8조 원)마저 추월했다. 성장 환경이 잘 조성되면 2030년에는 퇴직 연금만 1,000조 원에 가까워질 거라는 전망도 있다.●

표 4-1 › 주요국의 연금자산 규모(2019년 기준)

구분	연금자산 (조 달러)	GDP 대비 비중 (%)	1인당 연금자산 (달러)	인구수 (백만 명)
미국	32.6	152	99,069	329
영국	3.6	123	53,310	68
호주	2.0	143	80,546	25
한국	0.5	30	9,761	51

※ 미국 연금자산은 공·사적 퇴직연금 및 연금보험을 포함
※ 한국 연금자산은 퇴직연금, 연금저축과 개인연금보험까지 포함
자료: OECD(영국), ASFA(호주) ICI(미국), 금융감독원(한국), UN(인구수)

그러니 이들 3개 연금부자국에서 찾은 모습은 우리 입장에서 전혀 다른 차원, 다른 세상 이야기만은 아니다. 앞으로 우리 눈앞에 펼쳐질 가능성 역시 충분하다고 말하고 싶다. 오히려 문제는 연금부자국이 되 는 시기를 얼마나 앞당기느냐일 것이다. 연금부자국이 현실이 되는 시 점은 연금으로 저축하고 돈을 굴리는 데 얼마나 더 나은 환경을 제공 하고 변화에 재빨리 적응하는 연금 시장이 되느냐에 달려 있다. 그 가

● 2014년 자본시장연구원의 퇴직연금 시장 전망치 인용

운데 일반인들 역시 퇴직연금·연금저축 등의 사적연금으로 노후를 준비하는 게 상식이 되고, 연금을 얼마나 효율적으로 관리하느냐도 또 다른 동력이 될 것이다.

연금부자국에 사는 은퇴자들의 살림살이

규모만으로 보면 연금부자 3국 가운데 큰형님뻘이라고 할 수 있는 미국, 이 나라에 살고 있는 은퇴자의 모습은 어떨까? 2017년 기준 부부 모두 은퇴한 완전은퇴 가구의 평균 소득은 5만 달러(한화 약 5,800만 원)다. 이는 미국 전체 가구 평균 소득 8만 6,000달러와 비교하면 약 60% 수준이다.

이렇게 이야기하면 잘 와닿지 않으니 우리 살림살이 규모로 바꿔 말해보자. 지난 2019년 우리나라 가구의 평균 소득은 4,700만 원이었다. 그 60%인 2,800만 원이 부부 모두 은퇴한 가구의 소득이라는 것인데, 월소득으로 따지면 약 230만 원이 된다. 이 수준은 국민연금 노후보장패널조사에 따른 부부 적정 생활비 243만 원에 가깝다.

미국에서 부부 모두 은퇴한 10가구 중 7가구가 70~80세 이상 가구다. 이 점까지 생각하면 고령층에게까지 꽤 든든한 소득이 뒷받침되고 있는 셈이다. 우리나라에서 70대 이상 가구의 소득이 추락하고 있다는 점을 생각해보면, 솔직히 부러운 수준이라고 고백할 수밖에 없다.

부부 모두 은퇴한 가구, 국민연금과 퇴직연금이 소득의 70%

이들 완전은퇴 가구의 소득 5만 달러(5,800만 원) 가운데 70%가량이 다름 아닌 연금에서 나온다. 우리나라의 국민연금이라 칠 수 있는 미국 소셜 시큐리티(Social Security)에서 나오는 연금이 전체 소득 가운데 38%를 차지한다. 그다음이 연금계좌 또는 퇴직연금으로, 이곳에서 28%가 나온다. 소득의 나머지는 은퇴 이후 일거리에서 나오는 돈(16%), 이자와 배당(12%) 등이다.

다시 우리 살림 규모로 바꿔보자. 부부 모두 은퇴한 가구가 평균적으로 월 230여만 원의 소득이 있는데 그중 88만 원은 국민연금에서, 65만 원은 퇴직연금과 연금계좌에서 나온다는 얘기다.

그림 4-2 ▶ 미국 완전은퇴 가구의 평균 소득과 소득원 비중(2017년 기준)

평균 가계소득 (단위: 만 달러)

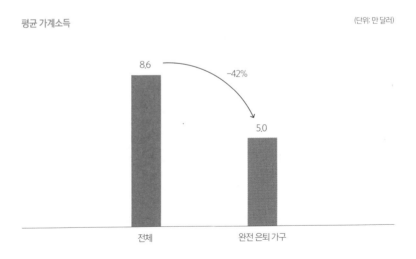

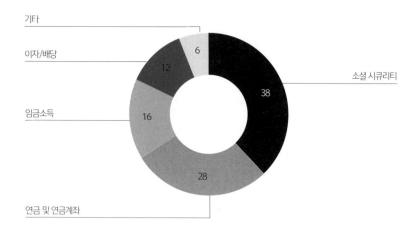

은퇴자 가구의 소득원 비중 　　　　　　　　　　　　　　　　(단위: %)

기타

이자/배당

임금소득

연금 및 연금계좌

소셜 시큐리티

6

12

16

28

38

※ 완전은퇴(fully retired) 가구란 가구주와 그 배우자가 모두 은퇴한 가구를 말함
자료: LIMRA, US Census Bureau

여기까지 보면 '역시 퇴직연금보다 국민연금이 더 중요한 소득원이구나'라고 생각할 수도 있다. 미국 은퇴자 가구소득 가운데 국민연금인 소셜 시큐리티가 퇴직연금보다 10%p나 더 많이 차지하기 때문이다. 평균적으로만 본다면 이는 분명 맞는 말이다. 하지만 더 자세히 들여다보면 이야기가 달라진다.

평균 이상의 소득을 거두는 은퇴부자는 퇴직연금이 만든다

여기서 주목할 것은, 은퇴한 뒤 소득이 높아질수록 다른 무엇보다 퇴직연금으로부터 나오는 소득이 가장 커진다는 점이다.

평균 소득(5만 달러) 미만인 은퇴자 가구만 살펴보면 연금 가운데에서도 소셜 시큐리티 의존도가 높다. 소득 가운데 소셜 시큐리티 비중이 60%를 넘는다. 게다가 2만 5,000달러 미만으로 소득이 가장 낮은 경우에는 소셜 시큐리티의 비중이 80%까지 치솟고 퇴직연금은 고작 7%에 그친다.

반대로 소득이 평균 이상인 가구만 보면 퇴직연금 비중이 전체 소득의 30% 이상을 차지한다. 소득이 높아질수록 소셜 시큐리티가 차지하는 비중은 줄어드는 대신 그 부분을 퇴직연금이 채우는 모양새다. 이것은 당연한 결과다. 소셜 시큐리티 역시 우리나라 국민연금과 같이 기초적인 생활을 보장해주는 것으로, 받는 금액에 한도가 있기 때문이다. 더불어 소득이 더 높아질수록 퇴직연금 이외에 금융자산에서 나오는 이자와 배당소득도 눈에 띄게 커진다. 하지만 그럼에도 퇴직연금 소득이 가장 많은 부분을 차지한다.

결국 요약하면 이렇다. 연금부자국에서 은퇴자에게 최소한의 생계를 제공하는 것은 국민연금이고, 은퇴 이전의 생활수준을 어느 정도 유지하게 해주는 것은 퇴직연금 같은 사적연금이다.

그림 4-3 > 미국 은퇴자 가구의 소득수준별 소득원 비중(2017년 기준)

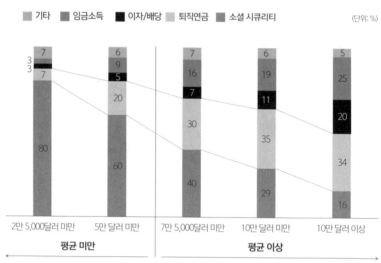

자료: LIMRA(2019)

은퇴 직전 가계 금융자산의 절반 가까이가 연금계좌

연금에서 은퇴자 가구소득의 상당 부분이 나오는 만큼 가계 금융자산에서 연금이 큰 비중을 차지한다. 50대 이상 은퇴 직전 시기, 생애에서 금융자산 규모가 가장 큰 시기를 들여다보면 더욱더 그렇다.

미국의 경우 50대 가구 금융자산 중 연금계좌(우리나라로 치면 DC형 퇴직연금이나 IRP)가 39%나 차지한다. 또 다른 연금부자국인 호주에서도 마찬가지다. 55~64세 가구 금융자산 가운데 절반 이상(55%)이 연금계좌[호주에서는 슈퍼애뉴에이션(Superannuation)이라고 함] 자산이다. 연금부자국에서는 '금융자산 만들기'가 '연금자산 늘리기'와 비슷한 말이다. 나중에 실제 은퇴하게 되면, 이 연금에서 나오는 현금흐름이 생활에 큰 보탬이 된다.

그림 4-4 › 은퇴 직전 시기의 가계 금융자산 구성비(미국, 호주)

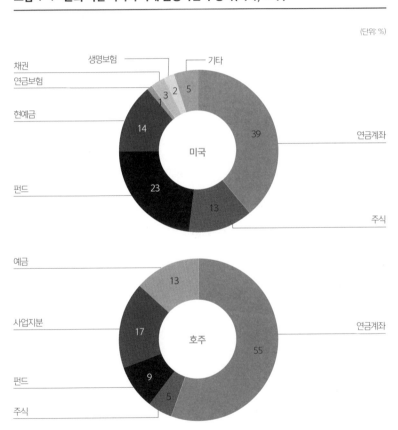

(단위: %)

채권
생명보험
기타
연금보험
현예금
펀드
미국
연금계좌
주식

예금
사업지분
펀드
주식
호주
연금계좌

※ 미국은 2017년 50~59세 가구, 호주는 2018년 55~64세 가구 기준
자료: LIMRA, Australian Bureau of Statistics

연금부자국에서 일반인들이 연금자산을 어떻게 쌓고 있는지를 엿볼 수 있는 조사 결과도 있다. 미국 기업복지 관련 연구기관(EBRI)은 지난 30년 동안 매년 직장인과 퇴직자들을 대상으로 노후 대비에 대한 인식을 조사해왔다. 2020년 초의 조사 결과를 들여다보면 미국 은퇴자 4명 중 3명(77%)이 앞으로 편안히 살 만한 노후자금이 있다고 답했으며, 30%는 노후 준비에서 '매우 자신한다'라고 밝혔다. 앞서 살펴본 100년행복연구센터의 「대한민국 퇴직자들이 사는 법」 보고서에서는 퇴직자 중 8.2%만이 노후 대비가 충분하다고 응답했는데, 이와 비교해보면 그야말로 커다란 차이가 아닐 수 없다.

현재 직장을 다니고 있는 사람들도 노후자금 마련에 관해 비슷한 생각을 가지고 있다. 노후에 편안히 살 만큼 노후자금을 마련할 수 있겠는지 전망을 물어보니 10명 중 7명(69%)은 긍정적으로 답했으며, 27%는 노후자금 마련에 매우 자신한다고 말했다. 더불어 현재 가입하고 있는 DC형 연금제도의 투자상품에 대해서도 대부분(83%)이 만족한다고 밝혔다.●

●　　EBRI(2020), 2020 Retirement Confidence Survey Summary Report.

연금부자 국가의
자산배분 노하우

연금부자국에 사는 직장인과 일반인들은 연금에 넣은 돈을 어떻게 굴리고 있을까? 이들 국가에 사는 보통 사람들의 연금 운용이 우리나라와 구별되는 가장 두드러진 특징은 평균적으로 주식과 같은 금융투자자산의 비중이 절반을 넘어설 만큼 상당히 적극적으로 투자한다는 사실이다.

직장인들의 연금자산 운용 중 주식 비중 50% 이상

미국 내 1,000대 DC형의 자산배분을 살펴보면 국내외 주식의 비중이 절반(49%)에 가깝다. 게다가 적립금 중 일부를 반드시 주식에 할애하는 TDF까지 합치면 70%를 넘는 것으로 나타나, 평균적으로 주식투자 비중이 절반을 훌쩍 넘는다.

호주의 연금 운용 상황도 살펴보자. 호주에서도 국내외 주식과 비상장주식까지 합치면 절반(49%) 가까이 된다. 특히 부동산(8%)과 인프라(6%)에도 꽤 많은 자산을 운용하고 있는데, 이 부분까지 합치면 예금과 채권 이외의 금융투자자산으로 운용하는 비중은 평균 63%나 된다.

그림 4-5 › 미국과 호주의 평균 연금자산 배분 현황

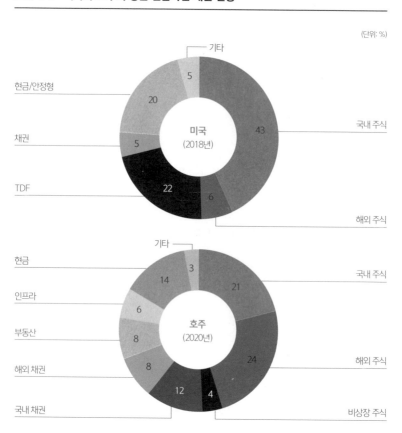

(단위: %)

미국
(2018년)

기타 5
현금/안정형 20
채권 5
TDF 22
국내 주식 43
해외 주식 6

호주
(2020년)

기타 3
현금 14
인프라 6
부동산 8
해외 채권 8
국내 채권 12
비상장 주식 4
해외 주식 24
국내 주식 21

※ 미국은 1,000대 DC형 평균 자산배분, 호주는 슈퍼애뉴에이션 기금의 자산배분
자료: Pension and Investment(미국), APRA(호주)

그에 비해 우리나라 DC형 퇴직연금과 IRP의 주식투자 비중은 아직까지 10% 이내에 머물고 있다. 그 결과는 연금의 장기 수익률 격차로 드러난다. 2020년 기준, 우리나라 DC형의 직전 5년 평균 수익률은 연 1.9%였다. 그에 비해 같은 기간 호주 퇴직연금의 수익률은 연 7.1%로, 무려 5.2%p의 차이가 난다.

이런 수익률 격차는 노후자금을 늘리는 데 어떤 차이를 가져올까? 우리나라와 호주에 살고 있는 2명의 직장인이 5년 전 각자 살고 있는 국가에서 1,000만 원을 똑같이 연금에 불입했다고 해보자. 그 후 5년간 우리나라 DC형 평균 수익률은 연 1.9%였고, 같은 기간 호주는 7.1%였으며, 이들의 연금계좌도 같은 성과를 보였다고 가정해보자. 이들이 각각 자신의 연금계좌를 살펴본다면 한국의 직장인은 원금 1,000만 원에 98만 7,000원의 수익이 붙어 있음을 확인하게 된다. 그에 비해 호주의 직장인은 409만 1,000원의 수익이 더해져 있음을 확인하게 될 것이다. 5년간 4배나 더 많은 수익을 거둔 것이다.

그림 4-6 › **한국(연 1.9%)과 호주(연 7.1%)의 연금 수익률 차이에 따른 효과**

연금 수익률
연 1.9%

연금 수익률
연 7.1%

※ 5년 전 1,000만 원을 넣었다고 가정할 때

최근에는 우리나라 사람들보다 더 안전 지향적이라고 알려져 있는 일본 직장인들마저도 연금투자를 확대하고 있다. 일본 DC형 퇴직연금의 평균 자산배분을 살펴보면 예·적금과 보험이 절반(50%)을 차지한다. 남은 절반 가운데서는 국내외 주식형 펀드가 22%, 국내외 주식과 채권을 혼합한 밸런스(balance)형이 17%다. 그에 비해 2019년 우리나라 DC형 자산 중 81%는 예·적금이나 보험과 같은 원리금 보장형 상품으로 운용된다. 주식투자 비중은 10%를 넘지 못할 것으로 보인다.

그림 4-7 › 일본 DC형의 평균 자산배분

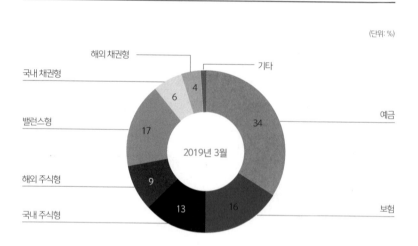

(단위: %)

해외 채권형
국내 채권형
기타
밸런스형
예금
해외 주식형
국내 주식형
보험

2019년 3월

6 4
17 34
9
13 16

자료: 일본 운영관리기관연락협의회

투자 포트폴리오를 자동으로 관리해주는 TDF가 주목받는다

—

미국에 사는 직장인들의 연금투자 트렌드를 이야기할 때 TDF를 빼놓을 수 없다. 미국 펀드 분석 회사 모닝스타에 따르면, 2019년 말 기준 TDF의 자산은 2.3조 달러에 달하는데 5년 전인 2014년의 1.4조 달러와 비교하면 1조 달러 가까이 늘어난 것이다. 미국 DC형 가입자의 평균 자산배분에서도 TDF의 비중은 2011년 10.3%에서 2018년 21.6%로 7년 만에 비중이 2배 이상 늘어난 것을 확인할 수 있다.

TDF란 투자자가 수많은 투자 대상과 펀드를 골라 투자 포트폴리오를 직접 구축하는 대신, 펀드가 자산배분을 실행해주는 투자상품이다. 더불어 시간이 흘러 은퇴 시점(목표 시점)에 가까워질수록 자동으로 채권 등 안정적인 자산의 비중을 늘려준다. 따라서 TDF에 투자하면 별다른 노력을 들이지 않고도 잘 분산된 투자 포트폴리오를 생애에 걸쳐 유지할 수 있다.

그림 4-8 > 미국 1,000대 DC형의 평균 투자 비중

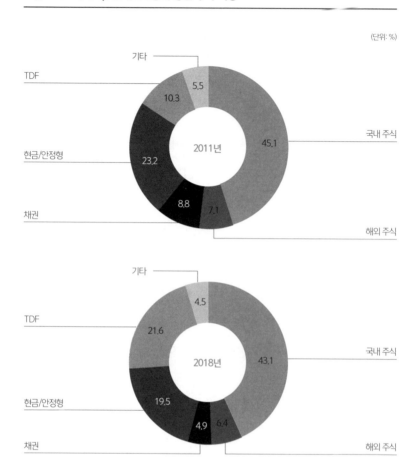

(단위: %)

2011년
- 기타: 5.5
- TDF: 10.3
- 현금/안정형: 23.2
- 채권: 8.8
- 국내 주식: 45.1
- 해외 주식: 7.1

2018년
- 기타: 4.5
- TDF: 21.6
- 현금/안정형: 19.5
- 채권: 4.9
- 국내 주식: 43.1
- 해외 주식: 6.4

자료: Pension and Investment

　미국 연금투자에서 TDF가 주목받게 된 이유는, 보통 사람들이 스스로 투자하게 놔두면 상당수가 연금을 제대로 운용하지 못할 거라는 걱정 때문이다.

　흔히 하게 되는 비효율적 투자 포트폴리오의 대표적인 사례가 바로

'N분의 1 투자'다. 예를 들어 연금투자를 하고 있는 여러 사람에게 N 가지 투자상품을 제시해보니, 이들 중 상당수가 단순히 투자자금을 N분의 1로 나누어 동일한 금액으로 배분하더라는 것이다. 이를테면 사람들에게 주식형 펀드, 채권형 펀드 두 가지를 제시하니 여기에 각각 50%씩 투자했다고 한다. 그런데 이들에게 주식형 펀드, 주식과 채권에 50%씩 배분하는 혼합형 펀드 두 가지를 제시했더니 이번에도 각각 절반씩 투자하더라는 것이다. 종전의 주식과 채권의 비중을 그대로 유지하려면 혼합형 펀드 하나에 투자하면 되는데도 말이다. 이는 누가 봐도 어림짐작으로 투자자산을 배분한 것으로, 투자 대상별로 미래 기대수익률이나 여러 투자상품 간의 관계를 고려해서 자산을 효율적으로 배분하는 것과는 거리가 먼 결정이다.

이렇게 개인 스스로 효율적인 투자 포트폴리오를 만들어내기란 실제로 상당히 어려운 과제라는 점을 인정해야 한다. 이게 바로 행동경제학자로서 2017년 노벨상을 받은 리처드 H. 탈러(Richard H. Thaler)의 생각이다. 이는 심지어 투자와 관련해 깊은 지식이 있더라도 마찬가지다. 일상에서 내 연금투자를 위해 정보를 모으고 합리적으로 판단하려면 꽤 많은 시간과 노력을 들여야 하니, 누구든 어림짐작으로 어설픈 투자를 할 수 있다.

포트폴리오 이론의 창시자이자 노벨상 수상자이기도 한 해리 마코위츠(Harry Markowitz)에 관한 일화도 있다. 누구보다 투자 이론에 조예가 깊은 그조차 한 세미나에서 "당신은 연금계좌를 어떻게 운용하고 있습니까?"라는 질문을 받자, 당연히 효율적으로 포트폴리오를 구축

해야 했지만 실은 주식과 채권에 50대 50으로 운용하고 있다고 솔직히 털어놓았다는 것이다.[•]

이런 생각을 바탕으로 연금을 운용하는 회사들이 투자자 대신 잘 분산된 투자 포트폴리오를 구축해주는 펀드를 제시하기 시작했다. 그 가운데에서도 시간이 흐름에 따라 자산배분을 변경해주는 펀드가 나타났는데, 바로 TDF다.

특히 2006년 미국에서 연금제도를 대대적으로 정비하는 연금보호법(Pension Protection Act)이 시행되면서 TDF의 성장에 탄력이 붙었다. 연금자산을 무엇으로 운용할지 아무런 지시를 하지 않은 사람들의 돈을 그냥 방치하는 게 아니라, 잘 분산된 투자 포트폴리오를 만들어 운용할 수 있도록 정부가 투자상품군을 허용했는데 이것이 바로 디폴트 투자옵션이다. 그 상품군 중 하나로 TDF가 포함된 것이다. 물론 TDF 외에 혼합형이나 안정형 등 디폴트 투자옵션으로 다른 대안도 허용해주었지만, DC형을 운용하는 회사 중 TDF를 디폴트 투자상품으로 삼는 경우가 압도적으로 많아졌다. 이후 직장을 통해 퇴직연금에 처음 가입하는 젊은 층을 시작으로, 이미 연금계좌를 운용하는 중장년층에게까지 TDF가 점차 확산되고 있다.

미국 연금투자에서 TDF가 주목받게 된 데에는 2006년 당시 관련 제도가 뒷받침됐다는 점도 작용했다. 하지만 이후 10년을 훌쩍 넘긴 지금까지도 TDF가 빠르게 성장 중이라는 점에 더 주목해야 한다. 그

● 　　리처드 탈러·캐스 선스타인, 안진환 옮김, 『넛지』(2009)

만큼 연금투자에 확실한 도움이 된다는 점에 많은 사람이 동의한다는 증거이기 때문이다.

적극적인 투자에서 점차 안정적인 투자로, 생애주기에 맞춰 운용되는 TDF

———

미국 연금투자에서 자리를 넓혀가고 있는 TDF는 복잡한 투자 포트폴리오 구축 과정을 대신 실행해주지만, 이는 TDF가 아니더라도 일반적인 자산배분형 펀드나 랩어카운트를 통해서도 충분히 얻을 수 있는 이점이다. 거기서 한 걸음 더 나아간 진짜 결정적인 차이점이라면, 시간이 흐름에 따라 자산배분을 주식과 같은 성장형 자산에서 채권이나 현금 등 가치 안정적인 자산 중심으로 서서히 변화시켜준다는 점이다.

연금투자 포트폴리오를 구축할 때 자산배분을 점차 안정적인 형태로 변화시키는 경향은 미국뿐만 아니라 다른 연금부자 국가에서도 쉽게 찾을 수 있다. 은퇴가 가까워질수록 연금 운용에서 투자 리스크를 감수할 능력이 저하되는 게 일반적이기 때문이다. 은퇴가 가까워지면서 앞으로 돈 벌 수 있는 기간이 짧아지고, 은퇴 이후에는 언제라도 연금자산에서 일부 목돈을 인출하거나 정기적으로 현금을 꺼내 써야 하는 만큼, 불어난 자산 가치를 지키고 유동성을 확보하는 것이 더 중요해진다.

영국의 대기업(FTSE 350 구성 기업)이 현재 운용 중인 DC형 디폴트 펀드의 평균적인 자산배분을 살펴보자. 은퇴까지 30년 정도 남은 젊은 층을 위한 펀드부터 살펴보면, 주식 및 성장형 펀드의 비중이 68%다. 혼합형 펀드의 절반이 주식투자분이라고 보면 주식 등의 비중은 75%까지 높아진다. 은퇴 10년 전까지는 채권과 현금의 비중이 조금 늘어날 뿐 그리 큰 차이는 보이지 않는다. 그러다가 은퇴 시점의 평균 자산배분을 살펴보면 현금과 채권의 비중이 절반(51%)을 넘기면서 안정적인 자산배분을 실행한다.

그림 4-9 〉 영국 FTSE 350 기업의 DC형 디폴트 투자옵션 자산배분(2020년 기준)

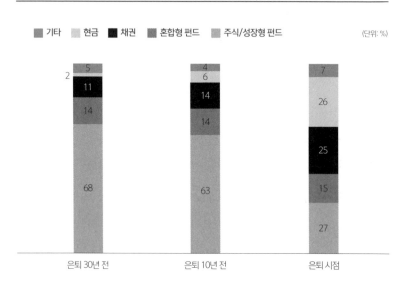

※ 영국 DC형 운용 방법 중 계약형 제도 기준
자료: Towers Watson

상장주식과 채권 중심에서 투자 대상 다변화로

———

더불어 연금투자에서 전통적인 상장주식과 채권 이외에 비상장주식이나 부동산, 인프라 같은 자산군으로도 투자를 확대하고 있다.

글로벌 금융위기 이후 영국에서는 성장형 자산배분펀드(DGF, Diversified Growth Funds)라고 하여 국내외 상장주식과 채권뿐만 아니라 부동산이나 비상장주식, 고수익 채권(하이일드)에도 투자하여 기존보다 더 잘 분산된 투자 포트폴리오를 추구하는 펀드가 늘기 시작했다. 글로벌 금융위기 직후 상장주식 중심인 펀드보다 DGF의 가치가 상대적으로 덜 흔들리는 등 변동성을 고려할 때 더 나은 모습을 보여주었기 때문이다.

영국 DC형에서도 DGF의 활용이 눈에 띈다. 특히 생애에 따라 자산배분을 변화시킬 때 젊은 층을 위한 펀드는 주식형 펀드가 중심이지만, 은퇴까지 10년 정도 남은 중장년층을 위한 펀드는 DGF의 투자 비중이 큰 게 일반적인 모습이 되어가고 있다. 바로 이들 중장년층이 가지는 연금자산의 변동성을 관리해주면서 자산의 성장 기회도 유지시켜주기 위해서다. 더불어 은퇴 시점의 안정적인 투자 포트폴리오로 보다 매끄럽게 전환시키는 효과도 크다.

그림 4-10 ▶ 영국 FTSE 350 기업의 DC형 디폴트 투자옵션 자산배분(2020년 기준)

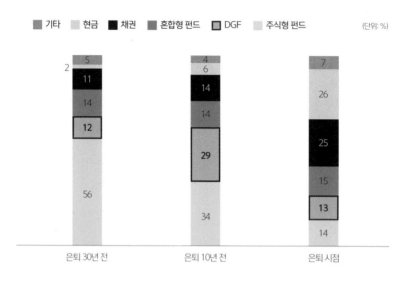

※ 영국 DC형 운용 방법 중 계약형 제도 기준
자료: Towers Watson

　호주 퇴직연금기금은 인프라와 부동산 투자에 적극적인 것으로 정평이 나 있다. 호주 부동산 투자 전문가들이 내한했을 때, 여러 국내 언론과 인터뷰하면서 자국 퇴직연금의 운용 성과가 좋은 이유 중 하나가 바로 인프라 투자에 있다고 자신하기도 했다.

　실제 호주 퇴직연금기금은 인프라만이 아니라 리츠(REITs)를 포함한 부동산, 비상장주식에도 활발하게 투자하고 있다. 2019년 호주 퇴직연금기금 4곳 중 1곳은 부동산(property)에 투자하고 있고, 인프라에 투자하는 기금은 5곳 중 1곳이다. 전체 호주 퇴직연금기금 자산을 기준으로 보면 부동산, 인프라, 비상장주식 이 세 가지 자산군이 전체 퇴직연금기금 자산의 20% 가까이를 차지한다.

　이렇게 연금부자 국가에서는 DC형처럼 일반인들이 직접 운용하는 연금투자에서도 그동안 주로 투자해왔던 상장주식과 채권 이외에 여러 자산을 투자 대상으로 삼고 있다. 이렇게 함으로써 분산투자 효과를 더 높일 수 있기 때문이다.

　더불어 연금부자 국가들에서 고령자들이 늘어나고 있다. 이들은 그동안 모아놓은 퇴직연금자산에서 정기적으로 돈을 꺼내 써야 하니, 안정적인 투자수익을 거두면서도 노후소득을 충당할 만한 현금흐름을 확보해야 한다. 이때 부동산과 인프라 같은 자산군이 이런 고령자들의 니즈에 딱 들어맞는다는 것이다.

표 4-2 › 호주 퇴직연금기금의 인프라, 부동산, 비상장주식 투자 비중

(단위: %)

구분	2015	2016	2017	2018	2019
비상장주식	5	4	4	4	4
부동산	9	9	8	9	9
인프라	5	5	5	5	6
합계	18	18	17	19	19

자료: APRA(호주 건전성감독청)

코로나19 팬데믹으로 불안이 극심했던 2020년 3월, 연금 투자자의 반응은?

2020년 1분기 시장의 휘청임에도 미국 DC형 가입자들은 비교적 차분했다

미국 주식 시장은 2020년 2~3월 단기간에 크게 휘청였다. S&P500 지수는 지난 2월 하순부터 하락하기 시작하더니 3월 중순 연초 대비 30% 이상 급락했다. 이후 3월 말까지 조금 회복되어 연초 대비 20% 하락으로 마감했다. 롤러코스터처럼 시장이 출렁이는 가운데 공급 채널, 기업이익, 의료 안정성 등이 차례로 위협받는다는 소식이 연달아 누구도 평정을 유지하기 어려운 시기였다.

이런 상황에서 연초부터 3월까지 미국 DC형 가입자 중 6.2%만이 적립금의 자산배분을 변경한 것으로 나타났다. 2019년 같은 기간 4.2%가 자산배분을 변경한 사실을 고려하면 2.0%p 높아진 것으로, 급변하는 시장에서도 대부분이 기존의 투자를 유지한 셈이다. 글로벌 금융위기 직후인 2009년 1분기 동안에도 5.5%만이 자산배분을 변경했다.

시장 급등락이 있었던 3월, 투자성이 높은 자산을 늘린 사례도 많다

일부에 불과하기는 하지만, 자산배분을 변경한 DC형 가입자들은 과연 투자에 어떤 변화를 주었을까? 퇴직연금 사업자인 존 행콕(John

Hankcock)은 주식 시장의 변화가 가장 극심했던 지난 3월 한 달 동안 자사가 관리 중인 DC형 가입자의 움직임을 분석했다. 그 결과 투자성이 큰 자산을 원금보존을 위한 자산으로 되돌린 가입자도 있었지만, 반대로 투자성 높은 자산을 늘린 경우도 많은 것으로 밝혀졌다.

행콕의 분석에 따르면, 3월 한 달 동안 DC형 가입자 중 2%가 자산배분을 변경한 것으로 나타났다. 변경 방향을 살펴보면 이들 중 약 20%는 주식과 같은 투자성이 큰 자산에서 안정형(stable value)이나 채권형(fixed income)처럼 원금보존을 추구할 수 있는 자산의 비중을 늘렸다. 그런데 오히려 반대 방향으로 움직인 사람이 더 많았다. 25%가 안정형과 채권형을 주식처럼 투자성이 큰 자산으로 옮긴 것이다.

이런 조정 방향은 연령대에 따라 양상이 달랐다. 젊을수록 안정형·채권형에서 투자성이 큰 자산으로 옮기는 경향이 있었다. 은퇴가 임박한 60세 이상은 조금 달랐다. 30%가 투자성 자산을 늘린 데 비해, 절반(49%)에 가까운 사람들은 안정형·채권형을 늘리는 변화를 주었다.

표 4-3 ▶ 연령대별 자산배분 조정 방향(2020년 3월 한 달간)

(단위: %)

구분	30세 미만	30대	40대	50대	60대 이상
투자성 확대	35	33	39	39	30
안정형, 채권형 확대	17	23	28	33	49

자료: John Hancock(2020.05)

평균 주식투자 비중이 70%에 가까워도 시장의 변동에 휩쓸리지 않은 94%

2020년 1분기 코로나19 확산으로 시장은 출렁였으나 미국 DC형 가입자의 93.8%는 적립금 자산배분을 그대로 유지했다. DC형 계좌의 주식투자 비중은 평균 70%에 가까우며, 60대도 50% 수준이 넘는다. 이런 상황에서도 DC형 가입자들은 투자를 유지했다.

그림 4-11 ▸ 연령대별 DC형 계좌의 평균 자산배분(2016년 기준)

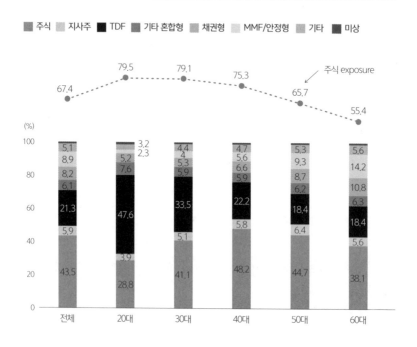

※ 주식 exposure(노출도)는 주식형 펀드, 자사주 및 TDF와 혼합형 펀드에서 주식 비중을 합산한 것

자료: ICI

미국 내 퇴직연금 전문가들은 DC형 가입자들에게 장기적인 관점에서 투자와 자산배분을 강조해왔다. 더불어 시장이 급변할 때 섣불리 대응하기보다 자산배분을 유지할 때 장기적으로 더 나은 성과를 거둘 수 있다는 점을 지속적으로 알려왔다. 코로나19 확산 이후의 여파는 현재진행형이기 때문에 투자자들의 행동을 단정하기는 이르다. 하지만 지금까지 미국 DC형 가입자들은 전문가들이 강조해온 장기 투자와 자산배분을 고수하고 있다.

연금부자들은 언제,
얼마나 꺼내 쓸까?

"지난달 은퇴했다. 이제 연금에서 월급 받자!"

그동안 열심히 일하면서 연금자산 늘리기도 게을리하지 않았다면, 이제는 연금을 노후 생활비로 활용할 차례다. 영국·미국·호주로 대표되는 연금부자국에서도 은퇴자들이 증가하면서 연금에서 실제 생활비를 찾아 쓰기 시작하는 사람들이 늘고 있다.

특히 영국은 연금부자 3국 가운데 현재까지 65세 이상 인구가 가장 많은 나라다. 그런 이유에서인지 자국 연금 가입자들이 연금계좌에서 돈을 어떻게 찾기 시작하는지 잘 들여다보고 있다. 개인은 어리석을 수도 있지만 대중은 현명하다고 하지 않았던가. 은퇴 후 모아놓은 연금을 어떻게 꺼내 쓸지 영국의 평범한 은퇴자들의 행동에서 힌트를 얻어보자.

연금자산 5,000만 원은 모아야 노후소득 재원이 될 수 있다

영국 사람들이 은퇴하면서 연금계좌에서 돈을 어떻게 꺼내 쓰는지를 살펴보자. 먼저 연금계좌에 있는 돈이 적을수록 대부분이 연금계좌 전액을 일시금으로 찾았다. 현금흐름으로 바꿔봐야 얼마 되지 않을 테니 모두 찾아 목돈으로 쓰는 셈이다.

연금계좌 잔액이 3만 파운드 이상일 때 절반 이상(67%)이 인컴펀드● 나 연금보험을 활용해서 정기적인 현금흐름을 만들기 시작한다. 달리 말해, 우리나라 돈으로 5,000만 원 가까이는 되어야 노후소득 재원으로 쓰일 여지가 더 커지는 것으로 보인다. 연금계좌 잔액이 10만 파운드, 우리나라 돈으로 1억 5,000만 원 이상 되면 열에 아홉은 일시금 대신 보험이나 인컴펀드 등의 현금흐름을 택한다.

● 　여기서 말하는 인컴펀드는 Pension Drawdown Fund로, 펀드 수익 등을 매월 정기적으로 지급하는 인컴펀드 상품과는 다르다. 그보다는 우리나라로 치면 개인형 퇴직연금(IRP)에 가깝다고 할 수 있다.

그림 4-12 > 영국 연금계좌 규모별 인출 방법(2020년 3월)

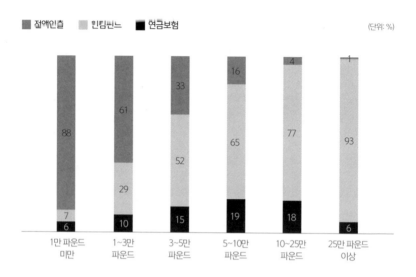

연금을 받을 때는 대체로 연금보험보다 인컴펀드를 선호하는 모습이다. 그나마 연금계좌 규모가 5만~10만 달러(7,500만~1억 5,000만 원)일 때 연금보험을 가장 많이 활용했고, 규모가 그 이하이거나 그 이상으로 갈수록 연금보험을 선택한 경우는 줄어든다. 연금계좌 잔액이 작으면 연금보험에 가입했을 때 받는 금액이 얼마 되지 않거나 수령 기간이 단축되니 연금보험 상품의 매력이 떨어지고, 반대로 자산 규모가 커지면 거금을 보험회사에 보험료로 내기보다 개인이 직접 운용하면서 필요에 따라 언제든지 목돈으로도 일부 찾아 쓸 수 있는 연금펀드를 더 선호한다고 풀이할 수 있다.

연금계좌 1억 5,000만 원 이상일 때 은퇴 후 평생 소득이 된다

이번에는 영국 은퇴자들이 더 많이 찾는 인컴펀드를 집중적으로 살펴 보자. 〈그림 4-13〉은 영국 은퇴자들이 인컴펀드에서 인출한 첫해에 현금을 얼마나 꺼내 썼는지 펀드자산 대비 인출률을 표시한 것이다.

그림 4-13 ▶ 영국 연금계좌 규모별 인컴펀드 최초 인출률(2020년 3월)

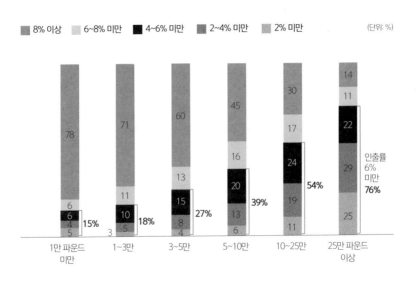

자료: FCA

인출률이 높아질수록 인컴펀드 소진 시기는 앞당겨진다. 보통 주식 등에 일부 투자를 계속하면서 30년 이내에 펀드가 소진되지 않게 하 려면, 펀드 잔액의 4~5%를 인출하는 게 안전하다는 것이다. 미국 등 영미권 재무 전문가나 일반인들이 흔히 가진 생각이다. 예를 들어 이제 막 은퇴한 60세가 인컴펀드 1억 원이 있다면 복잡한 계산 없이 첫 해에 400만 원(월 34만 원)에서 450만 원(월 38만 원) 정도를 인출하고, 다음 해부터는 국민연금처럼 매년 물가상승률만큼 더 꺼내 쓰는 식이다. 이렇게 하면 연금자산은 소진되고 나만 남는 최악의 상황을 어느 정도 예방할 수 있다는 것이다. 연금펀드로 '장수 리스크(longevity risk)'를 피해 평생 소득을 추구하는 가장 단순한 전략 중 하나다.

이런 기준을 머릿속에 두고 다시 인컴펀드의 인출률을 바라보자. 연금계좌의 규모가 커질수록 '인출률 6% 미만', 즉 인컴펀드로 평생 소득을 만들 여지가 커진다. 10만 파운드(약 1억 5,000만 원) 이상이 되면 '인출률 6% 미만'이 절반 이상(54%)으로 늘어나고, 25만 파운드(약 3억 8,000만 원) 이상일 때는 대부분(76%)이 '인출률 6% 미만'이다.

영국에서는 이제 막 은퇴하여 처음 연금을 꺼내 쓰는 사람들에게 앞으로 인출 방법과 관련해서 재정 전문가의 자문을 받으라고 적극 권고하고 있다. 목돈이냐 현금흐름이냐, 연금보험 대신 인컴펀드를 선택한다면 과연 얼마씩 꺼내 쓰는 게 최적이냐 등 앞으로 20~30년의 노후 생활이 달린 중요한 선택을 해야 하는 시점이 바로 그때이기 때문이다.

연금투자 하면서
현금흐름 만들기

연금을 얼마나 인출해야 할까?
———

4% 법칙의 등장

"내가 모은 돈 바닥나지 않으려면 얼마나 꺼내 써야 하나요?"

1990년대 초, 미국 캘리포니아 남부 도시 엘 카혼(El Carjon)에서 재무 컨설턴트로 일하던 윌리엄 P. 벤젠(William P. Bengen)은 고객들에게 이런 질문을 자주 받았다.

그는 자료를 조사해봤지만 관련 가이드라인을 찾을 수 없었다. 당시만 하더라도 모은 자산을 어떻게 꺼내 써야 한다는 인출 전략이라는 게 없었기 때문이다. 유명 전문가가 경험을 기반으로 제시한 가이드라인이 있는 정도였다. 예를 들어 마젤란펀드로 유명한 피터 린치

(Peter Lynch)는 당시 매체 인터뷰에서 주식에 절반을 투자할 때 자산의 7%를 안심하고 인출할 수 있다고 말해주기도 했다.[*] 물론 당시의 시장 상황에서 말이다.

벤젠은 과거 데이터를 바탕으로 인출 지침을 직접 만들어보기로 했다.[**] 대공황 이전인 1926년부터 당시까지 실제 미국 S&P500과 중기국채의 투자 성과를 바탕으로 인출 금액별로 자산이 고갈되는 시점을 계산해봤다.

그 결과를 바탕으로 1994년 그는 재무설계와 관련한 저널에 '4% 법칙(4% Rule)'을 발표했다.[***] 4% 법칙은 은퇴 첫해에 노후자산의 4%를 인출하고, 이듬해부터 물가상승률에 따라 인출액을 늘려가는 방법이다. 이렇게 하면 노후자산이 30년 이내에는 소진되는 일이 없다는 분석이었다.

- 은퇴 첫해 인출액 = 은퇴 시점의 금융자산 × 4%
- 다음 해 인출액 = 직전 연도 인출액 × 물가상승률

---

[*] Cooley, Habbard, Watz, "Sustainable Withdrawal Rates From Your Retirement Portfolio", Financial Counseling and Planning, Volume10(1), 1999.

[**] The New York Times, New Math for Retirees and the 4% Withdrawal Rule, 2015.05.08.

[***] William P. Bengen, "Determining Withdrawals Using Historical Data", Journal of Financial Planning, 1994.10 7(1), 171,180.

벤젠이 내놓은 4% 법칙은 미국 내에서 「월스트리트저널」, 「머니매거진」 같은 유명 매체를 통해 전파되면서 지금까지도 가장 흔히 접할 수 있는 지침으로 자리 잡았다.[•] 벤젠 역시 이를 계기로 미국 내에서 유명한 재무 컨설턴트가 됐다.

4% 법칙의 한계: 나는 없고 돈만 남는 리스크

물론 4% 법칙에는 여러 한계가 있는 게 사실이다. 가장 큰 문제는 찾는 돈이 적다는 것이다. 30년 안에 운용자산이 고갈되지 않게 하는 데 집중한 나머지, 오히려 돈을 지나치게 많이 남길 수 있다. '돈은 없고 나만 남는 리스크'가 아니라, 역으로 '나는 없고 돈만 남는 리스크'가 커지는 셈이다. 더불어 이 법칙은 소개된 지 너무 오래됐다는 단점도 있다. 1990년대 당시와 지금의 금융 시장 환경은 너무나도 다르니, 이를 그대로 활용해도 되겠느냐는 문제 의식이다.

그럼에도 4% 법칙은 지금도 꽤 자주 소개되고 있다. 가장 큰 이유는 누구나 기억하기 쉽다는 점이다. 개인 재무 상황에 대한 분석 없이 바로 활용할 수도 있어서, 개괄적으로나마 당장 얼마나 인출해야 하는지 알고 싶은 사람에게 유용하다는 점만큼은 인정받고 있다.

따라서 최근까지 4% 법칙을 뒤엎기보다는 조금 수정하거나 비슷한 개념의 새로운 단순 인출 법칙이 소개되고 있다. 예를 들어 시장 상황에 맞춰 역동적으로 인출 금액을 조정하면 4% 법칙에서보다 1%p를

[•] Mile vs ky, Huang(2011), "Spending Retirement on Planet Vulcan: The Impact of Longevity Risk Aversion on Optimal Withdrawal Rates", Financial Analyst Journal, March/April 2011.

늘려 5%까지 인출할 수 있다는 것이다. 투자 시장 상황이 좋지 않으면 그 절반인 2.5%만 인출하여 남은 자산의 회복 가능성을 높인다는 전략이다.●

물론 노후자금 규모와 운용 상황, 국민연금 액수, 개인의 선호도를 고려해서 정교하게 인출 계획을 짜는 게 가장 좋은 방법일 터이다. 하지만 그런 서비스를 찾기 쉽지 않은 상황에서는 간단한 인출 법칙이 오히려 도움이 될 수도 있다. 그런 점에서 기존 4% 법칙에서 업그레이드된 최근의 인출 법칙 몇 가지를 살펴보자.

최근에 소개된 인출 법칙

—

호주 계리사협회가 제시한 인출 법칙

최근 호주에서는 계리사협회에서 간단한 인출 법칙을 창안해 발표했다. 계리사란 연금기금이나 보험회사에서 주로 보험료를 책정하거나 보험(연금) 계약의 리스크를 점검하는 전문가를 말하는데, 계리사협회는 이들을 육성하고 대표하는 기관이다.

호주 은퇴자 4명 중 3명은 연금보험 가입 대신 연금계좌로 돈을 옮겨 매년 자유롭게 인출해 쓰는 것을 선호한다. 이들이 연금보험에 가

●　　　Robin Bowerman(2020.01), "The Safe Withdrawal Rate for Retirement", Vanguard Australia

입하도록 충분히 안내하거나 더 나은 연금보험을 개발하는 것도 좋지만, 당장 벤젠의 4% 법칙 대신 쓰일 만한 새로운 간단 법칙을 소개하는 게 많은 사람에게 더 유용할 것으로 생각했다고 한다. 이들이 만든 법칙은 정말 단순하다. 바로 내 나이만 알면 인출률을 알 수 있기 때문이다.

- 내 나이 앞자리 수 = 나의 연금 인출률

예를 들어 내 나이가 현재 62세라면, 앞자리 수를 딴 6%가 올해 연금계좌에서 인출할 금액이다. 3억 원이 있다면 연 1,800만 원(3억 원 × 6%)을 꺼내 쓰는 셈이다. 다만 85세 이후부터는 법칙이 좀 달라진다. 기존 법칙을 무시하고, 호주 세제에서 정한 최소 인출률에 맞춰 다음과 같이 인출률을 올린다.

- 85~89세: 9%
- 90~94세: 11%
- 95세 이상: 14%

85세인 내게 1억 원 정도 남았다고 해보자. 그렇다면 1억 원의 9%

●   Institute of Actuaries of Australia(2019), Spend Your Age, and a Little More, for a Happy Retirement.

인 900만 원을 인출하면 된다. 월 75만 원 수준이다. 물론 이 역시 은퇴 이후에도 투자를 계속하는 경우를 가정한 것이다. 호주 은퇴자들은 매년 현금을 인출하면서도 꽤 많은 부분을 주식과 같은 성장형 자산에 투자하고 있다.

안심인출률 vs 파산인출률

미국에서는 내 연금이 바닥날 걱정 없이 안심하고 꺼내 쓸 수 있는 '안심인출률'과 이것만큼은 넘으면 안 된다는 '파산인출률'을 소개하기도 했다.•

먼저 안심인출률은 내 돈이 크게 줄어들거나 바닥날 걱정을 하지 않고 안심하고 꺼내 쓸 수 있는 인출률을 말한다. 최근의 저금리 상황이나 단기적으로 수익률이 크게 떨어지는 상황에서도 자산 가치가 지나치게 추락하거나 생전에 돈이 떨어지는 일은 일어나지 않을 수준의 인출률이다.

• 내 돈 바닥날 걱정 없는 '안심인출률'

> • 안심인출률(%) = 내 나이 ÷ 20
> ※ 부부일 경우 나이가 적은 사람 기준

예컨대 70세 은퇴자가 있다고 해보자. 이때는 3.5%(70 ÷ 20)가 안심

•   R. Evan Inglis(2016), "The Feel Free Retirement Spending Strategy", Society of Actuaries.

인출률이다. 금융자산 3억 원이 있다면 올해 1,050만 원(3억 원 × 3.5%)을 꺼내 쓰면 된다. 월로 따지면 88만 원 정도다. 꽤 보수적인 수준이라고 할 수 있는데, 만약 이 이상으로 인출액을 늘려보고 싶다면 자신의 재정 상황을 면밀히 진단한 뒤 인출액을 정하는 게 좋다. 그리고 인출 수준을 한번 정한 이후에도 금융 시장 상황에 따라 유연하게 조정해가는 게 중요하다.

• 노후파산이 불 보듯 뻔해지는 '파산인출률'

> • 파산인출률(%) = 내 나이 ÷ 10
> ※ 부부일 경우 나이가 적은 사람 기준

반대로 절대 넘어서면 안 되는 기준도 제시한다. 이 수준으로 잇따라 여러 번 인출할수록 노후파산에 이를 가능성이 눈덩이처럼 커진다. 그러니 의료비 지출이 있거나 자녀를 경제적으로 도와야 하는 상황처럼 목돈 지출이 불가피한 경우에만 활용한다. 70세의 파산인출률은 7%(70 ÷ 10)다. 만약 3억 원이 있는 경우 연 2,100만 원, 월 175만 원 정도다.

5장

연금자산 운용의
키포인트

한국인의 연금자산 운용,
대대적인 개혁이 필요하다

한국인 연금 규모는 1인당 1만 달러, 미국은 1인당 10만 달러

한국인의 노후 준비는 얼마나 되어 있을까? 인구구조상 가장 많은 분포를 차지하는 연령대는 50대와 40대, 즉 1960년대생과 1970년생이다. 이들의 노후 준비가 시급하다. 시차를 두고 퇴직기로 접어들 것으로 예상되는 한국 사회의 40대와 50대는 노후 준비의 대표 금융상품인 연금자산을 얼마나 갖고 있을까?

앞서 살펴본 연금 선진국 미국·영국·호주와 비교해보면, 한국의 연금자산은 상대적으로 매우 적은 수준이다. 각국의 GDP(국내총생산) 대비 연금자산의 비중을 보면 미국이 152%, 영국이 123%, 호주가 143%인 데 비해서 한국은 30%에 불과하다. 미국과 한국의 경제 규모 대비 비율로 봐도 무려 5배 이상 차이가 난다.

그림 5-1 › 주요 국가의 GDP 대비 연금자산 규모

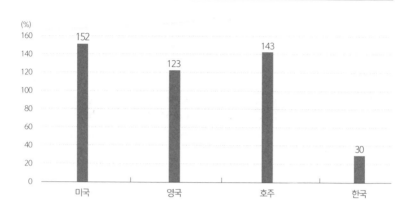

※ 2019년 기준
자료: OECD, ASFA, ICI, 금융감독원, UN, 하나금융투자

경제가 고성장을 지속하고 인구가 증가하던 시기에는 심각하지 않았던 노후 준비가 이제 우리 사회에서 더는 미룰 수 없는 큰 숙제로 다가오고 있다. 주요 국가의 상황을 좀더 살펴보자. 미국은 가계 금융자산의 42%가 연금자산이고, 1인당 연금자산 규모도 9.9만 달러 수준이다. 영국은 1인당 연금자산 5만 달러, 호주는 8만 달러 수준이다. 그에 비해 한국은 미국의 10% 수준인 1만 달러에 불과해서 한국인의 노후 대비 점수는 낙제 수준이라고 할 만큼 심각하다.

그림 5-2 ▶ 주요 국가의 1인당 연금자산 규모

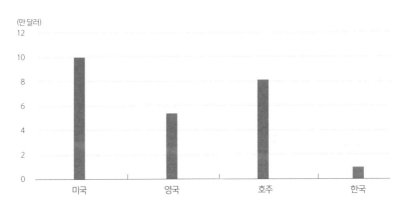

(만 달러)

※ 2019년 기준
자료: OECD, ASFA, ICI, 금융감독원, UN, 하나금융투자

한국 사회는 그동안 국가적인 목표하에 세계인들이 놀랄 정도로 장기간의 경제개발과 고속성장을 이루어왔다. 인구가 가져다주는 보너스도 이를 가능케 한 하나의 이유였다. 하지만 현재는 그 경제개발을 이끈 주역이자 한국의 인구구조상 가장 큰 비중을 차지하는 1960년 대생의 은퇴가 진행되고 있고, 10년 후에는 1970년대생들도 대부분 은퇴를 하게 된다. 이에 대한 준비가 되지 않으면 사회가 부담을 떠안을 수밖에 없다. 은퇴가 본격적으로 진행되기 전에 이들이 연금자산을 축적할 수 있도록, 정부의 정책적인 지원을 비롯해 기업과 개인 등 사회 구성원의 노력이 절실한 시점이다.

연금 소득공제 한도와 세제 혜택을 대폭 늘려야 한다

이른바 '401k 갑부'라고 이야기할 정도로 연금부자가 많아 국민의 노후 대비가 상대적으로 잘되어 있는 미국을 보자. 1979년부터 종업원 퇴직소득보장법(ERISA)에 의해서 퇴직연금의 운용 기준이 법제화됐으며, 내국세법(IRC) 준수에 따른 사용자 기여금의 손비 인정과 근로자의 자발적인 기여금에 대한 세제 혜택 등으로 개인들의 연금자산이 꾸준히 증가했다. 상당히 오래전부터 미국 사회는 가입자 불입금에 대해 소득공제를 해주고, 운용수익을 비과세하고, 60세 이후 인출 시 세제 혜택을 줌으로써 연금자산을 국가적으로 육성해왔다.

한국은 퇴직급여제도를 퇴직연금으로 단일화하는 법안을 좀더 시급하게 추진해야 할 것으로 판단된다. 또한 불입금의 소득공제 한도를 대폭 늘리거나, 한도 자체를 폐지할 정도의 세제 혜택으로 국민의 저축을 연금자산화하는 데 인센티브를 줘야 한다. 즉, 획기적인 세제 혜택을 통해 연금으로 저축하는 사회로 바꾸어서 미래를 대비하게 해야 한다.

그림 5-3 › 연금자산으로 저축하는 사회 유도

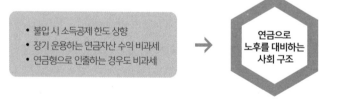

운용자산 구성에 시급한 변화가 필요하다

한국의 연금자산 개혁 방향에서 연금 규모를 키우는 것보다 더욱 시급한 것은 연금 상품의 구성을 바꿔야 한다는 것이다. 미국의 연금자산 구성을 보면 연금 시장 규모가 무려 33조 달러 수준이다. 이 중 10조 달러가 DB형이며, DC와 IRA가 20조 달러로 DB형의 2배 수준이다. 특이한 점은 DC형이나 IRA는 말할 것도 없고 DB형 퇴직연금도 자산배분형 상품의 비중이 크다는 것이다.

대표적으로 미국 DB형 자산배분 상품의 포트폴리오를 보면, 2016년 기준으로 국내 주식형 비중이 26.1%, 글로벌 주식 비중이 22.1%로 주식 비중이 48%를 넘는다. 제로금리 시대에 불가피한 자산배분이라고 판단된다.

근로자들이 자율적으로 운용하는 DC형 연금이나 IRA에서는 주식형과 함께 TDF의 비중이 더욱 커지고 있다. 미국 1,000대 DC형 자산배분펀드의 자산 비중을 보면, 국내 주식이 40.7%, 해외 주식이 6.2%, TDF가 18.4%로 위험자산 비중이 절반을 넘는다.

그림 5-4 ▶ 미국 연금 상품의 투자자산 구성(1,000대 DC형 펀드 기준)

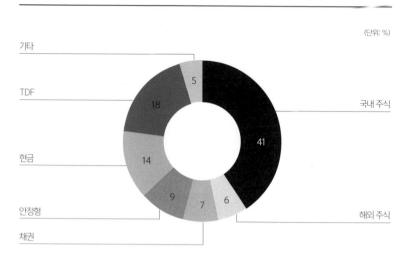

(단위: %)

기타

TDF 18

현금 14

안정형 9

채권 7

5

국내 주식

41

6

해외 주식

※ 2016년 기준
자료: Pension & Investment, 하나금융투자

한국의 연금자산은 95%가 확정형이고, 주식형은 2.2%에 불과하다

한국의 연금자산 구성을 미국과 비교하면 전혀 다르게 되어 있다. 한마디로 고성장 시대, 고금리 시대 자산 구성이 그대로 이어지고 있다. 회사가 책임지고 운용하는 DB형은 원리금 보장형이 93.2%, 실적배당형이 5.4%, 대기성 자금이 1.4%로 대부분이 예금과 적금이다. 실적배당형에서도 채권형(3.9%)을 제외하면 주식형 상품은 1%도 채 되지 않는다.

또한 개인이 자율적으로 운용하는 DC나 IRP는 전체 규모를 합쳐서 DB형의 절반 정도이며, 거기서도 주식형의 비중은 매우 작다. DC형에서도 주식형이 차지하는 비중은 3.2%이고, IRP에서도 주식형 비중은 7% 수준에 불과하다.

그림 5-5 › 한국 전체 연금 상품의 투자자산 구성

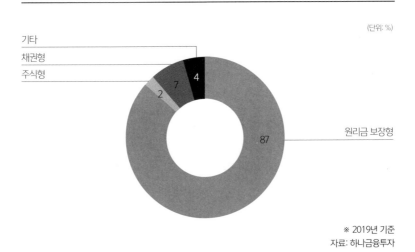

(단위: %)

기타
채권형
주식형

4
7
2
87

원리금 보장형

※ 2019년 기준
자료: 하나금융투자

당연히 한국에서 DB형 퇴직연금의 수익률은 1%대에서 높아야 2% 대 수준이고, DC나 IRP의 수익률도 선진국 퇴직연금에 비해서 매우 낮다. 미국의 퇴직연금 평균 수익률은 연간 10% 전후인 데 비해 한국의 퇴직연금 수익률은 평균 1~2%대다. 연금자산을 대하는 두 사회의 태도는 이처럼 수익률 차이라는 결과로 나타난다. 연금자산 운용 방법의 개혁이 한국 연금자산에서 가장 큰 변화가 필요한 이유다.

한국 사회도 이제 제로금리 시대로 접어들었다. 본격적인 저성장 시대가 시작된다. 하지만 한편에서는 4차 산업혁명이 일어나고 기하급수적인 성장이 나타나고 있다. 따라서 우량 주식, 우량 자산에 대한 자산배분 투자가 필요한 시기다. 특히 연금처럼 장기적으로 투자하는 자산은 더더욱 그렇다.

그런데도 한국 사회는 아직도 고금리 시대의 연금 상품 구조로 운용되고 있으며, 연금자산 규모를 키울 생각도 제대로 하지 않는 것 같다. 한국의 중년이 연금자산을 제대로 키워야 한다. 그러지 않으면 머지않은 시간에 많은 사회적 비용을 지불하게 될 것이다.

4차 산업혁명기이자 제로금리 시대, 연금자산의 구성을 바꿔야 한다

주요 국가 연금펀드의 평균 수익률을 보면, 대표적으로 미국 연금펀드가 10% 전후를 기록하고 있다. 예를 들어 미국 전체 개인연금펀드의 2019년 수익률은 10.1%였다. 그뿐 아니라 미국의 대표적인 공적 지역연금인 캘퍼스(Calpers, 캘리포니아 공무원연금)도 지난 2010년부터 2019년까지 10년간의 연평균 수익률이 9.6%였다. 캘퍼스의 포트폴리오 중에서 주식 비중은 지속적으로 50%를 넘었다.

상대적으로 수익률이 높은 것으로 알려진 캐나다 연기금(CPPIB) 역시 주식 비중을 50% 이상으로 하면서 지난 10년간의 연평균 수익률을 10.1%로 유지했다.

미국의 개인연금이나 서구권의 연금펀드들이 주식자산 비중을 50% 넘게 유지하면서 높은 수익을 낼 수 있었던 비결은 무엇일까?

연금펀드로 주식 비중을 유지하여 복리 효과를 누린다

답은 의외로 간단했다. 자산배분을 유지하면서 장기 고성장하는 주식 비중을 유지하는 전략이었다. 예를 들면 코로나19로 전 세계적 위기가 발생한 2020년과 2021년의 경우 대부분의 연기금에서는 주식자산에서 큰 수익이 난다. 그 이유는 자산배분 원칙의 유지에 있다.

한국만 봐도 코로나19 사태로 코스피지수가 2000포인트에서 1400포인트 아래로 하락했다. 그러면 손실은 27%가 넘고, 주식 비중은 50%에서 35% 이하로 줄어든다. 주식 비중을 유지해야 하므로 1500포인트 이하에서는 15%만큼의 추가 매수를 해야 한다. 이후 주가지수는 2000포인트를 넘어 2300포인트 이상으로 상승했고, 결국 2400포인트를 넘어갔다. 그러면 20% 이상이 상승했기 때문에, 이번에는 주식 비중이 당연히 60% 이상으로 늘어나 10%만큼을 고점에서 매도하게 된다. 장기적으로 주식자산의 가격은 경제가 발전하고 기업의 이익이 증가하는 데 따라 우상향하지만, 경제 사이클에는 하락기가 있고 상승기가 있다. 그 과정에서 비중을 유지하는 전략을 취한다면, 저점에서는 매수하고 고점에서는 매도하는 전략이 유지된다.

실제로 2020년 한국의 국민연금을 비롯한 주요 국가의 연금펀드들이 일반 펀드보다 높은 수익률을 보인 이유가 이 때문이다. 그래서 개인들도 연금형으로 주식에 장기 투자하는 것이 가장 유리하다. 주식을 단기로 투자하는 것은 가격의 변동성을 고려하면 위험한 투자일 수 있다. 하지만 장기로 투자하면서 하락 시에는 비중을 늘리고 상승 시에는 비중을 줄여 늘 같은 비중을 유지한다면, 주식은 가장 높은 수익률을 기록하는 자산이 된다.

연간 10%와 2%의 수익률 차이가
먼 훗날 빈부를 가른다

———

연금은 장기 투자자산이다. 이는 1%의 수익률 차이일지라도 누적되면 엄청난 차이를 보인다는 뜻이다. 그런 의미에서 연간 수익률 관리가 퇴직 이후에 부자로 사느냐, 가난하게 사느냐를 판가름할 수도 있다.

예를 들어 미국이나 캐나다 연기금펀드의 평균 수익률인 연간 10%를 유지한다고 가정해보자. 10년의 복리는 원금의 2.59배다. 예를 들어 1,000만 원을 투자해서 매년 10%의 수익률을 냈다면, 10년 뒤에는 2,590만 원이 된다. 또 그 10년 뒤에는 6,700만 원, 그 10년 뒤에는 1억 7,400만 원이 된다. 반면 연간 2%의 수익이 발생한다면 10년 뒤에는 21%의 수익률, 즉 1,210만 원이 된다. 수익률을 유지한다고 가정할 때 그 10년 뒤에는 1,490만 원, 그 10년 뒤에는 1,810만 원이 된다. 즉, 27살에 시작해서 57살에 은퇴하는 30년간의 수익률 차이로 어떤 이는 1억 7,000만 원을 갖게 되고, 어떤 이는 2,000만 원도 안 되는 돈을 갖게 된다.

현실에서는 앞의 사례보다 훨씬 더 큰 차이를 보인다. 왜냐하면 매달 지속적으로 원금을 추가하기 때문이다. 연금은 장기적으로 투자하는 자산이기 때문에 일찍부터 수익률 관리를 잘하는 것이 중요하다.

그뿐만이 아니다. 수익률 차이가 더 중요한 것은 퇴직하고 난 이후 때문이다. 예를 들어 연간 수익률 10%를 유지하는 펀드는 퇴직 이후에도 계속 큰 원금에 수익금이 복리로 합쳐져서 늘어난다. 실제로 10% 수익률을 유지한다면, 1년에 수익금인 1,700만 원을 연금으로 받는다고 해도 원금은 줄지 않고 사망 시까지 지속적인 수입이 유지된다. 미국의 1인당 평균 연금 금액이 약 9.9만 달러, 즉 1억 원이 넘는다는 점을 고려할 때 평균적으로 10% 수익률을 유지한다면 이론적으로 1년에 1,000만 원을 연금으로 받아 쓴다고 해도 사망 시까지 1억 원이 유지된다는 얘기다. 그래서 미국에서는 비록 일부이기는 하지만 연금펀드 규모가 10억 원씩 되는 사람도 있다. 이런 사람은 1년에 1억 원씩 연금을 받는 이른바 '401k 갑부'로 불린다.

연금 규모를 키우고, 주식 비중을 장기로 대폭 늘려야 한다
—

한국의 연금개혁이 절실하다. 한국 경제의 주축을 담당했던 40·50세

대는 현재 은퇴를 앞두고 있지만, 은퇴 준비는 거의 되어 있지 않다. 1인당 연금 규모는 미국의 10분의 1 수준에 불과하고, 수익률조차 미국은 10% 선이지만 한국은 2% 선에 머물고 있다. 연금은 짧게는 30년, 길게는 50년 또는 60년 이상 운용되는 장기 운용자산이어서 평균 수익률의 차이가 종국에는 어마어마한 차이로 나타난다.

한국 사회의 미래를 위해서 연금 규모를 키우는 사회 시스템을 만들어야 한다. 또 미국과 같이 우량 주식에 장기 투자하는 연금 운용 체계를 갖추어서 연금의 장기 수익률을 향상시켜야 한다.

인구절벽과 대규모 은퇴,
어떻게 대비해야 할까

일본을 따라가는 한국의 인구절벽, 그러나 속도는 더 빠르다

제로금리 시대에 진입한 한국의 경제 상황은 어떤 면에서는 일본을 그대로 따라간다고 볼 수 있다. 인구구조의 변화, 고령화, 경제활동인구 감소 등 20년 정도의 시차를 두고 일본의 전철을 밟는 셈이다. 아니, 오히려 그 속도는 더 빠르다고 볼 수 있다.

　인구 측면에서 보면 한국은 일본보다 1950년대 이전 출생 인구가 적은 편이며, 1960~1970년대 출생 인구가 가장 많은 수를 기록하고 있다. 즉, 현재 40대와 50대 인구가 가장 많다. 그리고 한국 경제의 고성장을 이끌었던 이들 세대, 이른바 '한국판 베이비부머'의 은퇴가 이제 막 시작되고 있다. 한국 역시 경제활동인구 감소부터 시작되어 전체 인구가 본격적으로 감소하는 일본의 상황을 따라갈 가능성이 크다.

큰 추세에서 한국의 인구를 보면 1970년대에는 미성년자들의 인구가 절대적으로 많은 그래프가 그려지지만, 지금은 이들이 중년층을 이루고 있다. 문제는 이후 세대의 인구가 급격히 감소하면서 경제활동인구 감소와 절대 인구 감소라는 '인구절벽' 시기를 앞두고 있다는 것이다.

1960년대 한 해 출생 100만 명, 2000년 이후 한 해 출생 40만 명

〈그림 5-6〉에서 볼 수 있듯이, 1960년대에는 한 해에 평균 100만 명 전후(5년 단위로 500만 명 전후)가 태어났다. 하지만 1970년대에는 한 해에 평균 90만 명이 태어났으며, 1980년대 이후로는 출생 인구가 급격히 줄었다. 2000년대 들어서는 40만 명대로 줄었고, 최근 출생 인구는 30만 명대까지 떨어졌다. 인구 감소 비율로 보면 일본보다 훨씬 더 빠르고 심각한 수준이다. 인구 고점 대비 최근 출생 인구가 절반 이하인 것이다.

이 상태가 지속되면 경제활동인구 감소를 넘어서, 2025년경에는 절대 인구 감소가 시작될 것이다. 그러면 국가의 경제 규모 감소가 불가피해져 장기적으로는 만성적인 디플레를 겪는 나라로 바뀔 가능성이 크다. 종합적인 대비가 절실하다.

그림 5-6 ▸ 한국 출생연도별 인구(1955~2020)

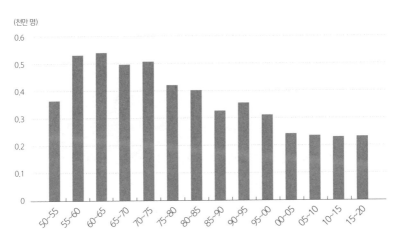

(천만 명)

자료: UN, 하나금융투자

그림 5-7 ▸ 한국 연도별 인구구조 추이

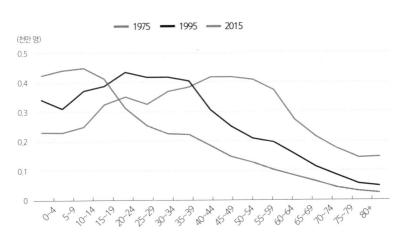

(천만 명)

자료: UN, 하나금융투자

인구의 35%인 40·50세대가
앞으로 20년간 준비 없이 은퇴한다

———

한국의 인구수는 2000년에 4,600만 명이었다가 꾸준히 증가해 2014년에 드디어 5,000만 명을 넘어섰다. 인구 고령화는 진행되지만 의학 발달 등과 함께 평균수명이 늘어나면서, 출생 인구가 감소했음에도 인구가 꾸준히 증가했다. 2025년에도 한국의 인구는 5,000만 명대 초반을 유지할 것으로 예상된다.

문제는 경제활동인구의 감소다. 40·50세대가 은퇴하면 국가 전체적으로 일하는 사람보다 은퇴한 사람의 수가 압도적으로 많아진다. 결국 방법은 두 가지다. 40·50세대가 은퇴를 하지 않고 일을 계속하거나, 아니면 은퇴 준비를 잘해서 후세에게 사회적인 부담을 덜 지우는 것이다.

현실적으로 보면 40·50세대가 은퇴 이후에도 지속적으로 일은 하겠지만, 대부분은 60 이전에 은퇴가 불가피할 것으로 예상된다. 시간이 갈수록 은퇴 시기가 점차 늦춰질 수는 있으나, 일시적으로 그럴 뿐 대부분은 은퇴가 불가피하다. 결국 방법은 두 가지 측면에서 다 노력하는 수밖에 없다.

그림 5-8 › 한국 경제활동인구와 명목GDP 추이

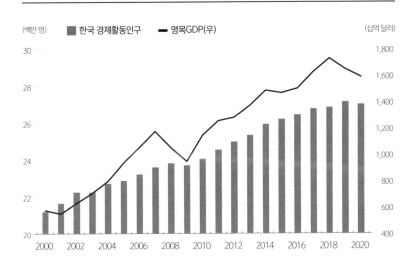

(백만 명) ■ 한국 경제활동인구 ― 명목GDP(우) (십억 달러)

자료: IMF, ILO, 하나금융투자

그림 5-9 › 한국 인구 증감률 추이

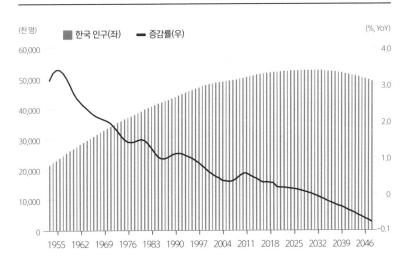

(천 명) ■ 한국 인구(좌) ― 증감률(우) (%, YoY)

자료: IMF, 하나금융투자

40·50세대 퇴직연금 규모가 관건이다

첫째, 인구가 많은 40·50세대가 은퇴 준비를 잘해서 은퇴 후 경제적으로 어려워지는 상황을 최소화해야 사회적인 부담이 줄어든다. 그러지 않으면 인구수도 매우 적은 젊은이들이 이 부담을 떠안아야 하는 상황이 올 수 있다. 결론적으로 퇴직연금 규모를 대폭 키우는 시스템을 확보해야 하고, 한편으로는 퇴직연금의 수익률을 올리는 자산 포트폴리오를 만들어가야 한다.

둘째, 인구구조가 많은 40·50세대의 일자리를 연장하는 다양한 정책이 나와야 한다. 즉, 현재의 직장을 그만두더라도 재취업이나 창업을 돕는 체계가 갖춰져야 한다. 현재 상황을 보면 퇴직자의 37.2%는 재취업하고, 17.9%는 자영업을 시작했다. 또 재취업을 준비하는 기간은 평균 11.2개월이나 걸렸다고 한다. 이를 고려할 때 40·50세대의 대규모 퇴직을 앞두고 있는 한국 사회의 퇴직 준비 시스템이 필요하다.

연금으로 노후를 준비하는 체계를 만들어야 한다

더 심각한 문제는 인구 감소와 장기 불황을 앞두고 있는데도 이에 대한 사회적 대비는 상당히 부족하다는 것이다. 특히 인구수가 가장 많은 40·50세대의 본격적인 은퇴가 시작되고 있지만, 이에 대한 사회적

222

인 준비는 매우 취약하다고 해도 과언이 아니다. 앞서 이야기한 바대로 한국인의 1인당 연금 규모는 미국의 10분의 1 수준이다. 거기에 연금자산의 평균 운용수익률도 5배 가까이 차이가 난다. 수십 년 동안 운용되는 연금자산의 특성상 연 5% 이상의 수익률 차이는 어마어마한 차이로 귀결된다.

준비되지 않은 노후는 사회적인 비용으로 전가될 수밖에 없다. 젊은 세대에게 사회적 부담을 줄 수밖에 없는 현재의 연금 구조와 한국인의 노후 대비는 하루빨리 바뀌어야 한다. 머지않아 어마어마한 사회적 비용을 지출하게 되기 전에 좀더 과감한 연금개혁을 진행할 필요가 있다. 우량 주식자산을 연금으로 장기 보유하면 다양한 세제 혜택을 받을 수 있게 함으로써 앞으로 발생할 사회적 비용을 줄여야 한다. 미국처럼 우리나라에서도 연금부자가 탄생해야 연금으로 저축하는 사람들이 늘어나고, 결과적으로 한국인의 노후가 밝아진다.

한국인의 노후 대비를 위한 연금개혁의 골든타임은 동학개미가 주식투자의 의미를 배워가는 지금이다. 40·50세대가 국내외 우량 주식, 우량 부동산을 중심으로 한 자산 운용을 통해 연금으로 부자 되게 해주어야 노후 대비가 본격화될 것이다.

100년 행복을 위해서는
자산 수명을 늘려야 한다

기대수명으로 보는 60 이후 삶의 계산법

'인생은 60부터'라고 흔히 말한다. 지금까지는 '은퇴 준비' 하면 보통 60세를 기준으로 남은 기대수명을 노후 기간으로 삼아왔기 때문이다. 2018년 생명표에 따르면 60세인 남성은 22.8년, 여성은 27.4년을 노후 기간으로 보면 된다. 1970년과 비교해보면 남성은 10년, 여성은 7년이 늘어난 셈이다.

3대 사인을 피하면 60세 기대수명이 30년 이상으로 연장된다

암, 심장질환, 폐렴으로 사망에 이르는 것을 피한다면 60세 남성의 기대수명은 30.49(+7.69)년, 여성은 32.47(+4.99)년으로 더 길어진다. 이런 3대 질병에 대한 가족력이 없다거나 평소 건강만큼은 자신 있다고 한다면 60부터 '30+' 삶은 거뜬하다는 의미다.

60세 남성 5명 중 1명, 여성 5명 중 2명은 30년 이상 산다

2018년 우리나라 생명표를 바탕으로 계산해보면 60세 남성 5명 중 1명(22.1%), 여성 5명 중 2명(41.8%)은 90세 이상 산다. 그러나 기대수명은 어디까지나 평균치라는 점을 생각해볼 필요가 있다. 2명 중 1명은 기대수명을 넘어 더 오래 산다. 부부도 한날한시에 떠나기는 어렵듯이, 사람마다 수명이 다른 게 당연하다.

노후가 길어지면 늘어나는 리스크

위험을 뜻하는 '리스크(risk)'는 암초나 절벽을 뜻하는 그리스인들의 항해 용어인 '리자(rhiza)', '리지콘(rhizikon)'에서 유래했다. 당시 항해 중인 뱃사람에게는 거친 파도보다 눈에 보이지 않는 바다 밑의 암초를 훨씬 두려워했다는 얘기다. 특히 항해가 길어질수록 언제 어디서 리스크를 만날지 몰라 조심했을 것이다.

　100세 시대의 노후도 마찬가지다. 노후가 30년 이상 길어진 만큼 언제 어디서 어떤 리스크를 만날지 모른다. 하지만 이 항로에서 리스크가 숨어 있는 곳을 미리 알아둔다면 한결 여유로운 노후를 보낼 수 있을 것이다.

돈 없이 나만 남는 '장수 리스크'

장수 리스크란 은퇴 이후, 기대수명이 한참 남았는데 모아놓은 금융자산을 모두 써버리는 리스크를 말한다. 돈이 모두 소진되어 생활이 힘들어지는 상황이다. 장수 리스크를 관리하는 데 실패하면 생활수준이 추락하고 만다.

우리보다 먼저 고령사회를 맞이한 일본에서도 이런 사례가 흔히 나타났다. 장수 리스크 관리에 실패한 은퇴자들은 조만간 가진 자금이 떨어질 게 뻔해지자, 남은 돈에 손대지 못하고 연금만으로 겨우 월세를 내고 끼니를 잇는 상황에 내몰렸다고 한다. 실제 돈이 떨어지기도 전에 생활수준이 먼저 하락한 것이다.

장수 리스크를 관리하려면 내 자산의 수명을 연장해야 한다. 금융자산이 충분하다고 하더라도 아무렇게나 사용해서는 안 된다. 은퇴 초기에 지나치게 많이 써버리면, 이미 사라진 은퇴자금을 다시 만들기는 몇 배나 더 어렵기 때문이다. 돈이 내 여명보다 오래 남게 하려면 은퇴자금을 꺼내 쓰기 전에 치밀한 인출 전략을 세워야 한다.

눈 뜨고 코 베이는 '인플레이션 리스크'

인플레이션 리스크는 가만히 있어도 가진 돈이 줄어드는 리스크다. 실제 돈이 사라져서가 아니라 시간이 지나면 돈의 가치가 하락하는 것으로, 같은 돈으로 살 수 있는 물건과 서비스의 양이 줄어든다는 이야기다.

이런 인플레이션 리스크를 알려주는 어림셈법이 있다. '바로 70의 법칙'이다. 매년 물가가 올라서 내 돈으로 살 수 있는 물건이나 서비스의 가치, 그러니까 돈의 실질가치가 절반이 되는 시점이 언제인지 계산할 때 쓰인다. 계산하는 방법은 70을 물가상승률로 나누는 것이다. 예컨대 물가상승률이 연 2%라면 70을 2로 나눈 35년 뒤에는 돈의 가치가 절반이 된다는 뜻이다.

실제 2010년 이후 2019년까지 10년간 소비자물가상승률은 연평균 1.7%였다. 앞으로도 이런 수준의 물가상승률이 계속된다면, 내가 가진 100만 원은 약 41년 뒤 50만 원 가치에 불과하게 된다.

그게 전부가 아니다. 은퇴자가 체감하는 물가상승률은 전체를 대상으로 한 물가상승률보다 14% 더 높다는 연구 결과도 있다.● 은퇴자들은 아무래도 의료비나 식재료비와 같은 항목의 지출이 더 크기 때문이다. 이렇게 은퇴자의 소비 패턴을 고려하면 물가상승률은 약 2%(1.7 × 1.14 = 1.94)로 더 높아지고, 내 돈이 절반으로 뚝 떨어지는 시점도 덩달아 35년으로 앞당겨진다.

갑작스레 들이닥치는 '이벤트 리스크'

여기서 이벤트(event)란 은퇴 이후 생활비 이외에 목돈이 들어가는 일들을 말한다. 노후 생활비만 생각해서 은퇴를 준비하면 나중에 맞닥뜨릴 수 있는 여러 이벤트에 무방비로 노출될 수 있다. 울며 겨자 먹기로 생활비로 쓸 자금을 떼어서 지출하고 나면, 노후 생활에 큰 차질이 빚

● 박준범, 성주호(2016), 「고령 연금 수급자 소득대체율에 대한 고찰-고령소비자물가지수 연동을 중심으로-」, 보험금융연구 제27권 제3호

어질 수 있다.

　자녀 유학자금이나 결혼자금을 대고 나니 당장 생활이 어려워져 다시 일자리를 찾아 유턴하는 은퇴자의 이야기를 심심찮게 접할 수 있다. 성장한 자녀가 창업을 한다며 재정적 지원을 요청할 수도 있다. 이럴 때 조금이라도 도와주고 싶어지는 건 부모로서 당연한 일이다. 살던 집에서 노후를 보내려니 10~20년 뒤에 노후화되어 리모델링을 해야 하는 경우도 있다. 이런 다양한 이벤트 때문에 내 삶의 질이 추락하는 일은 피해야 한다.

표 5-1 ▷ 이벤트별 예상(평균) 비용

구분	유학 비용[1]	총 결혼 비용 (주택 마련분)	빌라 20평 인테리어 비용[2]	1층 단독주택 리모델링[2]	창업 비용
비용	1억 5,000만 원	2억 6,000만 원 (1억 9,000만 원)	2,000만 원	9,000만 원	3억 원

주 1: 유학 비용은 미국 대학 등록금(tuition) 4년 평균치로, 체류비 등은 포함하지 않음
주 2: 통계에 따른 평균이 아니라 『똑똑한 부동산 인테리어』의 저자(김종민)의 경험에 따른 금액 규모임
자료: timeshighereducation.com, 듀오(2017), 김종민(2018), 창업진흥원(2017)

수명 연장으로 새롭게 떠오르는 '의료비 리스크'

노후 기간이 30년을 훌쩍 넘기면서 주목해야 할 게 바로 의료비 리스크다. 의료비가 생각보다 빠르게 증가하고 있기 때문이다. 2005년에 태어난 사람이 평생 4,300만 원의 의료비를 지출했다면, 2015년 출생자는 7,900만 원으로 10년 만에 2배로 늘어난 것이다.●

───────

● 　보건사회연구원(2017), 「2017 한국 의료 질 보고서」에서 생애의료비(경상의료비) 가운데 국민건강보험 급여를 제외한 가계가 지출하는 비중을 적용함(2005년 41%, 2015년 37%)

특히 65세 이후부터 지출하는 의료비는 평생 살아가면서 지출하게 되는 의료비의 50% 이상을 차지한다. 생명보험협회가 분석한 2018년 연령별 질병 통계에 따르면, 평균 질병 개수가 60대는 6개, 70대는 8개로 집계됐을 정도다. 특히 70세 이후부터는 진료비 연평균 증가율이 6.8%에 달했으며, 1인당 진료비도 연간 478만 7,000원으로 가장 많았다.

최근에는 85세를 훌쩍 넘기는 초고령 노인들도 많이 늘었다. 그래서 은퇴자들은 자신뿐만 아니라 배우자의 의료비, 노부모의 요양비나 의료비까지 감당해야 하는 경우도 적지 않다. 현재 부모님이 살아계신다면 은퇴설계에 부모님의 의료비까지 포함시켜야 한다는 걸 명심하자.

그림 5-10 > 2015년 기준 한국인의 생애의료비

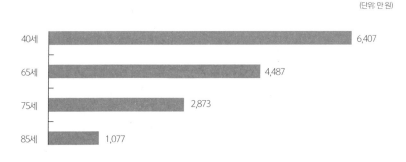

(단위: 만 원)

40세	6,407
65세	4,487
75세	2,873
85세	1,077

※ 생애 경상의료비 추정 결과에 가계 부담 비중(37%)을 적용
자료: 보건사회연구원(2017), 「2017 한국 의료 질 보고서」

은퇴 후의 모습을
구체적으로 그려보자

은퇴 이후 얼마나 쓸까?

본격적인 은퇴 준비를 시작하려면 은퇴할 때 얼마나 가져야 할지 명확한 목표를 세워야 한다. 그래야만 지금부터 얼마씩 얼마 동안 저축할지를 구체적으로 계획하고 실행할 수 있기 때문이다. 노후 기간 30년 이상의 생활비를 책임질 자금은 하루아침에 마련되지 않기에 오랜 기간을 두고 차근차근 준비해가야 한다. 목표 은퇴자금은 오랜 준비 기간 중 '내가 얼마만큼 준비됐는지' 중간 점검을 할 때 기준이 되기도 한다. 목표가 없다면 아무리 훌륭한 금융상품이 있고 아무리 뛰어난 자산관리사를 두었더라도 엉뚱한 곳에서 표류할 수 있다.

50세 이상이 생각하는 노후 생활비 월 243만 원

2017년 국민연금연구원은 우리나라 만 50세 이상 중·고령자를 대상으로 경제생활 및 노후 준비 실태를 조사했다. 특별한 질병이 없는 건강한 상태일 때 표준적인 생활을 누리기 위한 적정 생활비로는 부부 기준 월 243만 원, 개인 기준 154만 원인 것으로 조사됐다. 최저 생활을 유지하기 위한 최소 생활비로는 부부 기준 176만 원, 개인 기준 108만 원이었다.

표 5-2 ▶ 노후 최소 생활비와 적정 생활비

(단위: 만 원)

최소 생활비		적정 생활비	
부부 기준	개인 기준	부부 기준	개인 기준
176	108	243	154

자료: 국민연금연구원 노후보장패널조사(2017)

　　부부 기준 적정 생활비를 바탕으로 필요 노후자금을 계산해봤다. 60세를 은퇴 시점으로 가정하고 수명이 80세라고 하면, 부부 필요 노후자금은 약 5억 3,242만 원이 된다. 만약 수명이 10년 더 늘어난다면 7억 6,211만 원으로 약 2억 2,969만 원이 더 필요해진다.

이것은 어디까지나 노후 생활비에 대한 여러 사람의 평균적인 의견일 뿐이다. 실제 지출과 거리가 있을 수 있고, 개개인의 상황과 맞지 않을 수도 있다. 그러나 분명한 것은 은퇴 이후의 삶이 길어지고 있다는 것이다. 은퇴설계를 할 때 생각보다 오래 살 수 있다는 점을 염두에 두고 은퇴자금 계획을 세워야 한다.

> ### ▶부부의 필요 노후자금은 얼마일까?
> 필요 노후자금이란, 은퇴 시점부터 사망 시점까지 매년 초 1년간 필요 생활비를 인출하고 나머지 금액은 운용한다고 할 때 은퇴 시점에 가지고 있어야 하는 금액을 말한다.
>
> #### 필요 노후자금 예시
>
> (단위: 만 원)
>
> | 노후 기간(나이) | 최소 생활비 기준(월 176만 원) | 적정 생활비 기준(월 243만 원) |
> |---|---|---|
> | 10년(70세) | 20,221 | 27,918 |
> | 20년(80세) | 38,562 | 53,242 |
> | 30년(90세) | 55,198 | 76,211 |
> | 40년(100세) | 70,288 | 97,046 |
>
> ※ 60세 은퇴, 물가상승률 연 2%, 운용수익률 연 3% 가정 시

나만의 노후 생활비 찾기

재무관리에서는 보통 은퇴 전 소득의 65~75%를 노후 생활비로 확보하라고 말한다. 그러나 '소득 대비 65~75% 법칙'이나 '평균 노후 생활비' 등의 기준이 나의 노후 생활에 대한 바람과 가족의 사정을 모두 반영할 수는 없다. 우리 집 사정과 라이프 스타일을 잘 아는 사람은

다름 아닌 나와 내 가족이기 때문이다. 따라서 스스로 노후 지출 가계부를 작성해보는 것이 비교적 쉽게 은퇴 준비를 시작할 수 있는 지름길이다.

그렇다면 노후 생활비를 정할 때 어떤 점을 고려해야 할까? 실패학 창시자인 히타무라 요타로(畑村洋太郞) 도쿄대 명예교수는 전혀 다른 환경에 직면했을 때, 어떤 새로운 제약이 생겼을 때, 기존에 있었던 것에서 가감하지 말고 제로 베이스에서 새로 설계하라고 조언한다. 그러면 애초에 필요하다고 생각했던 게 사실 잡동사니일 뿐이라는 점을 깨닫게 된다는 것이다. 한마디로, 모두 버리고 새로 시작해야 군더더기 없는 것을 만들 수 있다는 얘기다.

이 아이디어를 노후 생활비에도 적용할 수 있다. '은퇴'라는 새로운 환경을 맞이했고 '생활비를 절약해야 하는' 새로운 제약이 있을 때, 지금 쓰는 생활비에서 무엇을 줄일까에만 초점을 두면 쓸데없는 지출을 그냥 지나칠 수 있다. 노후 생활비를 백지부터 다시 그리면 어림짐작했던 생활비가 구체적으로 눈에 들어오고, 어떤 항목이 진짜 필요한지 손에 잡히게 된다. 여기에 내가 바라는 라이프 스타일을 생활비에 반영할 수도 있다.

인생은 긴 여정이다. 계획 없이 무작정 뛰어드는 것보다 현재 상황을 직시하고 미래 상황을 예측해 적극적으로 대비하는 자세가 필요하다.

은퇴 이후 어떻게 살까?

미국 은퇴교육 전문가 샐리 하스(Sally Hass)는 한 매체와의 인터뷰에서 이렇게 말했다.

"퍼즐을 맞추는 데 가장 중요한 게 뭘까요? 구석에 있는 조각? 정중 앙에 있는 조각? 아니면 땅에 떨어진 조각일까요? 아닙니다. 가장 중 요한 것은 퍼즐 상자 뚜껑에 있는 완성된 그림입니다. 생애 설계가 바 로 그런 겁니다."

은퇴 후 여행도 좋고, 골프를 치는 것도 좋다. 하지만 계속 그것만 하며 살 수는 없다. 은퇴 후 30년, 인생의 3분의 1이나 남아 있기 때문 이다. 한 은퇴한 운동선수는 방송에서 "나도 정말 실컷 쉬었다. 그런데 한 6개월 쉬었더니 질려서 더는 못 쉬겠더라"라고 본인의 경험을 털어 놓기도 했다. 은퇴 이후의 삶을 보다 구체적으로 설계할 필요가 있다 는 말이다.

은퇴 이후의 삶을 구체적으로 그린다는 것은 재정적인 준비도 탄탄 해짐을 의미한다. 저축을 늘리거나 투자를 하도록 동기를 부여해주기 때문이다. 평소 사람들은 먼 미래가 없는 것처럼 산다. 하지만 뉴욕대 학교 교수인 할 E. 허시필드(Hal E. Hershfield) 교수에 따르면, 자신의 늙 어가는 모습을 보는 것처럼 미래와 지금의 나를 연결 짓는 어떤 계기 가 생기면 저축을 늘리고 안 하던 노후 준비를 할 수 있다고 한다.●

●   Hershfield, Hal E., et al.(2011), Increasing saving behavior through age-progressed ren-
derings of the future self, Journal of Marketing Research, 48.SPL(2011): S23-S37.

그렇다면 은퇴 이후 어떤 삶을 어떻게 계획해야 할까? 행복한 은퇴 생활을 맞이하려면 생활비 확보와 함께 건강, 다른 사람들과의 관계, 마음가짐 같은 심리적 부분도 중요하다. 은퇴 생활이 생계를 위한 일에서 벗어나는 데 그친다면 절반의 성공에 불과하다. 성공적인 은퇴 생활을 그려보려면 지금 하고 있는 일 이외에 인생의 중요한 목표를 다시 세워보는 게 좋다. 은퇴 후 자신에게 주어질 자유를 어떻게 활용할지 방법을 생각해보는 것이다.

은퇴 이후 생각해볼 만한 라이프 스타일

일을 계속하자

은퇴 후에도 일을 계속한다고 하여 '반퇴(半退) 시대'라고도 하는 요즘이다. 은퇴 이후에 파트타임 일이라도 계속하는 사람이 그렇지 않은 사람보다 행복하다고 한다. 생활비를 보충한다는 측면에서만이 아니라 일 자체가 은퇴자의 마음가짐에 도움이 되기 때문이다. 일은 '나는 필요한 사람이다'라는 효용감을 가지게 한다. 문제를 해결하고 새로운 것을 익히는 과정에서 성취감을 느낄 수 있으며, 동료들과 인간관계를 유지할 수 있다. 그러노라면 '이제 뭐 할까?'라는 고민을 할 필요가 없다.

네 가지 취미를 찾자

2015년 「타임」에 실린 '행복한 은퇴자의 다섯 가지 비밀'에 따르면 바쁜 은퇴자일수록 행복하다고 한다. 행복한 은퇴자는 정기적으로 3~4개의 취미 활동을 하고 있었으며, 취미가 1~2개 정도만 있는 사람은 상대적으로 덜 행복했다고 한다. 또한 행복한 은퇴자는 자원봉사, 여행, 골프처럼 밖에서 여러 사람과 함께하는 취미를 가지고 있었다. 낚시, 글쓰기처럼 주로 혼자 하는 취미만 가진 사람은 상대적으로 덜 행복했다고 한다.

한 국내 금융회사가 은퇴자들을 대상으로 은퇴 전 미리 준비하지 못해서 가장 후회되는 것을 물어봤다. 그 결과 다양한 취미 활동을 경험해보지 못했다는 응답이 가장 많았고(22%), 평생 즐길 취미를 개발하지 않은 것(17%)이 두 번째를 차지했다. ●

배우자와 좋은 관계를 유지하자

은퇴 후 여유 시간이 많아지면 가장 가까운 사람과의 관계가 하루하루의 감정 상태와 직결된다. 혼자인 사람보다는 배우자가 있는 은퇴자가 행복했고, 특히 부부가 비슷한 시기에 은퇴한 사람이 행복한 것으로 나타났다. 하지만 이는 부부의 사이가 좋을 때 이야기다. 부부 사이가 나쁘면 오히려 역효과를 불러올 수도 있다. 그러므로 은퇴하기 전부터 미리미리 사이좋은 부부가 되도록 노력해야 한다. 은퇴 후 부부가 함

● 삼성생명은퇴연구소(2016), 한국인의 은퇴 준비

께할 수 있는 취미 활동을 가져보는 것도 좋다.

운동에 시간을 할애하자

건강을 잃으면 모든 것을 잃는다고 한다. 운동은 은퇴 후 만성질환을
예방하는 데 효과적이다. 적절한 운동은 뇌 건강을 유지하는 데 도움
이 되어 우울증과 치매 발병률을 낮춘다. 은퇴자가 매주 조깅(또는 수영
이나 자전거 타기)을 하면 그 즉시 사망률이 낮아지는 효과가 있다고 한다.
매일 25~30분을 걸어도 같은 효과를 볼 수 있다. •

●　　　Shana Lynch(2015), Six Reasons to Rethink Aging and Retirement, Stanford Graduate
School of Business.

6장

100년 행복을 위한
연금자산 운용 전략

재테크의 판이
바뀌고 있다

한국도 제로금리 사회로 진입했다

코로나19 사태로 인한 경제위기를 계기로 한국 사회도 이제 본격적인 제로금리 시대를 맞게 됐다. 이른바 '제로성장과 제로금리'의 사회가 되면서 시중의 자금흐름 또한 바뀌고 있다. 우선 대표적인 장기 안전 투자상품인 생명보험의 해약이 급증하고, 위험자산인 주식 시장 주변 자금은 크게 늘고 있다.

생명보험의 평균 해약환급금은 월 2.2조 원 수준이었지만 국내에서 코로나19 위기가 급격히 확산되던 2020년 3월에는 평균 대비 46.6% 증가한 3.2조 원을 기록했다. 그에 비해 증권 투자자 예탁금은 2020년 2분기 들어 지난해의 월평균 26조 원 대비 75.2%가 증가한 46조 원을 기록했고, 3분기에는 55조 원을 넘겼다. 특이한 점은 보험

가입자들이 해약의 주된 이유를 '주식투자'라고 표기했다는 것이다.

또 한 가지 특이한 자금흐름은 은행 산업 내부의 변화에서 볼 수 있다. 시중에 유동성이 넘치기에 은행 수신에 미치는 전반적인 영향은 아직 크지 않지만, 금리 메리트가 없어진 정기예금은 감소하고 대기성 자금인 수시입출금 예금이 큰 폭으로 증가하고 있다.

그림 6-1 〉 은행 수신, 증권사 예탁자산, 주식형 투자신탁 증가율 현황

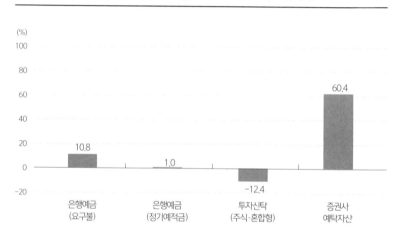

※ 2020년 5월 말 기준 2019년 말 대비 증가율. 은행은 예금은행 전체 기준
자료: 한국은행, 하나금융투자

표 6-1 ▶ 투자자 예탁금(주식) 추이

(단위: 조 원)

시점	투자자 예탁금	시점	투자자 예탁금	시점	투자자 예탁금
2018.1	31	2018.12	25	2019.11	25
2018.2	27	2019.1	28	2019.12	27
2018.3	27	2019.2	26	2020.1	29
2018.4	28	2019.3	25	2020.2	31
2018.5	29	2019.4	26	2020.3	43
2018.6	27	2019.5	24	2020.4	43
2018.7	28	2019.6	25	2020.5	44
2018.8	26	2019.7	24	2020.6	46
2018.9	27	2019.8	23	2020.7	48
2018.10	25	2019.9	24	2020.8	61
2018.11	23	2019.10	25	2020.9	54

※ 장내 파생상품 거래 예수금 제외
자료: KOFIA, 하나금융투자

그렇다면 현재의 제로금리는 언제까지 갈까? IMF를 비롯한 주요 전망기관들의 전망치에 따르면, 미국의 2020년 경제 성장률은 -5% 전후로 전망된다. 2019년 수준의 GDP를 다시 회복하는 시기는 약 3년 뒤인 2022년 정도로 예상된다. 미국 중앙은행인 연방준비제도(연준)●에서도 2023년까지는 금융기관 간의 기준금리를 제로금리로 유지하겠다고 발표하기도 했다. 결국 경제가 회복되는 2022년까지는 미국도 제로금리를 벗어나기는 쉽지 않을 것으로 보인다.

● 미국 연방준비제도(FED, Federal Reserve System)는 12개의 민간 은행으로 구성된 미국의 중앙은행 시스템이다. 산하에 연방준비제도이사회(FRB, Federal Reserve Board of Governors), 연방공개시장위원회(FOMC, Federal Open Market Committee) 등을 두고 있다.

한국의 기준금리도 0.5%로 제로금리 시대에 진입했는데, 금융 시장의 전반적인 예측은 한국 경제가 정상궤도에 오르는 2022년 상반 기쯤에나 기준금리 인상이 가능할 것이라는 예측이다. 하나금융투자 리서치센터에서도 최소한 2021년까지는 현재의 제로금리가 지속될 것으로 판단하며, 2021년 이후 금리 인상을 하더라도 기조적인 저금리는 피할 수 없을 것으로 본다.

제로금리 시대에는 자산배분이 중요하다: 일본 연금의 사례

고착화되고 있는 제로금리 시대의 재테크는 어떠해야 할까? 하나금융그룹 100년행복연구센터의 조사에 따르면, 실제로 제로금리 시대를 가장 모범적으로 이겨나가고 있는 대표적인 장기 투자자는 주요국의 연기금 투자기관이다. 장기 투자기관인 주요국 연기금은 지난 2008년 제로금리 시대 이후 주식과 대체투자로 운용자산의 자산배분을 조정했다. 특히 아시아권 연기금은 전통적으로 채권을 중심으로 운용했지만, 미국 연준의 제로금리가 진행된 2010년 이후 주식 비중을 꾸준히 확대함으로써 비교적 좋은 성과를 기록했다.

가장 먼저 제로금리 사회로 들어간 나라 중 하나인 일본에서 제로금리를 가장 잘 이겨낸 대표적인 기관 투자자는 의외로 세계 최대 규모를 자랑하는 일본 국민연금인 일본공적연금(GPIF, Government Pension Investment Fund)이다. GPIF는 지난 2010년 이후 10년간 연평균

그림 6-2 › 일본공적연기금(GPIF) 채권 비중 급격히 축소, 주식 확대

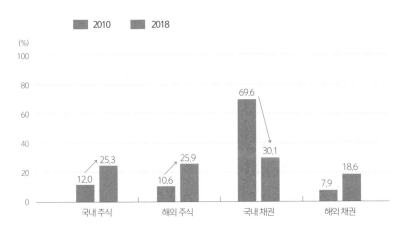

자료: GPIF, 하나금융투자

그림 6-3 › 국내외 연기금 평균 자산별 비중 비교(2010~2018)

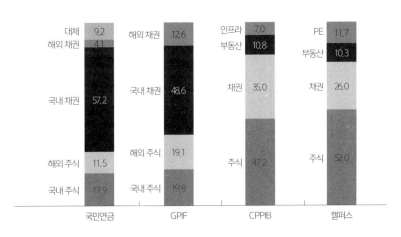

자료: 각 연기금, 하나금융투자

운용수익률이 4.33%로 20년 이상 제로금리가 지속된 일본의 금융 시장 환경을 고려할 때, 매우 경이적인 수익률을 기록해왔다.

제로성장, 제로금리의 일본에서 10년 동안 기록적인 수익률을 달성한 일본 GPIF의 비밀은 무엇일까?

주식 비중 50% 이상 유지하며 제로금리 극복

답은 의외로 간단했다. GPIF는 과거에 채권 중심으로 운용되어왔지만 본격적인 제로금리 시대인 2010년 이후 주식 중심으로 운용자산의 무게중심을 이동했고, 이것이 주효했다.

GPIF는 전통적으로 채권 중심의 운용 정책을 고수했다. 연금의 특성상 수익성보다는 안정성에 정책 목표를 부여하여 운용한 것이다. 그러나 2010년 들어 글로벌 저금리가 지속되며 수익률에 한계를 보이자, 정책 방향을 변화시켰다. 주식 및 해외 자산 비중을 크게 확대한 것이다. 국내 주식 비중을 2009년 12.2%에서 2019년 24.6%로 2배가량 늘렸고, 해외 주식 비중도 2009년 10.9%에서 2019년 25.7%로 무려 2.5배 가까이 늘렸다. 이로써 전체 주식 비중이 23.1%에서 50.4%로 크게 확대됐다.

반대로 채권 비중은 대폭 줄였다. 특히 2009년 68.5%에 달하던 국내 채권을 2019년에는 25.7%까지 줄여서 제로금리의 영향을 크게 낮췄다. 다만 해외 채권의 비중은 오히려 23.9%로 늘렸다. 전체적으로는 주식과 채권의 비중을 2009년 23:77에서 2019년에는 49:51로 바꾸어 채권보다 주식의 비중을 더 키웠다. 이처럼 제로금리 시대 이후 주식 비중을 확대함으로써 최근 10년간 상대적으로 높은 수익률을 거두었다.

10년간 연평균 수익률 국내 주식 7.51%, 해외 주식 9.9%

지난 10년간 GPIF의 각 자산 수익률을 살펴보자. 국내 주식, 해외 주식 모두 평균적으로 높은 수익률을 유지했다. 금융위기 이후 지난 10년간 국내 주식과 해외 주식 연평균 수익률은 각각 7.51%, 9.90%로 채권 대비 우월했다. 특히 해외 주식의 수익성이 양호했는데(2020년까지 고려하면 해외 주식 수익률 10% 초과), 글로벌 경제가 4차 산업혁명의 미국 중심으로 성장하고 있다는 점에서 해외 주식 투자 환경은 앞으로도 긍정적이다.

반면 해외 채권에서도 국내 채권 대비 상대적으로 높은 수익률을 보였다(연평균 수익률: 국내 채권 1.85%, 해외 채권 3.50%). 일본 시장금리의 변동성이 크지 않다는 점에서 국내 채권의 수익성은 안정적이나 수익률은 매우 낮은 수준이다. 반면 미국 등 해외 금리의 하락폭이 크게 나타나 해외 채권의 수익성은 상대적으로 우수했다. 다만 환율의 높은 변동성이 리스크로 작용할 수 있다는 점을 고려할 필요가 있다.

그림 6-4 › 해외 주식 수익률이 국내 주식보다 평균적으로 우위

자료: GPIF, 하나금융투자

그림 6-5 › 평균적으로 국내 채권 대비 해외 채권 수익성 양호

자료: GPIF, 하나금융투자

미국과 캐나다 연기금의 높은 수익률 비결은
4차 산업 우량주 장기 투자
—

주식자산 배분 비중 높아 연평균 수익률 10%대

연기금 중에서도 수익률이 가장 높은 곳은 어디일까? 가장 장기간에 걸쳐서 모범적으로 높은 수익률을 기록하는 대표적인 연기금을 꼽으라고 하면, 아마 미국 캘퍼스(캘리포니아 공무원연금)와 캐나다 연기금 (CPPIB)일 것이다. 이 두 연기금은 지난 10년간 연평균 수익률이 10% 전후로 알려져 있다. 연기금의 특성상 장기 투자를 한다는 점을 고려할 때, 지금 같은 제로금리 시대에 경이적인 수익률이 아닐 수 없다.

이 두 연기금의 특징은 2010년 전부터 이미 주식투자 비중을 50% 전후로 유지하고, 대체자산은 우량 부동산 중심으로 확대했다는 것이다. 그럼으로써 제로금리 시대에도 연평균 10% 전후의 높은 수익률을 기록했다.

실제로 미국 캘퍼스는 전통적으로 주식 비중을 50% 이상으로 유지했으며, 저금리 추세가 지속됨에 따라서 부동산 중심의 대체투자도 10% 이상으로 비중을 늘렸다. 그 결과 위험자산의 비중이 상대적으로 높아서 수익률의 변동성은 큰 편이었지만, 평균적으로나 장기 수익률 측면에서 채권을 중심으로 운용하는 연기금에 비하면 압도적인 우위를 보였다. 실제로 2011년에는 수익률이 21.7%로 큰 수익을 얻었으나, 2012년에는 0.1%의 낮은 수익을 기록하기도 했다. 하지만 지난

그림 6-6 ▶ 미국 캘퍼스의 자산배분 비중

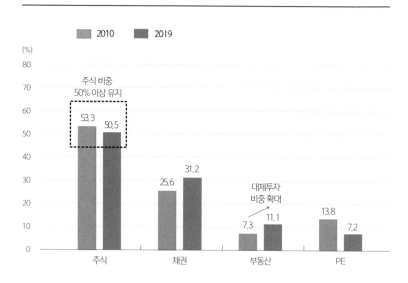

그림 6-7 ▶ 미국 캘퍼스의 연도별 수익률

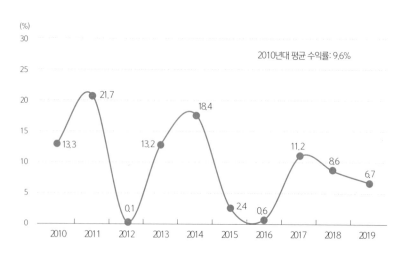

자료: 캘퍼스, 하나금융투자

10년간을 놓고 보면 연평균 수익률이 10%에 달한다.

4차 산업 우량주 장기편입으로 높은 수익률 기록

캐나다의 CPPIB 역시 캘퍼스와 마찬가지로 제로금리 시대 이후 위험자산 중심으로 포트폴리오를 운용했다. 주식 비중을 높여서 50% 이상으로 끌어올렸으며, 채권 비중은 2010년 41.9%에서 2019년 29.4%로 크게 낮추었다. 동시에 부동산과 인프라 비중을 크게 늘려서 채권위주 전략을 바꾸었다.

CPPIB 역시 위험자산 비중이 크다는 점에서 수익률의 변동성은 큰 편이다. 그럼에도 2010년 이후 연평균 수익률이 10%를 웃돌아, 장기 복리투자라는 연기금의 목적을 볼 때는 상당히 높은 수익률을 기록하고 있다고 평가된다.

미국 캘퍼스나 캐나다 연기금이 세계 최고 수익률을 올린 주된 이유가 주식 때문이었을까? 실제로 2010년 이후 자산별 수익률을 보면 미국 주식은 S&P500 기준으로 연평균 11.2%의 높은 수익률을 기록했으며, 미 국채나 여타 자산의 수익률보다 높았다. 특히 미국의 대표적 4차 산업 기업인 FAANG(Facebook, Apple, Amazon, Netflix, Google) 주식의 수익률은 2010년부터 2019년까지 무려 연평균 25%에 달할 정도로 뛰어났다. 또 주가 상승뿐만 아니라 FAANG 주식의 기업이익 증가율도 연평균 23%에 달할 정도로 높은 성장률을 기록했다. 4차 산업 우량 주식들은 앞으로도 지속적인 성장이 예상되며, 제로금리 시대에 반드시 투자해야 할 우량 자산으로 판단된다.

그림 6-8 > CPPIB의 자산배분 비중

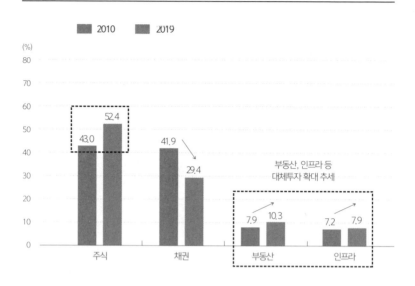

그림 6-9 > CPPIB의 연도별 수익률

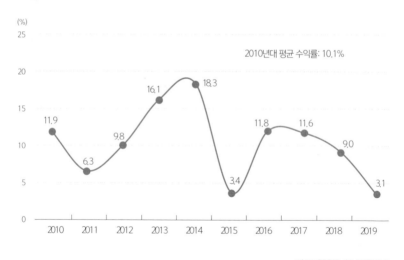

자료: CPPIB, 하나금융투자

주식 등 위험자산 비중을 늘린 글로벌 연기금 기관 투자자들의 자산배분형 투자는 장기적으로 높고 안정적인 수익률을 기록함으로써 제로금리 시대를 이기는 합리적인 대안을 제시하고 있다. 개인들도 저축의 범위를 금리형 상품에 한정할 게 아니라 우량 주식 등 금융투자자산 비중을 추가해야 한다. 이제 해외 투자를 통해 4차 산업 성장주 투자도 재테크의 일부로 추가해야 하며, 국내외 주식형 펀드 등을 통해 자산배분형 투자를 생각해야 할 때다. 특히 개인연금과 같은 장기 투자자산은 4차 산업혁명 초기에 4차 산업의 우량 주식에 대한 장기 투자를 고려함으로써 장기 수익률을 확보해야 한다고 생각된다.

그림 6-10 › 미국 4차 산업 우량주의 10년간 주가 상승률

그림 6-11 ▶ 미국 4차 산업 우량주의 10년간 연평균 순이익 증가율

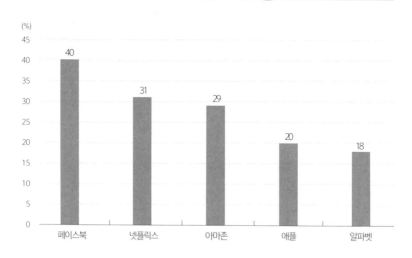

※ 페이스북은 7년 연평균(2012년 5월 상장)
자료: Bloomberg, 하나금융투자

　최근 주요 국가 개인연금의 운용자산에서 우량 주식이나 주식형 펀드, TDF가 주목받으며 편입 비중이 늘어나는 것도 비슷한 이유일 것이다. 앞으로 장기적인 예상 수익률을 고려한 유망 자산군은 미국·중국·한국의 4차 산업 우량 주식, 미국과 한국의 우량 회사채, 금과 4차산업 리츠자산 등이다. 제로금리 시대를 이기는 안정적이면서 효과적인 투자를 위해 이 자산들에 장기 분산투자할 것을 추천한다.

생애주기별 포트폴리오를 운용하는 TDF가 대세다

전통적인 노후 준비 수단이었던 예금과 적금

노후 준비라는 주제에서 과거 우리나라를 돌이켜보면 딱히 체계적인 시스템이 갖추어져 있었다고 말하기는 어렵다. 관련 제도나 시장 측면에서도 준비되지 않은 부분이 많았지만, 사람들의 의식 역시 노후를 위해 구체적인 계획을 세우고 실행하는 분위기는 아니었다. 불과 10여 년 전까지만 해도 우리나라 국민의 주된 노후 준비 방법은 은행 예금이었다. 물론 예금 외에도 국민연금, 공무원연금과 같은 공적연금 그리고 민간 금융기관을 통한 사적연금 역시 중요한 위치를 차지하기는 했다.

2009년에 실시된 성인 남녀 400명을 대상으로 한 노후 준비 관련 설문조사 결과를 살펴보면, 예·적금으로 노후 준비를 한다는 응답이 30%를 넘었고 공적연금과 사적연금이 주된 노후 대책이라는 응답이 각각 20% 내외였다. 그 외에 펀드나 주식을 통해 적극적으로 노후를 준비한다는 응답도 있었지만 그 비중은 그리 크지 않았다. 그나마 이 수치는 노후를 준비한다고 응답한 사람들에 한한 것이고, 아예 노후 준비를 하지 않고 있다는 응답도 전체의 3분의 1이나 됐다.

그림 6-12 › 노후 준비 하고 있나?(2009년)

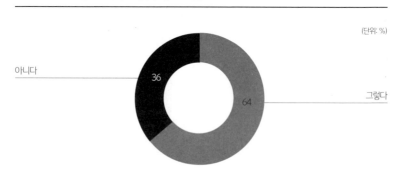

자료: 한경비즈니스, 하나금융투자

그림 6-13 › 노후 준비 수단은?(2009년)

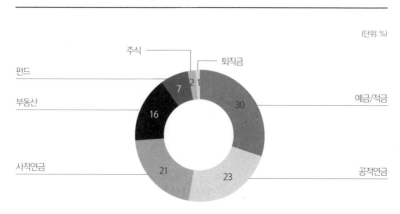

자료: 한경비즈니스, 하나금융투자

저금리 시대에 시장이 찾은 투자 대안: 자산배분 전략

설문조사에서 보다시피 과거 우리나라 사람들의 주된 노후 준비 수단은 예·적금이었다. 일반적으로 예·적금은 극히 소극적인 자산 운용 방법으로 분류되지만 시장 환경에 따라서 꼭 그렇지만은 않을 수도 있다. 예를 들어 우리나라가 고도성장을 이어오던 1990년대 중반까지를 보면, 당시 제1 금융권의 수신금리는 꽤 오랫동안 10%를 웃돌았다. 이 정도의 수익성이라면 예·적금은 그 자체로 노후 준비뿐 아니라 자산증식을 위해서도 훌륭한 투자상품이라 할 수 있다.

하지만 1990년대 이후 한국 경제의 성장 속도가 둔화되기 시작했고 물가와 시중금리 역시 장기적으로 동반 하향세를 이어오고 있다. 이런 변화 자체를 긍정적으로 볼 수는 없지만 그렇다고 부자연스러운 현상이라고 할 수도 없다. 한 나라의 경제가 성숙해지고 규모가 커질수록 경제 성장의 주된 투입 요소인 자본과 노동의 한계생산성은 하락할 수밖에 없기 때문이다.

더군다나 현재는 한국 경제의 자연스러운 성장 둔화 외에도 여러 가지 외부 요인이 시장금리에 하향 압박을 가하는 환경이다. 여기서 외부 요인은 금융위기 이후 글로벌 경제가 고질적 저성장의 늪에서 벗어나지 못하고 있다는 점, 설상가상으로 코로나19의 확산이 경기 회복에 큰 부담을 주고 있다는 점을 가리킨다.

결과적으로 과거 주된 노후 준비 방법이었던 예·적금이 더는 자산증식의 수단이 되기 어려워졌다. 중요한 점은 이런 추세가 앞으로도 오랫동안 변하지 않으리라는 점이다.

예·적금이 노후 준비 자산으로서의 매력을 잃었다는 것은 새로운 투자 대상 또는 투자 방법이 필요해졌다는 것을 의미한다. 하지만 이는 결코 간단한 문제가 아니다. 높은 수익률이 관건인 것 같지만, 그렇다고 오로지 수익성만을 기준으로 투자 대상을 찾을 수는 없다. 금융 투자에서 높은 수익성은 반드시 높은 리스크를 동반하기 때문이다. 금융 시장의 유명한 격언 '하이 리스크-하이 리턴'을 누구나 한 번쯤은 들어봤을 것이다. 만약 누군가가 위험은 전혀 없이 높은 수익을 제공해주겠다는 달콤한 제안을 한다면 일단 의심해보는 것이 현명한 반응일 것이다. 모두가 높은 수익을 원하지만 제한 없이 높은 위험을 감수할 수만도 없다. 하지만 또 한편으로는 위험을 회피하기만 해서는 어떤 수익도 기대하기 어렵다.

금융투자에서 누구도 피해 갈 수 없는 이 딜레마에 대해 시장이 찾은 최선의 해답은 무엇일까? 바로, 자산배분 전략이다.

가입자의 연령에 따른 맞춤형 자산배분 상품: TDF
—

많은 사람이 자산배분의 목적을 '계란을 한 바구니에 담지 말라'라는 의미로 생각한다. 즉, 어디서 발생할지 알 수 없는 손실을 최대한 분산시키기 위해서 자산을 배분하는 것이라고 믿는다. 물론 리스크 분산은 자산배분의 중요한 목적 중 하나다. 하지만 자산배분 전략이 추구하는 궁극적인 목적은 리스크 분산에 머무는 것이 아니라 '리스크와 수익률의 최적화'라고 하는 것이 옳을 것이다.

우리는 무작정 높은 수익률만을 찾아다녀서도 안 되고 그렇다고 무조건 안정성만을 고려해서 투자할 수도 없다. 주식과 채권, 국내 자산과 해외 자산을 망라해 기술적으로 잘 조합된 포트폴리오를 활용하면 제한된 리스크 내에서 가능한 최대의 수익률을 획득할 수 있다. 다른 관점에서 말하자면 투자자가 원하는 수익률 내에서 가장 낮은 리스크를 부담하는 자산의 조합을 도출하는 것이 바로 자산배분 전략의 목적이다. 저금리가 장기화되는 시장에서 예금이 아닌 다른 수단으로 우리의 노후자산을 축적하고, 그러면서도 최대한 리스크를 억제하고자 할 때 자산배분 전략이 그 해답이 될 수 있다.

노후 준비를 위해 장기적 관점으로 자산배분 투자를 계획할 때, 고려해야 할 사항이 한 가지 더 있다. 바로 나이에 따라 부담해야 할 리스크의 양이 다르다는 점이다. 은퇴 준비를 사회 초년생 시절부터 시작한다고 가정할 때, 젊은 시절에는 많은 리스크를 감당해도 무방하다. 설령 손실이 발생한다고 해도 만회할 시간이 충분하며, 리스크를 부담하고서라도 높은 수익을 목표로 하는 것이 유리하기 때문이다. 하지만 은퇴를 얼마 남겨놓지 않은 시점에는 리스크 노출을 극도로 줄이는 것이 옳다. 자칫 잘못하다가는 수십 년 동안 적립한 노후자금을 잃을 수도 있고, 그 손실을 만회하기란 결코 쉽지 않기 때문이다. 즉, 노후 준비를 위해 자산배분 투자를 활용하되 투자자의 연령에 따라 포트폴리오의 구조가 지속적으로 달라질 필요가 있다는 얘기다. 30대 젊은 투자자에게 채권 위주의 투자를 권하고, 반대로 은퇴가 임박한 투자자에게 주식 위주의 투자를 권하는 것은 효과적인 전략이 아니다. 은퇴설계 상품은 최적의 자산배분 포트폴리오를 유도하는 과정에 투자자의 연령을 반드시 중요한 변수로 투입해야 한다.

이런 점은 은퇴 시장의 역사가 깊은 해외에서도 오래전부터 고민해왔다. 그 결과 개발된 가장 대표적인 투자상품이 바로 '생애주기펀드'로 알려진 TDF다. 우리나라에서도 이제 많이 알려져 있는 TDF는 가입자의 은퇴 시점을 타깃으로 연령 변화에 따라 최적의 자산배분 포트폴리오를 운용하는 펀드다.

미국 내 TDF 자산 규모 1조 4,000억 달러까지 성장

TDF의 역사는 그리 길지 않다. TDF에 관한 최초의 아이디어는 미국의 투자은행 웰스 파고(Wells Fargo)에서 시작됐다. 1993년 초반 웰스 파고에 재직 중이던 도널드 러스킨(Donald Luskin)과 래리 틴트(Larry Tint)는 펀드 가입자의 은퇴 시점을 목표 시점으로 포트폴리오의 리스크를 조금씩 줄여나가는 펀드를 구상했다. 이 아이디어는 같은 해 11월 자산운용사 바클레이즈(Barclays)를 통해 실제 펀드 상품으로 출시됐는데 바로 최초의 TDF인 '라이프 패스 포트폴리오(Life Path Portfolio)'다.

따라서 TDF가 세상에 등장한 지는 30년이 채 되지 않았다. 하지만 짧은 기간에도 불구하고 TDF는 꾸준히 성장해왔고, 특히 2000년대 들어 성장 속도가 급격히 빨라졌다. 2005년 기준 미국 내 TDF의 총자산 규모는 700억 달러였다. 이 수치는 5년 후인 2010년에는 3,400억 달러까지 증가했고, 그 후로도 빠르게 증가해 2019년에는 1조 4,000억 달러에 육박한다. 원화로 환산하면 한국 GDP와 맞먹는 1,700조 원에 달하는 규모다.

그림 6-14 › 미국 내 TDF 연도별 총자산 규모 변화

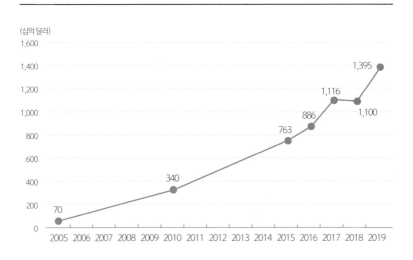

자료: ICI, 하나금융투자

미국 퇴직연금 가입자 65%가 TDF에 투자 중

TDF의 급격한 성장에는 미국의 연금보호법 제정이 중요한 계기로 작용했다. 2006년 제정된 미국의 연금보호법에서는 근로자들이 미국의 대표적인 퇴직연금제도 중 하나인 401k에 자동 가입하는 조항이 포함되어 있다. 확정기여형(DC형)인 401k에 기업들이 근로자의 퇴직연금 적립금(부담금)을 원천징수해 납부하고, 근로자들이 운용지시를 내리는 구조다.

그리고 이듬해인 2007년에는 401k의 '적격 기본투자상품' 중 하나로 TDF가 지정됐다. 적격 기본투자상품이란 가입자의 운용지시가 따로 없을 경우 기업에서 디폴트옵션으로 가입할 수 있는 상품들을 말한다. 현재 혼합형 펀드, 원금 보장형 상품, 자문형 랩과 함께 TDF가 401k의 적격 기본투자상품으로 지정되어 있다. 이후 TDF는 대표적 은퇴 준비 상품으로 자리 잡으며 자산 규모가 빠르게 증가했다.

현재 미국 401k 가입자의 65%가 자신의 연금계좌에 TDF를 포함하고 있는 것으로 알려져 있다. 자산 비중으로 보자면 401k 내에서 TDF가 차지하는 비중은 19.8%로 주식형 펀드에 이어 두 번째로 크다. TDF에 이어 채권형 펀드, 주식, 원금 보장형 상품, 혼합형 펀드 순으로 비중을 차지하고 있지만 각각의 비중이 크지는 않다. 사실상 401k 가입자들은 주식형 펀드와 TDF 중심으로 연금계좌를 운용하고 있다.

그림 6-15 ▶ 미국 퇴직연금제도 401k에서 운용되는 자산별 비중

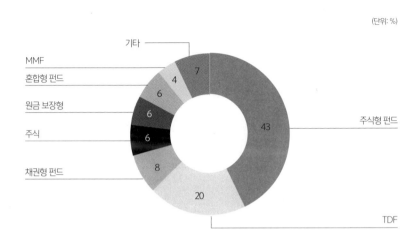

(단위: %)

- 기타 — 7
- MMF
- 혼합형 펀드 — 4
- 원금 보장형 — 6
- 주식 — 6
- 채권형 펀드 — 8
- 주식형 펀드 — 43
- TDF — 20

자료: ICI, 하나금융투자

국내 TDF 시장 규모 2020년에 3조 원 돌파

한국의 TDF 시장은 미국과 비교하면 꽤 큰 격차를 보인다. 일단 국내 도입 시점이 2016년이어서 극히 최근이라 할 수 있다. 총자산 규모에서도 2019년 말 기준 3조 원 수준으로 미국에 비할 바가 아니다. 하지만 성장 속도는 매우 빠르다. 2016년 3월 20억 원 규모로 출범한 국내 TDF 시장은 2016년 말 전체 설정 규모가 650억 원에 도달했고 1년 후인 2017년 말에는 10배 급성장해 6,700억 원을 넘어섰다. 특히 2019년 한 해에만 1조 5,000억 원 이상의 자산이 TDF에 순유입되어 성장 속도가 가팔라졌다. 최근 3년 동안 TDF 설정액의 연평균 성장률은 260%다. 운용되고 있는 TDF의 숫자도 2020년 중반을 기점으로 100개를 넘어섰고, TDF를 운용하고 있는 국내 운용사도 11개로 증가했다.

그림 6-16 › 한국 TDF 설정액 연도별 비교

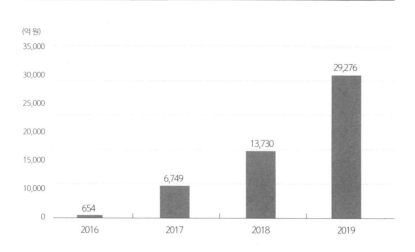

자료: ICI, 하나금융투자

　2019년에 국내 TDF 시장이 급성장한 배경에는 2018년 8월 금융위원회가 DC형(확정기여형)과 IRP(개인형 퇴직연금) 자산의 100%까지 TDF를 담을 수 있도록 규정을 바꾼 것이 크게 작용했다. 〈그림 6-17〉에 정리되어 있듯이, 이전에는 70%였다. 국내에서도 조만간 디폴트옵션이 도입될 것으로 전망된다는 점에서도 TDF 시장은 급격한 성장세를 이어갈 것으로 보인다.

　현재 국내의 퇴직연금 시장은 여전히 가입자들의 보수적 성향이 강

그림 6-17 › 퇴직연금감독규정 개정안(제12조 제1항 제6호)

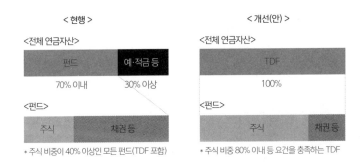

자료: 금융감독원

해서 전체 연금자산의 80%가 원리금 보장형 상품에 몰려 있다. 디폴트옵션 도입을 기점으로 실적배당형 상품에 자산이 급격하게 유입될 것이고 그 가장 큰 혜택을 TDF가 받게 될 것이다.

TDF는 글라이드패스에 따라 안전자산 비중을 늘려간다

TDF는 어떻게 구성되어 있고, 어떻게 운용되는 것일까? TDF의 구조와 운용 방식을 구체적으로 살펴보자.

TDF는 크게 두 가지 구조를 기본적으로 갖추고 있다. 첫 번째는 가입자의 근로 가능 기간을 고려해 은퇴 시점을 목표 시점으로 지정한다는 점이고, 두 번째는 앞서 말했듯 은퇴 시점이 가까워질수록 안전자산의 비중을 높여간다는 점이다. 이 점에서는 모든 TDF가 공통적이다. 이 두 원칙은 〈그림 6-18〉과 같은 단순한 구조로 표현할 수 있다.

그림 6-18 › 일반적인 TDF의 글라이드패스 형태

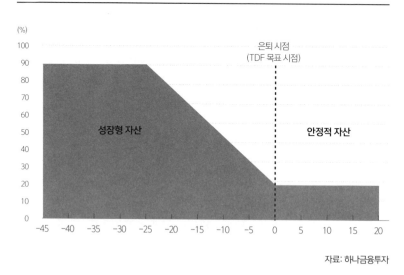

자료: 하나금융투자

　TDF에서 위험자산(성장형 자산)의 비중이 은퇴 시점에 이를 때까지 점진적으로 줄어드는 궤적을 글라이드패스(Glide-path)라고 부른다. 글라이드패스는 항공기 운항에서 사용되는 용어로, 착륙해야 할 공항에 접근한 항공기가 활주로에 다가서며 고도를 서서히 낮추어가다가 안전하게 착륙하기까지의 궤적을 말한다. 노후자산 역시 꾸준히 불려나가다가 은퇴 시점에 맞춰 가입자에게 안전하게 반환하는 것이 TDF의 목표라는 점에서 비슷하다고 할 수 있다.

　세상에 존재하는 모든 TDF의 글라이드패스가 동일하지는 않다. 다만 〈그림 6-18〉과 같이 은퇴 시점에서 25년 이전까지는 위험자산의 비중을 최대한 높게 유지하는 것이 일반적이다. 대략 50대 후반을 은퇴 시점이라고 본다면 30세 전후까지는 위험자산 비중을 많게는 90%까지도 편입한다고 보면 될 것이다. 은퇴 시점이 25년 이내로 접근하면 안전자산의 비중을 조금씩 늘려간다. 이후 목표 시점에 도달할 때까지 안전자산이 지속적으로 늘어나고, 결국 은퇴가 다가왔을 때는 위험자산과 안전자산의 비중이 2:8 정도에서 균형을 맞추게 된다.

여기에서 한 가지 고려해야 할 부분은 실제 TDF의 글라이드패스가 반드시 〈그림 6-18〉과 같이 깔끔한 직선 형태를 취하는 것은 아니라는 점이다. 시간이 지날수록 위험자산이 줄고 안전자산이 증가한다는 원칙은 분명하지만, 시장 상황과 운용 전략에 따라 비중을 조정하는 속도는 달라질 수 있다. 또한 초기에 위험자산의 비중이 반드시 90%로 고정된 것도 아니다. TDF의 성격에 따라 80~90% 범위 내에서 초기 비중이 결정되며, 마찬가지로 목표 시점에서도 안전자산의 비중이 80% 내외에서 리밸런싱이 멈추게 된다. 초기에 위험자산의 비중이 극히 큰 형태로 설계된 TDF라면 투자 성향이 공격적인 투자자를 대상으로 한 상품이고, 반대로 초기에도 위험자산의 비중이 그다지 크지 않은 수준이라면 보수적 성향의 투자자를 대상으로 한 상품이라고 보면 된다.

이런 점에서 알 수 있듯 각 TDF의 글라이드패스는 다양한 변수에 따라 달라진다. 그 대표적인 변수로는 방금 말한 가입자 개개인의 투자 성향도 있고, 만기 시점에 가입자가 원하는 만기 일시금(또는 매월 연금 수령액)의 규모가 될 수도 있다. 이 외에도 글라이드패스의 형태에 관여하는 변수들은 많다. 가입자들의 제각각 다른 취업 시기, 고용 안정성, 임금 수준, 임금 상승률, 은퇴 시점 등이 모두 글라이드패스의 궤적에 영향을 준다.

국내 대표적 TDF: 은퇴 시점 채권 비중 70%

국내 대표적인 TDF 상품을 살펴보면서 글라이드패스가 실제로 어떻게 움직이는지 알아보자. 〈그림 6-19〉는 국내에서 TDF 자산 규모가 가장 큰 모 운용사에서 제시한 자사의 글라이드패스 개략도다. TDF가 위험자산과 안전자산으로 구성되어 있다고 해서 주식, 채권 2개 종목으로만 이루어져 있다는 말은 아니다. 〈그림 6-19〉에서 보는 것처럼 위험의 정도에 따라 가장 리스크가 큰 성장주부터 가장 안전한 채권에 이르기까지 여러 종류의 자산을 편입한다.

물론 실제 TDF는 〈그림 6-19〉에서 보이는 카테고리 내에서도 다양한 개별 종목들로 다시 나뉘어 포트폴리오에 담기게 된다.

그림 6-19 ▶ 국내 대표적 TDF의 편입 자산군과 글라이드패스 개략도

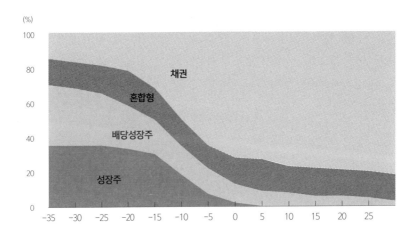

자료: 삼성자산운용, 하나금융투자

전체적인 글라이드패스 자체는 시간이 흐를수록 위험자산의 비중이 줄어들고 채권의 비중이 증가하는 구조를 따르고 있다. 주식 중에서도 기대수익률은 높지만 리스크 역시 가장 큰 성장주는 은퇴 시점 이후에는 포트폴리오에 전혀 담고 있지 않다는 점을 주목할 필요가 있다. 성장주보다는 위험도가 낮지만 그래도 위험자산으로 분류할 수 있는 배당성장주는 20대 시절에는 최대 35%까지 편입되어 있지만, 30대 중반 이후 비중이 줄어들기 시작해 은퇴 이후에는 10% 이내로 줄어든다. 반면 채권 비중은 초기에는 20%가 채 되지 않지만 이후 평생에 걸쳐 비중이 꾸준히 늘어난다. 은퇴 시점에는 70%를 넘어서고 그 이후에도 여전히 비중이 지속적으로 확대돼, 은퇴 이후 30년이 지난 시점에는 80%를 넘어서는 것으로 나타난다.

비중이 줄거나 늘어나는 이들 자산군 사이에서 한 가지 특징적인 자산은 주식과 채권에 고르게 투자하는 혼합형 펀드다. 〈그림 6-19〉에서 보다시피 혼합형 펀드는 해당 TDF의 운용 초기부터 수십 년이 흐른 말기에 이르기까지 비중에 거의 변화가 없다. 혼합형 펀드는 자산의 증식과 유지 두 가지 기능 모두를 목적으로 하는 자산이다. 노후 대비의 목적에 가장 잘 부합한다고 할 수 있다. 그래서 가입자의 연령과 상관없이 꾸준히 15% 내외의 비중을 부여받는 것이다.

개인별 은퇴 시점에 따라 적합한 TDF 선택

TDF는 목표 시점(target date)이 처음부터 설정된 상태로 장기간 운용되는 펀드이기 때문에 당연히 시리즈 형태로 상품이 출시된다. 예를 들어 현재 20대를 주 고객으로 하는 TDF는 은퇴 시점이 30~35년 뒤인 2055년 또는 2050년으로 설정되어 있다. 만약 지금 50대라면 2025년이 은퇴 시점으로 설정된 TDF를 투자 대상으로 고려하는 것이 좋을 것이다.

이와 관련해 국내 최대 TDF 운용사에서 제공한 자료를 다시 한번 살펴보자. 이 운용사에서는 은퇴 시점을 5년 간격으로 분류한 TDF 시리즈들을 운용하고 있다. 이들 TDF의 은퇴 시점 차이에 따른 위험자산 비중의 변화는 〈표 6-2〉에서 한눈에 비교해서 볼 수 있다.

표 6-2 › 은퇴 시점 차이에 따른 TDF의 위험자산 비중 변화

구분	은퇴잔여기간	대상고객	기간별 주식 비중							
			-35년	-30년	-25년	-20년	-15년	-10년	-5년	은퇴+30년
			80%	80%	79%	76%	66%	55%	42%	33%→22%
한국형 TDF 2055	35년	20대	——————————————————————→							
한국형 TDF 2050	30년	20대, 30대		———————————————————→						
한국형 TDF 2045	25년	30대			————————————————→					
한국형 TDF 2040	20년	30대, 40대				—————————————→				
한국형 TDF 2035	15년	40대					——————————→			
한국형 TDF 2030	10년	40대, 50대						———————→		
한국형 TDF 2025	5년	50대 이상							————→	
한국형 TDF 2020	-	은퇴 이후								—→
한국형 TDF 2015	-									→

자료: 삼성자산운용, 하나금융투자

　가장 위쪽에 있는 '한국형 TDF 2055'는 이름 그대로 2055년을 은퇴 시점으로 설정한 TDF다. 목표 시점까지 35년이 남았기 때문에 20대를 대상으로 하는 상품이며, 현재 주식 비중은 80%로 운용되고 있다. '한국형 TDF 2050'은 그보다 5년 이른 2050년을 은퇴 시점으로 잡은 상품이다. 은퇴 잔여 기간이 30년인 만큼 20대 또는 30대도 일부 대상이 될 수 있다. 이 두 상품은 주식 비중이 80%로 여전히 매우 높다. 그에 비해 목표 시점이 각각 10년과 5년밖에 남지 않은 '한국형 TDF 2030'과 '한국형 TDF 2025'는 주로 40대와 50대를 대상으로 한다. 이 두 상품은 이미 주식 비중이 50% 내외로 크게 축소되어 있음을

표를 통해 확인할 수 있다.

여기서 한 가지 주목해야 할 부분이 있다. 이미 목표 시점에 도달했거나 지나버린 2020년과 2015년 TDF가 여전히 운용되고 있다는 점이다. 다소 이상하게 보일 수도 있겠지만, 사실 이런 현상은 TDF로서는 자연스러운 일이다. 은퇴 시점에 도달했다고 해서 TDF가 청산되는 것은 아니기 때문이다. 은퇴 이후 TDF에 적립된 자산을 매월 연금 형태로 지급받기를 원하는 가입자들을 위해 TDF는 목표 시점이 지나고 나서도 계속 운용된다. 물론 이때는 리스크를 극도로 회피하는 방향으로 운용되고, 따라서 주식의 비중은 더욱 줄어든다. 대체로 주식 비중은 20%를 밑돌고, 이마저도 변동성이 큰 종목이 아닌 안정적인 종목 위주로 운용된다.

글로벌 자산배분 투자에도 유용한 TDF

TDF가 내세우는 여러 장점 중 대표적인 또 한 가지는 글로벌 자산배분이다. 지금까지 살펴봤듯 TDF는 위험자산과 안전자산으로 이미 배분되어 있지만, 지리적으로도 한 번 더 자산배분을 실시하는 게 일반적이다. 즉, 국내 자산과 해외 자산, 그리고 해외 자산은 다시 선진국과 신흥국에 걸쳐 폭넓게 투자 대상을 배분하는 것이다.

앞에서 살펴본 한국형 TDF 상품들의 평균적인 지역별, 국가별 분포는 〈그림 6-20〉, 〈그림 6-21〉과 같다.

그림 6-20 > 한국형 TDF 투자 지역 비교

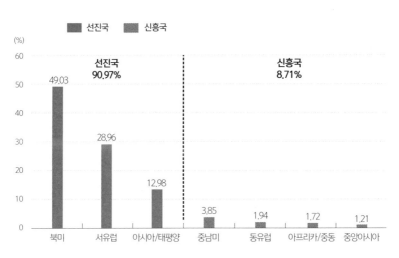

자료: 삼성자산운용, 하나금융투자

그림 6-21 > 한국형 TDF 주요 국가별 투자 비중 비교

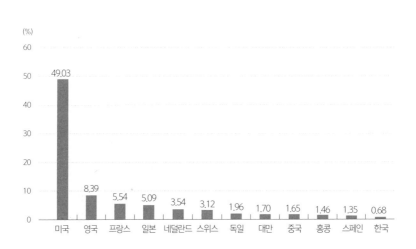

자료: 삼성자산운용, 하나금융투자

한국형 TDF는 주식과 채권을 포함해 선진국에 대한 투자 비중이 평균적으로 91%에 달해 신흥국 대비 압도적으로 높은 편이다. 선진국 내에서는 북미가 가장 큰 비중을 차지하며, 서유럽과 아시아·태평양 순으로 투자 비중이 배분되어 있다. 신흥국은 전체를 합쳐도 비중이 10%에 미치지 못하지만, 그중에서는 중남미 자산이 상대적으로 많이 편입되어 있다. 글로벌 자산배분을 적용할 때 일반적으로 신흥국 비중이 크게 낮은 이유는 신흥국 시장의 높은 변동성에 대한 우려도 있지만 비용 자체도 많이 발생하기 때문이다. 신흥국은 금융제도 측면에서 선진국보다 대체로 규제가 심한 편이며 시장의 규모가 협소해 충분한 유동성이 확보되기 어렵다. 따라서 결국 높은 운용 비용이 발생하게 된다. 신흥국에 투자할 때 환헤지를 하지 않는 경우가 많은데, 이 역시 선진국 대비 신흥국 통화의 환헤지 비용이 대체로 높기 때문이다.

국가별 비중을 살펴보면 일단 미국 시장이 차지하는 비중이 압도적이며 이어서 영국, 프랑스, 일본 등 선진국 위주로 분포되어 있다. 신흥국 중에서는 대만·중국·홍콩이 각각 1~2% 내외의 비중을 차지하며, 한국 비중은 0.68%로 비교적 작은 편이다. 한국의 자산운용사에서 운용하는 TDF이지만 홈바이어스(자국에 높은 비중으로 투자하는 것)가 전혀 없는 이유는 국내에서 운용되는 TDF들이 대부분 해외 운용사의 자문을 받고 있기 때문이다. TDF 운용의 노하우가 아직 충분히 쌓이지 않았고 운용 경험이 적은 국내 시장의 여건 때문이지만, 그렇다고 투자자 입장에서 딱히 부정적일 것은 없다. 한국 자산에 대한 투자 비중이 작다는 것은 글로벌 자산배분의 원래 취지에 잘 부합한다는 의미다. 특정 시장에 과하게 높은 비중이 배분된다면 그 자체로 높은 리스크 요인이 될 수 있다. 그런 점에서 현재 국내에서 운용되는 TDF들은 글로벌 자산배분이라는 목적이 상당히 잘 구현되어 있다고 평가받을 만하다.

국내 TDF들은 안정적 수익률을 기록하고 있다

마지막으로 투자자들이 가장 관심을 가질 만한 부분을 살펴보자. 바로 TDF들의 수익률에 관한 내용이다. TDF는 위험자산과 안전자산을 고르게 편입하고 있지만, 남아 있는 목표 시점까지의 기간에 따라 자산별 비중은 차이를 보인다. 은퇴 시점이 많이 남아 있는 TDF는 위험자산을 많이 포함하고 있어 기대수익률은 높을 수 있지만 대신 큰 변동성을 보인다. 〈그림 6-22〉는 한국형 TDF들의 최근 1년 및 3년 수익률을 비교한 것이다. 목표 시점까지 기간이 많이 남아 있는 TDF들의 수익률이 대체로 높음을 알 수 있다.

그렇다고 반드시 목표 시점까지 남아 있는 기간과 수익률이 비례한다는 말은 아니다. 〈그림 6-22〉에서도 목표 시점 2035년인 TDF의 3년 누적 수익률이 가장 높게 나타난다. 2035년 목표 TDF가 최근 금리와 주가 변동에 가장 유리한 자산배분 비중을 보유하고 있었기 때문에 나타난 결과다. 다만 그럼에도 다양한 목표 시점과 상관없이 TDF

들이 대체로 균일한 수익률 분포를 보인다는 점을 중요하게 생각해야 한다. 목표 시점에 따라서 수익성이 큰 편차를 보인다면 노후 대비 투자 수단으로 활용되기 어려울 것이다. 위험자산 비중이 클수록 수익률이 높게 나타나지만 그렇다고 목표 시점에 가까운 TDF의 수익률이 크게 저조한 것도 아니라는 점에서 현재 국내에서 운용되는 TDF들은 은퇴 상품으로서의 목적에 잘 부합하고 있다고 판단된다.

그림 6-22 › 한국형 TDF 목표 시점 차이에 따른 수익률 비교

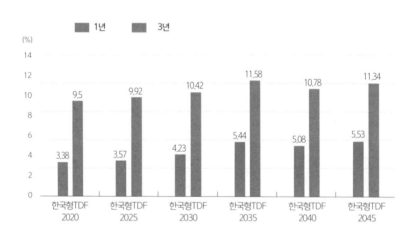

자료: 삼성자산운용, 하나금융투자

은퇴 이후 기대여명에 맞춰 연금을 지급받을 수 있는 TIF

은퇴 이후 삶을 위한 준비로 TDF와 함께 알아두면 좋은 금융상품이 있다. 매월 일정액을 기대여명에 맞춰 지급하도록 설계된 TIF(Target

Income Fund, 인출식 연금펀드)다. TDF는 이제 어느 정도 알려져 있지만, TIF는 운용 역사가 짧아 국내에선 아직 생소한 상품이다. 2016년에 국내에 처음 도입된 TDF가 안정적으로 자리를 잡자, 이듬해인 2017년에 TIF라는 또 하나의 연금펀드가 소개됐다.

TDF가 노후를 위해 은퇴 시점까지 충분한 자산을 형성하는 것이 목적이라면, TIF는 이렇게 형성된 자산을 기대여명에 맞춰 안정적으로 지급하는 것을 목적으로 하는 펀드다. 물론 TDF도 목표 시점에 도달한 후 가입자가 연금 형태의 수령 방식을 선택할 수 있다. 하지만 TIF는 적립된 자산을 여명에 맞춰 운용하고 지급하기 위해 더 전문적으로 설계된 펀드다.

그림 6-23 › TDF는 은퇴자산 적립을 위해, TIF는 은퇴 후 자산관리를 위해

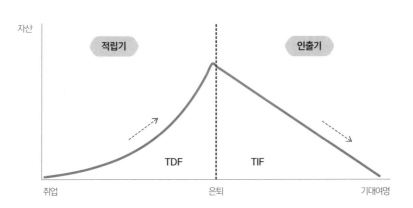

자료: 삼성자산운용, 하나금융투자

TIF의 운용 목표는 크게 네 가지로 요약된다. 첫 번째는 은퇴잔존자산(ending wealth)의 향상이다. 은퇴잔존자산이란 퇴직 후 기대여명까지 노후 생활을 영위하고도 남아 있는 자산을 의미한다. 노후를 준비하는 사람들이 가장 염려하는 것은 생존하는 동안 노후자금이 모두 소진되지 않을까 하는 것이다. 평균수명이 점점 길어지면서 필요한 노후자금을 예측하기도 쉽지 않은 상황에서 TIF는 가입자의 은퇴잔존자산을 충분히 확보하는 것을 우선적인 목표로 한다.

두 번째는 안정적 현금흐름의 제공이다. TIF는 가입자에게 필요한 노후 생활자금을 매월 정기적으로 지급하는데, 이때 자산 대비 지급액의 비율을 지급률이라고 한다. 지급률은 보통 물가를 기준으로 한다. 물가보다 높은 지급률을 원하는 고객은 주식 비중이 큰 TIF에 가입하고, 물가 수준의 지급률을 선택한 고객은 채권 비중이 큰 TIF에 가입하면 될 것이다. 이때 주식 비중이 큰 TIF는 지급률이 높은 대신 은퇴잔존자산이 보전될 가능성은 작아진다.

세 번째는 리스크 관리다. 연금펀드가 일반 투자상품과 가장 차별화되는 부분이 바로 엄격한 리스크 관리다. TIF는 리스크 관리를 위해 TDF와 마찬가지로 안전자산과 위험자산에 비중을 배분한다. 차이가 있다면 안전자산에 대한 의존도가 조금 더 높다는 점이다. 예를 들어 물가 수준의 낮은 지급률을 제공하는 TIF는 채권형 자산 비중이 80%를 차지하고, 나머지 20%도 주식이 아닌 혼합형 자산에 주로 투자한다. 지급률이 높은 가장 공격적인 TIF라고 해도 채권형 자산을 절반에 가까운 40%를 편입하고, 주식형 자산 비중은 25% 내외에 불과하다.

네 번째는 풍부한 유동성의 확보다. 연금펀드라고 해서 반드시 매월 일정액을 지급하는 것으로 기능이 끝나는 건 아니다. 자녀의 결혼이나 갑작스러운 의료비 등 뜻밖에 목돈이 필요한 상황이 발생할 수 있으므로, 이때 TIF는 가입자에게 일시금을 지급할 수 있는 여력을 확보하고 있어야 한다. 따라서 지나치게 유동성이 떨어지는 자산에 투자해서는 안 된다는 점이 중요하다.

사회 전반적으로 노령화가 빠르게 진행되면서 노후 준비에 대한 관심도 높아지고 있다. 그중에서도 은퇴 이전까지 필요한 노후자산을 마련하는 것과 은퇴 이후 충분한 연금을 지급받도록 하는 것이 노후 대비의 핵심이라고 할 수 있을 것이다. TDF와 TIF는 이런 필요에 부응하기 위해 만들어진 대표적인 금융상품이다. 만약 지금 노후 준비를 시작하고자 한다면 연령과 상관없이 TDF와 TIF에 우선 관심을 가져볼 것을 권한다.

ETF 투자로
자산배분 효과를 극대화하라

주식처럼 쉽게 매매할 수 있는 펀드, ETF

연금투자에서 ETF(Exchange Traded Fund)를 활용하는 것도 아주 좋은 방법이다. ETF는 펀드이면서도 주식처럼 쉽게 매매할 수 있는 투자상품이다. 그러면서도 주식 시장에서는 접근하기 어려운 채권, 원자재, 리츠 등 다양한 자산들에 투자할 수 있다. 또한 연금계좌를 통해 ETF를 매매할 때 세제 혜택까지 얻을 수 있다는 장점이 있다. ETF가 무엇인지 자세히 알아본 후, ETF를 통한 연금투자에 나선다면 노후 준비에 큰 도움이 될 것이다.

앞서도 말했듯, ETF는 펀드의 일종이다. 그러나 우리가 흔히 알고 있는 일반 펀드와는 구조적으로 큰 차이가 있는데, 바로 주식처럼 증시에 상장되어 실시간으로 매매할 수 있는 펀드라는 점이다. 예를 들어 한국 증시 코스피200지수에 투자하기를 원할 때 투자자는 세 가지 방법 중 하나를 선택할 수 있다. 첫 번째는 코스피200지수에 속한 200개 종목을 지수에 편입된 비중과 똑같은 비율로 매수하는 방법이다. 하지만 너무 복잡하고 비효율적이어서 권할 만한 방법은 아니다. 두 번째는 코스피200지수를 추종하는 일반 펀드 중 하나를 골라서 가입하면 된다. 많이 쓰이는 방법 중 하나이지만 가입이나 환매 시 종가를 기준가로 한다는 점에서 투자자가 판단을 내리는 시점과 시차가 발생한다는 불편함이 있다. 세 번째가 바로 코스피200을 추종하는 ETF를 장내에서 매수하는 방법이다. 마치 주식 종목을 매매하듯 가격과 수량을 직접 입력해 실시간으로 매수하거나 매도하면 된다. 대단히 간편하면서 보수율 측면에서도 일반 펀드보다 저렴하다는 장점이 있다.

여기서 많은 사람이 잘못 생각하는 부분을 한 가지 짚고 넘어가자면, ETF를 인덱스펀드로 오해하는 경우가 많다는 점이다. 심지어는 일부 전문가조차 ETF가 인덱스펀드라고 착각하는 경우가 종종 있다. 물론 대부분의 ETF는 기초지수를 추종하는 인덱스펀드의 형태를 띠고 있다. 하지만 그렇다고 ETF가 반드시 특정 인덱스를 추종해야 하는 것은 아니다. 실제로 규모는 작으나 액티브 ETF들이 시장 내에 엄연히 존재하고 그 비중도 점점 커지고 있다.

왜 ETF가 대부분 인덱스펀드 구조를 취하는지에 대해서는 다소 복잡한 사연이 있다. 간단히 설명하자면, ETF가 일반 펀드와 달리 펀드 내 자산 보유 내역을 매일 투명하게 공개하도록 되어 있기 때문이다. 이 점에서는 미국이나 한국, 기타 국가의 거래소 규정이 모두 공통적이다. 일반 펀드는 대체로 보유하고 있는 종목과 비중을 분기당 1회만 신고하면 된다. ETF처럼 보유 자산 내역을 매일 공개해야 한다면 수시로 매매를 해야 하는 액티브 전략을 활용하기가 대단히 어려워진다. 카드 게임에서 내 패를 상대방에게 훤히 보여주면서 싸우는 것과 같은 형국이 된다.

이런 이유로 현재까지는 주로 패시브 형태로 ETF가 운용되고 있다. 다만 거래소 규정에 변화가 생기면서 앞으로는 액티브 ETF들도 다수 출현하게 될 것으로 전망된다. 이 변화가 의미하는 것은 ETF가 커버하는 투자 시장의 범위가 한층 더 넓어지리라는 점이다. 글로벌 자산 배분에서 현재도 ETF는 매우 훌륭한 투자 수단이지만, 그 역할과 범위는 시간이 지날수록 더욱 확대될 것이다.

현재 미국 내 ETF 자산 규모 4.5조 달러

ETF의 역사와 성장, 시장 규모에 대해서 잠깐 살펴보고 넘어가자. 세계 최초의 ETF는 1993년 1월에 처음 등장한 SPDR S&P500 ETF TRUST다. 거래소 코드명 'SPY'로 흔히 불리며 S&P500지수를 추종하는 ETF다. 세계 3위의 자산운용사 스테이트 스트리트(State Street Global Advisors)에서 운용하는 종목이며, 현재까지도 운용자산(AUM, Assets Under Management) 측면에서 세계 최대 ETF다. 참고로 SPY의 현재 운용 규모는 약 2,900억 달러인데 국내 최대 종목인 삼성전자

(2020년 11월 현재 약 370조 원)의 시가총액과 맞먹는다.

ETF가 시장에 등장한 지 30년이 채 지나지 않았지만 성장 속도는 상당히 빠른 편이다. 2010년 말 기준 1조 달러였던 미국 내 ETF의 총자산 규모는 10년이 흐른 2019년 말 4조 달러를 넘어섰다. 같은 기간 미국 증시의 전체 시가총액이 15조 달러에서 34조 달러로 2배가량 증가했다는 점과 비교해보면 ETF의 빠른 성장 속도를 체감할 수 있다. 미국 증시 전체 시가총액에서 ETF가 차지하는 비중도 2010년 6.4%에서 2019년 12.8%까지 높아졌다. 상장되어 있는 ETF의 전체 숫자도 꾸준히 증가하고 있다. 미국 증시를 기준으로 2011년 상장 ETF의 개수가 처음으로 1,000개를 넘어섰고, 이후 7년이 지난 2018년에 2,000개를 넘어 2020년 현재 2,200개를 향해 달려가고 있다.

그림 6-24 ▷ 미국 내 ETF 총자산 규모 4조 달러 돌파

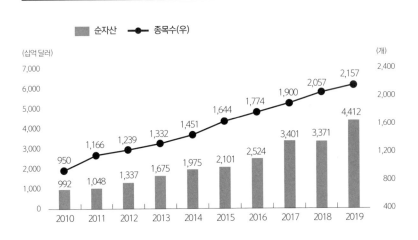

자료: ICI(미국 자산운용협회), 하나금융투자

증시에 상장되어 거래되지만 ETF는 반드시 주식에만 투자하는 펀드는 아니다. 2020년 8월 기준 상장되어 있는 전체 2,119개 ETF 중 주식형 ETF는 76%인 1,606개다. 이들 ETF를 다시 세부적으로 분류해보면 미국 주식 시장에 광범위하게 투자하는 ETF는 모두 640개이며, 특정 섹터나 산업 위주로 투자하는 종목 수는 336개다.

미국을 제외한 선진국과 신흥국 등 글로벌 주식 시장에 투자하는 ETF는 모두 630개다. 채권형 ETF는 전체 392개로, 국채와 회사채 ETF가 모두 포함되어 있다. 지역별로도 미국 채권형, 선진국 채권형, 신흥국 채권형 ETF들이 모두 포함된 숫자다.

원자재 ETF도 많은 것은 아니지만 82개가 상장되어 있다. 이들 원자재 ETF에는 원유, 귀금속, 농산물, 산업금속 등이 다양하게 포함되어 있다. 일반적으로 자산운용사들이 원자재 실물을 매입해서 보관하기는 어렵기 때문에 원자재 ETF는 주로 선물을 매매하는 방법으로 운용된다.

그림 6-25 ▶ 미국 증시 시가총액 대비 ETF 순자산 비중

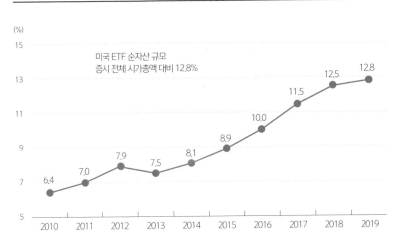

자료: ICI, 하나금융투자

그림 6-26 ▶ 기초자산별 미국 상장 ETF 숫자 비교(2020년 8월)

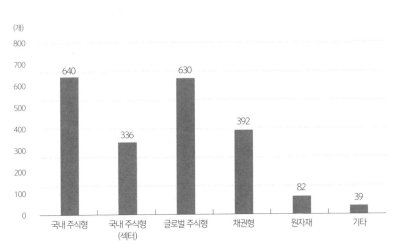

자료: ICI, 하나금융투자

국내 ETF 시장, 2019년 순자산 규모 50조 원 돌파

국내 ETF 시장의 역사는 2002년에 시작됐다. 삼성자산운용에서 2002년 10월 14일 코스피200지수를 추종하는 ETF를 처음 출시했는데, 이후 한국 증시의 대표 ETF로 자리 잡은 KODEX200이다. 현재 국내 증시에 상장되어 있는 ETF의 개수는 모두 447개이며 전체 시가총액은 46조 원에 달한다. 순자산 기준으로 살펴보면 2010년 6조 원을 넘어섰던 국내 ETF 시장 규모는 이후 2019년 말까지 연평균 30%에 가까운 빠른 성장 속도를 꾸준히 이어오고 있다. 국내 투자자들의 ETF에 대한 이해와 관심이 높아지고 있으며, ETF가 기존 액티브형 공모펀드에 비해 양호한 수익성을 보여주고 있다는 점에서 앞으로도 국내 ETF 시장은 빠르게 성장해갈 것으로 보인다.

조금 더 먼 훗날까지 예상해본다면 ETF가 아예 펀드 시장의 주류를 차지하게 될 가능성을 배제할 수 없다. 실제로 최근 몇 년 동안 국내 공모펀드의 총 설정원본은 250조 원 내외에서 크게 변동하지 않고 있으며, 주식형 펀드에서는 최근 5년 사이 오히려 10조 원이 유출됐다. 같은 기간 ETF 시장의 빠른 성장과 대조되는 모습이다.

2020년 9월에는 최초로 주식형 액티브 ETF가 상장됐다. 앞으로 액티브 ETF가 활성화된다면 그동안 액티브 펀드는 일반 펀드, 패시브 펀드는 ETF라는 구분이 무너지면서 결국 비용과 편리함 측면에서 강점이 뚜렷한 ETF가 펀드 시장의 주도권을 차지하게 될 가능성도 있다.

그림 6-27 > 국내 ETF 시장 연도별 총자산 및 ETF 종목 수 증가 현황

자료: 금융투자협회, 하나금융투자

국내 ETF 시장에서 2020년 현재 가장 규모가 큰 종목들을 살펴보면 〈그림 6-28〉, 〈그림 6-29〉와 같다. 앞서 말했던 국내 최초의 ETF인 'KODEX200'이 여전히 시가총액이 가장 큰 대표 ETF의 지위를 유지하고 있다. 이어서 역시 KOSPI200을 추종하는 미래에셋자산운용의 'TIGER200'이 두 번째로 규모가 크며, 'KODEX200 인버스 2X'와 'KODEX 레버리지' ETF가 그다음 순위에 올라 있다. 현금성 자산의 성격을 띠는 'KODEX 단기채권'이 5위를 차지하고 있으며 채권형 ETF 중에서는 가장 큰 종목이다.

글로벌 자산배분 전략으로 연금계좌를 운용하고자 하는 투자자들은 국내 증시에 상장된 해외 주식형 ETF에 주목할 필요가 있다. 현재 국내 증시에 상장된 가장 큰 해외 주식형 ETF는 미래에셋자산운용에서 운용하는 'TIGER 미국 나스닥 100'이다. 이름 그대로 나스닥지수

그림 6-28 › 국내 상장 ETF 시가총액 상위 5개 종목

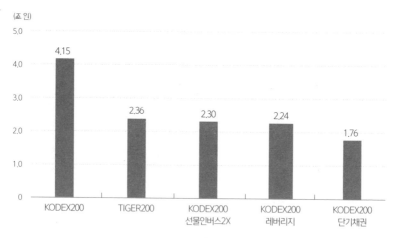

(조 원)

그림 6-29 › 국내 상장 해외 주식형 ETF 시가총액 상위 5개 종목

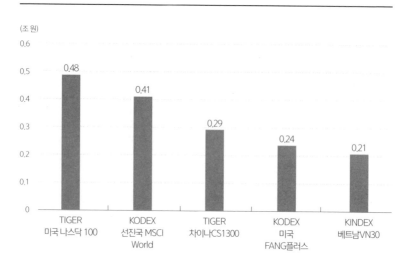

(조 원)

를 추종하는 종목이며, 현재 시가총액은 약 4,800억 원이다. 이어서 미국을 포함한 선진국 전체 증시에 고르게 투자하는 'KODEX 선진국 MSCI WORLD'와 중국, 베트남 증시 ETF가 규모가 큰 편이다. 이들 ETF는 국내 증시에 상장되어 거래된다는 점에서는 차이가 없지만, 기초자산이 국내 자산이냐 해외 자산이냐에 따라 과세 측면에서는 큰 차이가 있다. 또한 같은 해외 주식형 ETF라도 일반 계좌에서 매매하느냐 연금계좌에서 매매하느냐에 따라 과세 기준이 또 달라진다.

ETF 매매 시 발생하는 세금

모든 금융상품의 거래에는 반드시 세금이 발생한다. ETF도 예외는 아니다. 다만 ETF의 경우 상장된 시장과 기초자산의 종류에 따라 부과되는 세금의 유형과 과세율이 달라진다는 점을 기억할 필요가 있다. ETF 매매 시 발생하는 세금은 〈표 6-3〉과 같이 정리할 수 있다.

표 6-3 › ETF 매매 시 발생하는 세금

구분	국내 ETF	국내 상장 해외 ETF	글로벌 ETF
증권거래세	-	-	국가별 부과
매매차익	-	15.4% (배당소득세)	22% (250만 원 이상, 양도소득세)
분배금 수령	15.4%	15.4%	15.4%
금융소득종합과세		해당	

일단 기본적으로 주식 매매 시 발생하는 증권거래세(코스피 0.1%, 코스닥 0.25%)가 ETF에서는 발생하지 않는다(해외 증시에 상장되어 있는 글로벌 ETF는 해당 국가의 규정에 따라 증권거래세가 발생할 수도 있다). ETF는 주식이 아닌 펀드이기 때문이다. 대신 일반 펀드처럼 보수율이 존재한다. 보수율은 ETF마다 다르지만 적게는 연 0.05%에서 많게는 1% 가까이도 적용될 수 있다.

가장 중요한 부분은 매매차익에 대한 과세 방법이 다르다는 것이다. 'KODEX200' 등 일반적인 국내 ETF의 경우 매매차익이 발생해도 세금이 전혀 부과되지 않는다. 하지만 같은 국내 상장 ETF라고 해도 해외 주식에 투자하는 ETF라면 얘기가 달라진다. 이 경우 매매차익의 15.4%를 배당소득세 명목으로 매도 시점에 자동납부하게 된다. 앞서 살펴봤던 'TIGER 미국 나스닥 100'과 같은 종목이 이에 해당한다.

여기에서 한 가지 놓치기 쉬운 사실이 있는데 원자재 ETF, 인버스, 레버리지 등 파생형 ETF에도 매매차익에 대해 해외 ETF와 똑같은 배당소득세가 부과된다는 점이다. 만약 미국 증시에 상장되어 있는 글로벌 ETF에 투자한다면, 매매차익의 22%를 세금으로 납부해야 한다. 현행법상으로는 ETF를 포함한 해외 주식을 부동산과 마찬가지로 일종의 자산으로 분류하기 때문에 매매차익에 대해 양도소득세를 적용하는 것이다. 다만 양도소득세는 매매차익이 250만 원을 넘어서는 경우에 한해 적용하며, 이 점에서는 ETF도 마찬가지다.

주식의 배당금에 해당하는 ETF의 분배금이 지급될 때도 세금이 발생한다. 이번에는 일괄적으로 배당소득세가 적용된다. 〈표 6-3〉에서

확인했다시피 국내 ETF, 국내 상장 해외 ETF, 글로벌 ETF에 모두 동일하게 15.4%의 배당소득세가 부과된다.

마지막으로 또 하나 중요한 점은 금융소득종합과세 해당 여부다. 고액 소득자의 경우 금융소득이 종합과세 대상에 포함된다면 납부세액이 급격하게 증가하기 때문에 큰 부담이 될 수 있다. 국내 ETF와 글로벌 ETF는 금융소득종합과세 대상이 아니지만, 국내 상장 해외 ETF는 종합과세 대상에 해당한다. 투자 시 이 부분을 염두에 두고 거래할 ETF를 선택하는 것이 유리할 것이다.

예를 들어 고액 투자자가 나스닥지수를 추종하는 ETF 매수를 원한다면 국내에 상장되어 있는 'TIGER 미국 나스닥 100'보다는 미국 증시에 상장되어 있는 나스닥 ETF QQQ(Invesco QQQ Trust)를 매매하는 것이 더 유리한 선택이 될 수 있다. 소액 투자자라도 매매차익 중 250만 원까지는 과세가 되지 않는다는 점에서 글로벌 ETF 매매를 더 선호할 수 있다. 하지만 현재 소득수준을 고려할 때 금융소득종합과세가 그다지 부담되지 않는다면 국내에 상장된 해외 ETF를 매매하는 것이 더 편할 것이다.

참고로 한 가지 더 고려해야 할 점이 있는데, 바로 환율 변동이다. 글로벌 ETF에 투자하기 위해서는 해당국 통화로 환전한 후 매매해야 하는데, 매매차익에 대한 양도소득세를 계산할 때 매수 시점의 환율과 매도 시점의 환율까지 반영된다는 점을 알아둘 필요가 있다.

퇴직연금계좌로 ETF에 투자하기

앞서 말했듯 ETF는 장점이 많은 투자 수단이다. 거래가 편리하면서도 비용이 저렴하다는 점 외에 채권, 해외 주식, 원자재 등 접근이 어려운 자산에 쉽게 다가설 수 있다는 점이 또한 중요한 강점이다. 이런 이유로 국내뿐 아니라 글로벌 ETF 시장이 모두 빠르게 성장하고 있으며, 머지않은 미래에 ETF는 자산 시장에서 가장 중요한 투자 수단으로 자리 잡게 될 것이다.

연금자산을 운용하는 투자자에게도 ETF는 가장 먼저 고려해야 할 투자자산이다. 일단 가입자가 직접 운용지시를 내리는 DC형(확정기여형 퇴직연금)과 IRP(개인형 퇴직연금)가 ETF에 투자할 수 있는 연금계좌다. 그런데 연금계좌에서 ETF를 운용하고자 하는 투자자들이 알아두어야 할 사항이 몇 가지 있다.

첫째, 연금계좌에서는 일반 계좌와 달리 모든 ETF에 대해 투자가 가능하지는 않다는 점이다. 현재 국내의 투자자들은 국내에 상장된 모든 ETF와 해외 주요국에 상장된 ETF에 제한 없이 투자가 가능하다. 하지만 연금계좌를 이용하면 일단 해외 증시에 상장된 글로벌 ETF에는 투자가 허용되지 않는다. 그렇다고 해외 증시에 투자하는 것 자체가 아예 차단된 것은 아니다. 국내 증시에도 해외 주식형 ETF가 다수 상장되어 있기 때문이다. 예를 들어 국내 자산운용사가 운용하는 미국 S&P500지수 또는 나스닥지수를 추종하는 ETF들에는 투자할 수 있다. 국내 증시에 상장된 ETF 중에서도 파생상품 비중이 40% 이상인

ETF에는 투자할 수 없다는 점도 기억해야 한다. 주로 원자재에 투자하는 ETF들이 선물과 같은 파생상품을 보유하는 구조로 설계되어 있다. 일반 투자자들에게도 익숙한 금선물 ETF나 원유선물 ETF들이 이에 해당한다. 기본적으로 연금계좌는 안정성을 최고의 미덕으로 삼기 때문에 리스크 관리가 어려운 해외 상장 ETF나 파생형 ETF를 배제하는 것으로 생각하면 될 것이다.

둘째, 연금계좌에 담을 수 있는 ETF의 한도가 정해져 있다는 점이다. 가입자가 직접 운용하는 DC형 퇴직연금은 퇴직연금 감독 규정에 따라 주식 비중 50% 이상의 펀드는 적립금의 최대 70%까지만 편입할 수 있도록 되어 있다. ETF 역시 펀드라는 점에서 이 규정의 적용을 받는다. 하지만 이 말이 연금계좌에서는 어떤 경우에도 ETF 비중이 70%를 넘어서는 안 된다는 의미는 아니다. ETF에는 주식형뿐 아니라 채권형도 있기 때문이다. 주식형 ETF를 70%까지 한도를 채워 편입했더라도 나머지 30%를 채권형 ETF로 담는다면 적립금 전부를 ETF로만 운용하는 것도 가능하다.

셋째, ETF의 경우 일반 펀드와 달리 적립금이 연금계좌에 들어올 때마다 자동으로 매수하도록 할 수는 없다는 점이다. 앞서 살펴봤듯이, DC형 퇴직연금은 사업주가 임금의 12분의 1에 해당하는 금액을 부담금이라는 명목으로 근로자의 연금계좌에 입금해주면 이를 계좌 가입자가 직접 운용하는 구조다. ETF가 아닌 일반 펀드에 대해서는 가입자가 미리 매수 여부를 지정해서 부담금이 입금될 때마다 자동으로 매수되도록 할 수 있다. 상당히 편리한 방법이지만 ETF에 대해서는 이 방법을 사용할 수 없다. 왜냐하면 ETF는 주식과 마찬가지로 증시가 개장해 있는 동안 계속 가격이 변동하기 때문이다. 일반 펀드는 하루에 한 번 산출되는 기준가를 통해 설정과 환매가 이루어진다. 투자자가 날짜만 지정하면 매수 가격은 자동으로 정해지는 것이다. 하지만 ETF는 매수 일자를 투자자가 미리 지정한다고 해도 그 하루 동안 가격이 수시로 변동하기 때문에 연금계좌가 자의적으로 판단해 매수하기가 곤란하다. 따라서 번거롭지만 가입자가 매번 직접 매매를 할 수밖에 없다.

퇴직연금계좌로 ETF에 투자할 때의 세제 혜택
—

여기까지만 살펴본다면 굳이 연금계좌를 통해 ETF 투자를 한다는 것에 딱히 이점이 없어 보일 수도 있다. 일단 매매 대상이 제한되어 있고 주식형 ETF의 경우 투자 한도도 제한되어 있기 때문이다. 하지만 그럼에도 이런 단점들을 모두 상쇄할 수 있는 큰 장점을 연금계좌는 가지고 있다. 바로 세금 혜택이 크다는 점이다.

앞서도 살펴봤듯 ETF는 매매 시 여러 종류의 세금이 발생한다. 특히 해외 주식형 ETF의 경우 매매차익에 대해 15.4%의 배당소득세가 부과된다는 점이 큰 부담이다. ETF는 또한 주식의 배당금에 해당하는 분배금을 정기적으로 받는데 이때도 역시 15.4%의 배당소득세가 발생한다. ETF 투자자라면 누구도 피할 수 없다고 생각하는 세금들이지만, 연금계좌에서 ETF를 매매하면 상황이 상당히 달라진다.

일단 매매차익이 발생했을 때 일반 계좌에서는 매도와 동시에 자동으로 배당소득세가 차감되지만 연금계좌에서는 세금이 전혀 부과되지 않는다. 대신 퇴직 이후 이 매매차익을 연금 형태로 지급받을 때 세금을 납부하게 되는데, 이때도 배당소득세 15.4%가 아닌 3.5%의 연금소득세만 납부하면 된다. 분배금에 대해서도 마찬가지다. 연금계좌에 누적되는 분배금에 대해서는 배당소득세가 발생하지 않으며 퇴직이후 연금으로 수령할 때 연금소득세가 부과된다. 다만 퇴직 시점 이전에 적립금을 일시불로 인출한다면 이때는 ETF 매매차익에 대해 일반 계좌와 마찬가지로 배당소득세가 적용된다는 점은 기억할 필요가 있다.

연금계좌가 가지는 또 하나의 세제 혜택은 금융소득종합과세를 피해 갈 수 있다는 점이다. 금융소득종합과세는 1년 단위로 이뤄지는데 연금계좌에서 발생한 매매차익과 분배금은 매해 소득이 아니라 은퇴 시점까지의 연속적 소득으로 판단한다. 그러므로 ETF 매매를 통한 자본이득을 금융소득종합과세에 합산할 필요가 없는 것이다. 고소득자의 경우 최대 세율구간이 적용된다는 점에서 금융소득종합과세가 큰 부담이 될 수 있다. 이 경우 연금계좌를 활용하면 이런 문제를 자연스럽게 해결할 수 있다.

표 6-4 › ETF 매매 시 발생하는 세금: 일반 계좌 vs 연금계좌

구분	국내에 상장된 해외 ETF 매매	
	일반 계좌	연금계좌
증권거래세	없음	없음
매매차익 발생	15.4%(배당소득세)	3.5%(연금소득세)
분배금 수령 시	15.4%(배당소득세)	3.5%(연금소득세)
금융소득종합과세	해당	제외

마지막으로 한 가지 더 알아둘 점이 있다. DC형과 IRP 퇴직연금계좌에서 ETF를 매매할 수 있다고 앞서 말했지만, 좀더 정확히 말하자면 인가받은 9개 증권사에서 운용하는 연금계좌에서만 ETF 매매가 가능하다. 현재 우리나라에서는 퇴직연금을 은행과 보험사, 증권사에서 운용하고 있는데 이 중 은행과 보험사의 연금계좌로는 ETF 매매를 할 수 없도록 되어 있다. 다만 요즘에는 많은 기업이 퇴직연금 사업자를 복수로 채택하고 있기 때문에 증권사로 퇴직연금 적립금을 이체한 후 ETF를 매매하는 것은 가능하다.

글로벌 ETF의 등장으로 자산배분 투자 가능해져

———

ETF가 가지는 가장 큰 강점은 무엇일까? 바로, 모든 종류의 자산에 제한 없이 투자할 수 있다는 점이다. 매매가 간편하고 비용이 저렴하다는 점도 ETF의 장점이지만, 다른 어떤 것보다도 투자 대상의 벽을 허물었다는 점에서 ETF가 투자 시장의 패러다임을 바꾸었다고 할 수 있다. 특히 개인 투자자라면 과거 금융투자의 대상은 거의 주식으로 한정되어 있었다. 기관 투자자가 아니라면 채권 시장에 편하게 접근하기가 어려웠고 더군다나 원유, 농산물, 산업금속 같은 원자재 매매에 나서기는 더더욱 어려운 것이 현실이었다. 하지만 ETF가 등장한 이후 개인 투자자들도 마치 주식을 매매하듯 간단하게 채권과 원자재, 통화, 리츠 등 모든 종류의 자산을 사고팔 수 있게 됐다. 이는 단순히 투자 대상의 범주가 넓어졌다는 것에 그치지 않고 자산배분을 통해 효율적인 투자 전략을 발전시킬 수 있다는 점에서 큰 의미를 지닌다. 따라서 ETF 투자에 나서기 전에 자산배분 전략이 무엇인지 이해하고, 자산배분 전략의 목적이 왜 연금 같은 장기 투자에 잘 부합하는지 알아보는 것도 중요할 것이다.

몇 년 전부터 국내에서도 자산배분 전략이라는 용어가 흔하게 사용되고 있다. 자산배분 전략이 무엇을 의미하는지에 대해서는 그 이름을 통해서도 대부분 어렵지 않게 짐작할 것이다. 금융투자에 나설 때 어느 한두 종목에 집중하지 않고 여러 종목에 분산하여 투자한다는 의미다. 이를 설명하는 과정에 '계란을 한 바구니에 담지 않는다'라는 비유적 표현이 많이 사용되기도 한다. 즉, 분산투자의 목적은 투자의 위험을 경감시키는 것이라고들 주로 이해하고 있는 것이다. 물론 자산배분 전략에 대한 이런 생각이 잘못된 것은 아니다. 실제로 분산투자는 리스크를 낮추는 가장 효과적인 방법이기도 하다. 하지만 자산배분 전략의 목적은 단순히 투자의 위험을 낮춘다는 것에 머물지 않는다.

세상 어떤 투자자도 결코 벗어날 수 없는 가장 숙명적인 딜레마가 무엇일까? 그것은 바로 수익률과 리스크가 비례한다는 점이다. 누구나 높은 수익을 원하지만, 높은 수익을 얻고자 한다면 반드시 높은 위험을 감수해야만 한다. 하지만 투자자들이 가장 싫어하는 것이 바로 불확실성, 즉 리스크다. 높은 수익을 원하면서도 모두 리스크를 최대한 낮추고 싶어 하지만, 낮은 리스크하에서는 낮은 수익만을 돌려받을 수밖에 없다. 대표적 안전자산으로 불리는 국채가 그런 예다.

리스크는 낮고 수익률은 높은 자산은 결코 존재할 수 없다. 주변에서 가끔 위험은 전혀 없으면서 수익률은 높은 투자처가 있으니 서둘러 투자하라는 광고문구를 접할 때가 있다. 거의 예외 없이 과장이나 거짓이라고 보면 된다. 만약 실제로 그런 투자 대상이 존재한다면, 시장의 수요-공급의 원리에 따라 그 자산은 순식간에 적정 가격대로 이동해버릴 것이다. 비대칭적 정보에 먼저 접근할 수 있는 사람이라면 혹시 모르겠지만, 개방된 시장에서 그런 요행을 기대하기는 어렵다.

자산배분, 노후 대비를 위한 투자의 핵심

—

현대적 의미의 자산배분 전략은 바로 수익률과 리스크의 최적 균형점을 모색하는 과정을 통해 발전해왔다. 기대수익률이 높아질수록 리스크도 동반해서 높아질 수밖에 없다는 것을 잘 알고 있지만, 그렇다고 수익률과 리스크가 반드시 정비례 관계는 아니라는 것을 현대 투자 이론에서 발견해낸 것이다. 이런 수익률과 리스크 사이의 묘한 엇박자가 바로 자산배분 전략의 이론적 토대가 됐다. 즉, 여러 자산을 정교하게 잘 배분한 포트폴리오를 구축할 수 있다면, 이 포트폴리오는 다른 투자자들에 비해 동일한 리스크를 부담하면서도 더 높은 수익을 얻는 일이 가능해진다.

〈그림 6-30〉을 통해 간단한 예를 들어보자.

그림 6-30 ▶ 2개 종목을 통한 포트폴리오 구성의 예

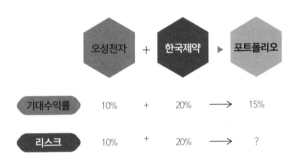

자료: 하나금융투자

'오성전자'와 '한국제약'이라는 2개의 주식 종목이 있다고 가정해 보자. 오성전자는 글로벌 IT 기업으로 매우 안정적인 종목인 반면, 한국제약은 전형적인 '하이 리스크-하이 리턴' 종목이다. 이에 따라 오성전자는 기대수익률과 리스크량이 각각 10%로 안정적인 편이고, 한국제약은 기대수익률이 20%인 반면 리스크 역시 20%로 높다.

만약 어떤 투자자가 오성전자와 한국제약을 각각 50%씩 편입해 2개의 종목으로 구성된 포트폴리오를 만들었다면 이 포트폴리오의 기대수익률은 얼마가 될까? 당연히 두 종목 수익률의 평균인 15%가 이 포트폴리오의 기대수익률이 될 것이다. 하지만 리스크의 총량도 10%와 20%의 평균인 15%일까? 절대로 그렇지 않다. 이 포트폴리오의 리스크량은 반드시 15%보다 낮은 수준에서 결정된다. 수익률과 리스크가 비례한다는 시장의 원리를 적용한다면 15%의 수익을 얻기 위해서는 15%의 리스크를 감당하는 게 상식이겠지만 여러 자산을 조합하는 투자 전략을 활용하면 더 낮은 리스크만 부담하고도 높은 수익을 얻을 수 있는 것이다.

어떻게 이런 일이 가능할까? 이를 수리적으로 설명하자면 다소 복잡한 과정을 거쳐야 하지만, 간단하게 오성전자와 한국제약 사이의 상관계수가 1이 아니기 때문에 나타나는 현상이라고 요약할 수 있다.

자산배분 전략의 목적은 이처럼 개별 투자자가 용인할 수 있는 리스크 내에서 최대의 수익률을 추구하고자 하는 것이다. 다르게 말하자면 투자자가 원하는 목표 수익률이 있을 때 그 수익률을 달성할 수 있는 가장 안전한 투자 전략을 제공하는 것이라고도 할 수 있다. 단순히 리스크를 분산시키기만 하는 역할에 머물지는 않는다는 것이다.

자산배분 전략의 중요한 특성 중 하나는 장기간에 걸친 투자에서 그 가치가 더욱 빛난다는 점이다. 자산배분 전략은 리스크와 수익성 중 어느 하나도 포기하지 않기 때문에 때로는 성급한 투자자 입장에서는 다소 답답하게 느껴질 수도 있다. 주변에서 테마주에 투자해 단기에 엄청난 수익을 얻는 사람들을 가끔 보곤 하는데 자산배분 포트폴리오를 통해서는 그와 같은 일명 '대박'을 기대하기는 어렵다. 다만 테마주 투자가 번번이 성공할 수는 없기에 투자자는 매번 높은 리스크를 감당해야만 한다. 그에 비해 자산배분 포트폴리오는 꾸준히 상승 추세를 이어가 오랜 시간에 걸쳐서 높은 수익을 누적하게 된다.

　가입자들의 노후를 책임지는 각국의 연기금들이 자산배분 전략을 활용하는 것도 이 때문이다. 한국의 국민연금을 비롯해 세계 최대 연기금인 일본의 GPIF, 미국의 캘퍼스, 캐나다의 CPPIB 등이 모두 주식과 채권, 부동산 등 다양한 자산으로 구성된 포트폴리오를 운용하고 있다. 노후자산 마련을 위한 개인들의 연금투자 역시 안정성이 중요하고 장기적 관점으로 운용한다는 점에서 연기금과 다를 바 없다. 고르게 잘 배분된 자산배분 전략이 반드시 필요하다는 의미다.

자산배분 투자를 위한 최선의 도구, 글로벌 ETF
―

현시점에서 자산배분 투자를 하고자 할 때 글로벌 ETF는 사실상 유일한 투자 수단이라고 할 수 있다. 앞서 말했듯, 글로벌 ETF를 활용한다면 우리는 원하는 대부분의 자산에 투자할 수 있게 된다. 국내 투자자들에게 가장 친숙한 미국 상장 ETF를 중심으로 매매 가능한 자산군과 대표 ETF들을 〈표 6-5〉에 정리했다. 전통 자산에 해당하는 주식과 채권형 ETF를 비롯해 대체투자자산에 해당하는 원자재, 부동산, 통화 ETF들도 다양하게 존재한다. 주식형 ETF 내에도 다양한 카테고리가 있다. 미국 주식에 투자하는 ETF들도 있고 미국이 아닌 선진국, 그리고 신흥국 주식에 투자하는 ETF들도 다수 상장되어 있다.

표 6-5 › 미국 증시에 상장된 자산군별 대표 ETF

대분류	중분류	소분류	코드	기초자산
주식형	미국 주식	대형주	SPY	S&P500
			QQQ	나스닥지수
			VTI	미국 전체 주식
		업종	XLK	미국 IT 업종
			XLC	미국 통신 업종
			XLV	미국 헬스케어
			XLF	미국 금융 업종
			XLE	미국 에너지 산업
	글로벌 주식	선진국	IEFA	미국 제외 선진국
			VGK	선진유럽 주식
			EWU	영국 주식
			EWG	독일 주식
			EWJ	일본 주식
		신흥국	VWO	신흥국 주식
			IEMG	신흥국 주식
			FXI	중국 대형주
채권형	미국 채권	국/공채	TLT	미국 장기채
			IEF	미국 중기채
			SHY	미국 단기채
			TIPS	미국 물가연동채
			MBB	미국 MBS
		전체 채권	BND	미국 전체 채권
	글로벌 채권	전체 채권	BNDX	미국 제외 전체 채권
			BOND	미국 포함 전체 채권
		회사채	LQD	투자등급 회사채
			VCIT	투자등급 회사채
			HYG	하이일드 회사채

대분류	중분류	소분류	코드	기초자산
대체자산	원자재	에너지	USO	원유(WTI)
			UNG	천연가스
		귀금속	GLD	금 실물
			SLV	은 실물
		농산물	JO	커피
			CORN	옥수수
	부동산	미국	VNQ	미국 리츠
		글로벌	VNQI	미국 제외 글로벌 리츠
	통화	달러	UUP	달러인덱스
		유로화	FXE	유로화
		엔화	FXY	일본 엔화

미국 주식형 ETF 내에서도 다시 시장지수 전체에 투자할 수도 있고 개별 업종만을 선별해서 투자할 수도 있다. 선진국 ETF 중에서도 역시 선진국 전체에 투자할 수도 있고 영국, 독일, 일본 등 개별 국가에 대해서 선별적 투자도 가능하다. 이렇게 본다면 미국 증시에 상장되어 있는 ETF만으로 전 세계 모든 증시에 투자할 수 있는 것이다.

채권형 ETF 역시 마찬가지다. 미국 국채만을 기초자산으로 하는 ETF도 있고 글로벌 전체 채권에 투자하는 ETF도 있다. 미국 국채 내에서도 장기채 ETF도 있고 단기채 ETF도 있다. 국채가 아닌 회사채 ETF도 당연히 존재하며 회사채 ETF 내에서는 다시 신용등급에 따라 투자 적격 등급 회사채 ETF가 있고 하이일드 ETF도 있다.

ETF의 존재가 가장 진가를 발휘하는 섹터는 대체투자 쪽이다. 주식과 채권은 기존에도 접근성이 좋은 시장이 형성되어 있었으나, 이를 제외한 대체자산은 극도로 전문적인 투자자가 아니라면 매매 자체가 아예 어려웠다. 설령 복잡한 절차를 거쳐 매매가 가능하다고 해도 실물 보관 문제, 세금 문제 등의 변수에 맞닥뜨려야 했다. 이 모든 문제가 ETF의 등장과 함께 해결됐다. 투자자들은 마치 주식 종목을 매매하는 것처럼 간단하게 원유도 매매하고 부동산도 매매할 수 있게 됐다. 그러니 자산배분 전략을 계획하는 투자자에게 필수적인 투자 수단이 될 수밖에 없었다.

예를 들어 대형 에너지 ETF인 USO는 WTI(서부 텍사스산 원유) 선물에 투자하는 ETF다. GLD와 SLV는 각각 금과 은 실물 ETF인데, 이들 귀금속 ETF는 실제 금 실물을 매수하는 것보다 세금 측면에서 월등히 유리하고 안전한 방법이다. 이 외에 리츠 ETF VNQ는 소액으로도 부동산에 투자하는 효과를 누리게 해준다. 달러, 유로화, 엔화 등 주요국 통화를 추종하는 ETF도 존재한다.

현재 미국 증시에 상장된 글로벌 ETF의 숫자는 2,200개를 넘어서며 세부적인 분류를 살펴보면 지금까지 얘기한 것보다 훨씬 다양하다. 최근에는 4차 산업혁명, 전기차, 클린에너지, ESG(Environment·Social·Governance, 환경·사회·지배구조) 등 각종 테마형 ETF까지 속속 등장하고 있다. 글로벌 자산배분 전략을 펼치기에 충분한 환경이 조성되어 있다고 할 수 있다.

글로벌 ETF로 만들어보는 자산배분 포트폴리오

———

마지막으로 이들 글로벌 ETF를 통해서 실제로 자산배분 포트폴리오를 몇 개 구성해보고, 이들의 운용 성과를 비교해보겠다. 우선 포트폴리오를 구성하는 데 답이 정해져 있는 것은 아니라는 점을 미리 말해두고 싶다. 각 투자자가 원하는 수익률과 용인 가능한 리스크가 모두 다르기 때문이다.

대체로 투자자들이 원하는 기대수익률과 리스크의 크기에 따라 적극형, 기본형, 안정형 등 3개의 포트폴리오로 구분하면 무난할 것이다. 이들 포트폴리오의 차별성은 대체로 각 포트폴리오에 주식을 얼마나 많이 편입하느냐로 결정된다. 당연히 주식 비중이 커질수록 포트폴리오의 리스크는 높아질 것이다.

〈표 6-6〉부터 〈표 6-8〉은 각각 8개의 글로벌 ETF로 구성해본 투자 성향별 포트폴리오다. 적극형 포트폴리오에는 주식형 ETF의 비중이 70%를 차지하고 채권형과 대체자산 ETF는 각각 20%와 10%다. 일반형 포트폴리오에서는 주식형 ETF의 비중이 50%이고, 안정형 포트폴리오에서는 30%로 줄어든다. 대신 채권형 ETF의 비중은 안정형 포트폴리오에서 대폭 커진다.

표 6-6 ▶ ETF를 통한 자산배분 포트폴리오(적극형)

구분	종목 코드	기초자산	비중(%)
주식(70%)	QQQ	나스닥지수	20
	XLK	미국 IT 업종	15
	XLV	미국 헬스케어	15
	XLF	미국 금융 업종	10
	VWO	신흥국 주식	10
채권(20%)	IEF	미 중기채	10
	LQD	투자등급 회사채	10
대체(10%)	VNQ	미국 리츠	10

표 6-7 ▶ ETF를 통한 자산배분 포트폴리오(일반형)

구분	종목 코드	기초자산	비중(%)
주식(50%)	SPY	S&P500	20
	XLK	미국 IT 업종	10
	XLF	미국 금융 업종	10
	VWO	신흥국 주식	10
채권(30%)	TLT	미 장기채	15
	LQD	투자등급 회사채	15
대체(20%)	GLD	금	10
	VNQ	미국 리츠	10

표 6-8 ▶ ETF를 통한 자산배분 포트폴리오(안정형)

구분	종목 코드	기초자산	비중(%)
주식(30%)	SPY	S&P500	10
	XLK	미국 IT 업종	10
	XLV	미국 헬스케어	5
	VGK	선진유럽 주식	5
채권(60%)	IEF	미 중기채	20
	SHY	미 단기채	20
	LQD	투자등급 회사채	20
대체(10%)	UUP	달러인덱스	10

개별 ETF의 편입 비중도 투자 성향에 맞춰서 적절하게 배분했다. 이상의 각 포트폴리오 내 ETF 비중은 포트폴리오의 목적과 ETF들의 특성을 고려해 정성적으로 판단한 수치이지만, 실제 시장에서는 이 과정에 다양한 계량 모델이 활용된다. 교과서적으로 잘 알려진 평균-분산 모형이나 리스크 패리티(Risk Parity) 모형 등이 이에 해당한다. 하지만 그렇다고 꼭 전문적인 계량 모델을 사용하는 것만이 우수한 성과로 이어지는 것은 아니다. 투자자 본인의 목적과 각 ETF의 성격을 잘 파악하고 있다면, 주관적 판단력만으로도 효과적인 자산배분을 할 수 있다.

이 3개 포트폴리오를 2010년 1월 초부터 2020년 9월 말까지 운용했을 때 가격 변동과 누적 수익률을 살펴보면 〈그림 6-31〉과 같다. 지난 10년이 글로벌 증시의 대세 상승기였기에 아무래도 주식 비중이 큰 적극형 포트폴리오의 수익률이 우수하고 반대로 채권 비중이 큰 안정형 포트폴리오의 수익률이 저조하게 나타났다. 2019년 1년만을 놓고 비교할 때도 결과는 비슷하다. 재미있는 점은 주식 비중이 70%인 적극형 포트폴리오의 수익률이 코스피는 물론이고 S&P500지수마저 넘어선다는 점이다. IT 등 기술주의 비중이 컸기 때문에 나타난 결과다. 10년 누적 수익률 역시 적극형 포트폴리오는 주가지수를 넘어선다. 리스크를 줄이기 위해 채권을 일정 비중 편입했음에도 수익률 측면에서 주식에 뒤지지 않는 것이다. 그러면서도 리스크가 낮아진 것 또한 분명한 사실이다. 이것이 바로 자산배분의 효과다.

그림 6-31 ▶ 각 포트폴리오 2010년 이후 가격 변동 및 누적 수익률 비교

2010년 이후 누적 수익률
적극형: 241.1%
기본형: 131.1%
안정형: 93.4%

자료: 하나금융투자

그림 6-32 ▶ 각 포트폴리오 2019년 수익률 비교

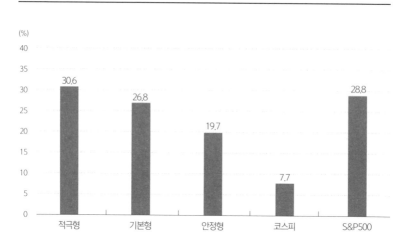

자료: Bloomberg, 하나금융투자

그림 6-33 ▶ 각 포트폴리오 2010년 이후 누적 수익률 비교(2010~2020)

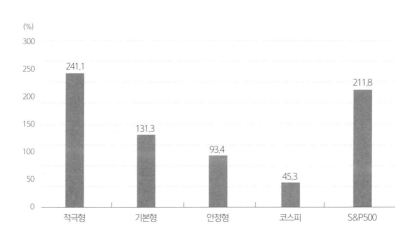

자료: Bloomberg, 하나금융투자

다만 여기에서 한 가지 오해하기 쉬운 점이 있다. 이 결과만을 본다면 안정형 포트폴리오보다 적극형 포트폴리오가 무조건 우수한 것처럼 생각되기 쉽다. 하지만 노후자산을 마련하기 위해 수십 년을 운용한다고 생각한다면 증시가 호조를 보인 지난 10년의 결과만으로 결론을 내리기는 어렵다. 만약 어떤 이유로든 앞으로 증시가 크게 하락한다면, 그때는 안정형 포트폴리오의 가치가 부각될 것이다.

은퇴 이후의 삶을 위한 연금투자는 자산배분 전략을 빼놓고는 생각하기 어렵다. 왜 그런지에 대해서는 앞서 충분히 설명했다. 노후자산을 마련하기 위해서는 수익성과 안정성 어느 하나도 놓쳐서는 안 되는데 그 원리를 통해 운용되는 것이 바로 자산배분 전략이기 때문이다. 더군다나 자산배분 전략은 장기간의 투자에서 더욱 위력을 발휘한다는 점에서 연금투자에 잘 부합한다고 볼 수 있다. 다만 해외 증시에 상장된 글로벌 ETF는 아직까지 국내에서는 퇴직연금계좌를 통한 매매가 불가능하다. 따라서 연금계좌가 가지는 세제 혜택을 현재로서는 기대하기가 어렵다. 그럼에도 주식과 채권, 대체자산을 활용한 글로벌 자산배분이 노후자산 마련을 위한 최선의 투자 전략이라는 사실은 꼭 기억하자. 많은 시간이 지난 후 분명 그 결실을 얻을 수 있을 것이다.

4차 산업 1등주에
주목하라

사상 초유의 위기가 사상 최대의 유동성을 가져왔다

코로나19 사태는 미국, 유럽 등 세계 경제의 중심지에서 경제 전반의 셧다운(Shut Down)을 가져왔다. 주요 기업이 가동 중단을 선언하고 감염병 확산을 막기 위해 사람들을 집에 머물게 했다. 그래서 미국과 유럽의 2분기 경제 성장률은 마이너스 20%가 넘는 역성장이 나타나기도 했고, 사상 초유의 실업 사태가 발생하면서 각국 정부는 이를 막기 위해서 대규모 경기부양책을 실시하고 있다. 주요 국가들이 경기부양책의 일환으로 시행하는 유동성 공급, 즉 돈을 푸는 규모가 사상 최대치에 달한다.

미국의 경우 코로나19 사태의 피해를 막고 경기를 부양하기 위해 공급하는 유동성의 규모가 이전의 최대 규모였던 리먼 브러더스 파산

당시의 2배가 넘는 수준이다. 실제로 2009년 미국 정부는 GDP 대비 5.4% 수준의 재정정책을 통해 경기부양을 진행했고, 거기에 연준에서도 GDP의 15.2% 규모의 유동성을 시중에 공급함으로써 시장에는 GDP 대비 21%에 달하는 유동성을 공급됐다. 이번에는 미국 정부가 GDP 대비 12.5%의 재정정책을 쓰고 있으며, 연준 역시 GDP의 38%에 달하는 유동성을 공급하면서 전체 유동성 규모가 GDP 대비 무려 50%에 달한다. 이 규모는 돈을 헬리콥터로 뿌렸다는 2009년의 경기부양책과 비교할 때도 그 2배를 훌쩍 넘는 수준이다.

물론 코로나19 사태와 경제 셧다운이라는 특수성이 있지만, 이 유동성 규모는 분명히 이후의 장기적인 자산 버블 가능성을 예고한다. 이 거대한 유동성 효과의 후폭풍은 과연 어떻게 닥쳐올까? 과잉 유동성이 공급됐던 2009년 이후 제로금리 기간에 각 자산의 수익률이 어떠했는지부터 살펴보자.

이전 제로금리 기간 미국 주식의 수익률이 가장 높았다

〈표 6-9〉에서 볼 수 있듯이, 2010년부터 2019년까지의 기간에 가장 훌륭한 수익률을 기록한 것은 미국 주식, 즉 S&P500이었다. 누적 수익률이 무려 189.7%에 달했고 연평균 수익률은 11.2%였다. 다음은 미국 장기국채였다. 현재까지의 누적 수익률은 103.9%로 뛰어난 수익률을 기록했고, 연평균 수익률도 7.4%나 됐다.

국내 상황은 좀 다르다. 같은 기간 코스피 수익률은 누적 30.6%에 불과했고 서울 아파트 수익률은 54.8%로 상대적으로 높은 수익률을 기록했다.

표 6-9 ▷ 자산별 수익률 비교

(단위: %)

구분	S&P500	미국 장기채	KOSPI	서울 아파트	강남 아파트
누적 수익률	189.7	103.9	30.6	54.8	66.0
연평균 수익률	11.2	7.4	2.7	4.5	5.2
제로금리 기간 연평균 수익률	12.4	3.6	8.3	0.1	0.4

※ 누적 및 연평균 수익률 기간(2010.01~2019.12), 120개월
※ 제로금리 기간(2009.01~2015.12), 84개월

이 결과가 뜻하는 것은 무엇일까? 왜 미국의 자산들이 한국의 자산보다 더 많이 오른 것일까? 왜 주식이 채권보다 많이 오른 걸까? 또 강남 아파트가 더 오른 것은 어떻게 해석할 수 있을까?

나의 판단으로는 금리가 계속 제로 수준에 머물 정도로 경제가 어려운 시기여서 안전자산과 성장이 기대되는 우량 자산에 돈이 몰렸기 때문으로 해석된다. 또 미국 중심의 양적완화가 진행되어서 미국의 자산들이 많이 상승한 것으로 판단된다.

지난 10년간 폭발적인 주가 상승세 보인 빅테크, 이익 증가율도 폭발적이었다

하지만 근본적으로 수익률은 개별 자산의 장기 수익성이나 성장성에 의해서 판가름 난다고 할 수 있다. 대표적인 예가 FAANG(Facebook, Apple, Amazon, Netflix, Google)이나 마이크로소프트 같은 미국의 4차 산업혁명을 주도해온 업체들이다. 이 업체들은 시장 수익률을 크게 웃도는 엄청난 수익률을 기록했을 뿐만 아니라 시장의 상승세를 주도해왔다.

〈그림 6-34〉에서 볼 수 있듯이 지난 10년간 미국의 4차 산업 1등 기업들은 평균적으로 연 25%의 주가 상승률을 기록했고, 연평균 24%의 이익 증가율을 기록했다. 4차 산업 1등 기업의 주가 수익률은 S&P500에 비해서도 매우 높은 수치다. 특이한 것은 주가 상승률만큼이나 높은 이익 증가율이 바탕이 됐다는 것이다. 10년 동안 지속되어온 높은 이익 증가율이나 이에 따른 주가 상승률의 추세적인 진행은 가히 혁명적이라고 할 수 있다.

대표 기업인 아마존은 연간 30%의 주가 상승률과 연평균 29%의 높은 이익 증가율을 기록했다. 이른바 '제로금리 시대, 제로성장 시대'의 분명한 투자 대안이다. 역설적으로 포스트 코로나 시대는 분명 과잉 유동성 시대로 기록될 가능성이 크고, 그 과정에서 4차 산업 우량 기업의 고성장에 대한 프리미엄은 더욱 커질 것이다.

그림 6-34 › 글로벌 대표 기업의 10년간 연평균 주가와 이익 증가율 비교

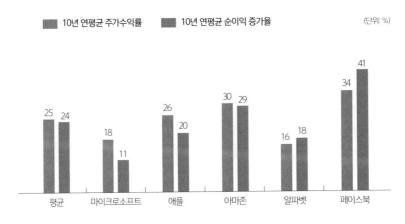

■ 10년 연평균 주가수익률   ■ 10년 연평균 순이익 증가율   (단위: %)

※ 페이스북은 7년 연평균 주가 수익률(2012년 5월 상장)

1조 달러 기업의 탄생과 4차 산업혁명의 시작

2018년 8월 2일 세계 주식 시장 역사에서 기념비적인 일이 일어났다. 시가총액 1조 달러 기업이 탄생한 것이다. 그 주인공은 애플이다. 그로부터 1개월이 지난 9월 5일에는 아마존의 시가총액이 장중 1조 달러를 돌파했다. 이 두 기업은 2018년 1조 달러 클럽에 오르는 영예를 누리게 됐다. 또 마이크로소프트와 구글 등이 그 뒤를 이어서 1조 달러 클럽에 들어갔다.

1조 달러는 엄청난 규모다. 2017년 세계 12위의 경제 대국인 한국의 GDP가 1조 6,000억 달러 수준이며, 유럽 선진국인 네덜란드와 스위스 등의 GDP는 1조 달러를 넘지도 못한다. 시가총액 1조 달러 기업

은 중간 정도의 경제력을 가진 국가의 경제력을 넘어서는 엄청난 규모라 할 수 있다.

2020년 코로나19 발생으로 언택트 수혜와 디지털 전환(digitalization) 본격화에 대한 기대감이 높아지면서 글로벌 대표 4차 산업 종목들은 강한 상승 모멘텀을 다시 얻었다. 최근 애플의 시가총액은 2조 달러를 달성했으며 마이크로소프트와 아마존의 시가총액은 각각 1.6조 달러로 한국의 GDP 수준을 따라잡았다.

그림 6-35 › 시가총액 1조 달러를 넘어선 미국의 4차 산업 기업들과 주요국 GDP

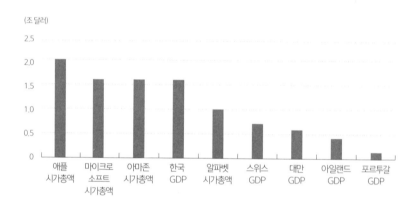

※ 2020년 10월 20일 기준

시가총액 1조 달러를 넘어섰거나 앞으로 넘어설 것으로 예상하는 기업들은 모두 4차 산업혁명의 리더들이다. 이 기업들이 혁신을 통해 창출할 부가가치에 대해 시장이 인정하고 있다는 뜻이다. 워런 버핏과 같이 엄격한 잣대로 기업을 선정하여 가치투자를 하는 신중한 투자자조차 4차 산업혁명의 선두 기업에 투자하는 것을 주저하지 않는다.

4차 산업혁명을 이끄는 기업들이 국가 경제력에 버금갈 정도로 몸집을 불리는 현상은 임박한 주식 시장 장기 사이클의 전주곡으로 보인다. 포스트 코로나 시대는 4차 산업혁명을 매개로 하여, 우리가 볼 수 없었던 1900년대 산업혁명 이후 산업 및 기업들의 변화와 같은 100년 만의 사이클을 가져오고 있다.

머지않아 사물인터넷과 자율주행차 시대 올 것

4차 산업혁명을 매개로 엄청난 부가가치가 창출될 것이며, 거대한 부와 역량을 축적한 산업과 그를 위한 인프라 기업 그리고 플랫폼 기업들이 몸집을 키울 것이다. 4차 산업혁명의 핵심 기술들이 만들어내는 첨단 제품은 이제 시작 단계다. 그 규모가 어떨지 가늠할 수조차 없다. 성패가 불투명하다는 뜻이 아니다. 시장 확장의 규모가 엄청나기에 이를 예단하기 어렵다는 의미다.

예를 들어 전기를 에너지원으로 하는 자율주행차가 본격적으로 보급되면 전 세계적으로 시장이 팽창할 것이다. 완성차뿐만 아니라 수많은 부품과 기술이 집적되는 자동차 제조의 특성상 부품과 각종 소프트웨어, 서비스에 이르기까지 천문학적 교체 수요 증가가 예상된다. 이것은 PC나 휴대폰, 스마트폰이 보급되는 것과는 규모를 달리한다. 전세계에 자율주행차는 한 대도 없었지만, 시장이 성장하면 연간 5,000

만 대 이상의 시장이 새로이 만들어진다. 규모를 짐작조차 할 수 없는 새로운 수요가 전 지구적으로 빌생한다. 기하급수적인 수요의 변화다.

사물인터넷 분야도 마찬가지다. 최근 계획되는 스마트시티 등에서 볼 수 있듯이 한 도시 내의 5G 인프라를 비롯해 모든 시설과 건물, 내부 기기 등이 사물인터넷을 장착한 스마트 제품으로 바뀐다. 또 인공지능 기반의 다양한 로봇을 비롯해서 4차 산업의 성장은 앞으로 장기간에 걸쳐 새롭고도 기하급수적인 수요 성장으로 다가올 것이다.

워런 버핏의 변심,
20년 검토 끝에 4차 산업에 투자하기 시작했다
—

2016년 봄, 세계 증권가에 화젯거리가 생겼다. 오마하의 현인, 투자의 귀재 워런 버핏이 보인 뜻밖의 행보 때문이다. 그가 이끄는 버크셔 해서웨이(Berkshire Hathaway)가 2016년 3월 말 기준으로 981만 주, 10억 7,000만 달러의 애플 주식을 보유하고 있다는 사실이 보도됐다. 이는 워런 버핏의 기존 투자 기조와는 상반된 것이었기에 그 배경을 두고 다양한 관측이 오갔다. 게다가 버핏은 2019년에는 대표적인 인터넷 회사인 아마존 주식을 추가로 대량 매수했다.

버핏은 이른바 기술주에는 투자하지 않겠다는 원칙을 여러 차례 밝혀왔다. 1990년대 후반 닷컴 열풍이 불어닥칠 때 그는 미동조차 하지 않았다. "실체에 비해 터무니없이 높은 가격이 매겨진 IT주를 도저히 이해할 수 없다"며 "동화와 같은 환상에 돈을 거는 것을 좋아하지 않는다"라고 분명히 선을 그었다. IT 기업에 기대를 거느니 이미 좋은 사업 성과를 낸 확실한 기업에 집중하겠다는 명확한 선언이었다. 이런 경향은 그 후에도 크게 변함없이 이어졌다. 2012년 투자설명회에서는 "애플과 구글은 투자하기에 너무 위험하다"라고 평가절하하기도 했다.

이런 워런 버핏의 투자 성향과 원칙을 반영하여 버크셔 해서웨이의 포트폴리오는 코카콜라, 존슨앤존슨, P&G 같은 내수 소비재 기업과 웰스 파고, 아메리칸 익스프레스 등의 금융 기업들을 중심으로 구성됐다.

그런데 2016년 이후 워런 버핏이 보인 변화의 폭은 더 커졌다. 2017년 5월 6일 네브래스카주 오마하에서 열린 버크셔 해서웨이 정기 주주총회 자리에서 워런 버핏은 구글에 대한 투자 기회를 놓쳤음을 시인하며 아쉬워했다. 또한 당시 아마존에 투자하지 않은 것 역시 CEO 제프 베조스를 과소평가한 자신의 오판에서 비롯됐다고 고백했다. 그러면서 "플랫폼 기업들이 강력한 독점력을 구축하고 있다"라며 시장의 변화를 진단했다.

2018년 5월 주주총회에서는 이렇게 언급했다.

"애플은 매우 특별한 제품을 보유하고 있으며 아이폰을 바탕으로 애플이 구축한 생태계는 매우 거대하다. 아이폰의 고객 충성도가 매우 높고 바로 그런 점이 애플을 특별하게 만든다. 애플이 자금을 어떻게 활용하는지에 대해서, 그리고 더욱 중요한 점은 애플이 가진 생태계의 가치와 그 생태계가 얼마나 오래 지속될 수 있고 그 생태계를 위협하는 것들이 있는지에 대해서 판단을 하고 투자 결정을 내렸다. 이는 내가 아이폰에 대해서 아니면 개별 요인들 하나하나에 대해서 분석했다는 것이 아니라 소비자 행동의 특성에 주목했다고 할 수 있다. 소비자의 행동 특성에는 아주 오래 지속되는 것들이 있으며 그런 점이 내가 투자 판단을 내리는 데 큰 요인이 됐다."

버핏이 처음 투자하던 2016년 1월 1일부터 2020년 6월 22일까지 애플의 주가 상승률은 무려 241%에 달한다(나스닥지수는 105% 상승). 시가총액이 같은 기간 5,900억 달러에서 1.6조 달러로 증가해, 애플은 1조 달러를 돌파한 미국 최초의 기업이 됐다.

버크셔 해서웨이는 애플 지분을 지속적으로 확대했다. 2020년 1분기 기준 지분율 5.6%를 기록했으며, 3대 주주의 지위를 갖고 있다. 또 버크셔 해서웨이의 주식 포트폴리오에서 애플이 차지하는 비중은 2016년 1분기 10%에서 2020년 1분기 36%까지 확대됐으며, 단일 종목으로는 가장 큰 비중을 차지할 정도로 버핏의 애플 사랑은 대단하다 (버크셔 해서웨이의 주식 보유 비중 2위와 3위인 BoA, 코카콜라의 비중은 각각 12%, 11%).

독점적인 생태계를 보유한 4차 산업 우량주는 최고의 장기 투자처다

나는 워런 버핏을 존경하고 그의 투자 방식을 따르는 것을 마다하지 않는다. 워런 버핏의 투자 철학과 투자 기법을 연구하여 『한국의 개미들을 위한 워런 버핏 따라하기』라는 책을 쓰기도 했다. 경쟁력 있는 우량 기업의 주식을 사서 장기 보유함으로써 궁극적 성과를 거두는 그의 가치투자 전략은 주식 시장이 활황일 때나 냉각됐을 때를 가리지 않고 유효한 지침이라 본다.

워런 버핏의 행보에 깊은 관심을 두고 이를 추적해온 사람으로서 판단하기에 최근 워런 버핏이 변심하거나 변화했다기보다는 투자 대상이 된 기업과 그 생태계가 변화했다고 분석하는 게 타당할 것 같다. 말하자면 워런 버핏의 투자 원칙은 그대로 유지되고 있는데, 4차 산업을 주도하는 우량 기업들이 이제 버핏의 투자 대상 범위 안으로 들어왔다는 뜻이다. 그런 점에서 워런 버핏의 변화는 곧 4차 산업 생태계의 변화를 의미한다. 1등 기업과 돈을 버는 비즈니스 모델이 분명해지고 있다는 뜻이다.

앞에서 말했듯 워런 버핏은 불투명한 미래를 장밋빛으로 그리는 실체가 흐릿한 기술 기업보다 전 세계 소비자의 일상생활 속에 파고들어 그들의 사랑을 독차지하는 내수 소비재 기업을 선호한다. 이들은 견고한 해자에 둘러싸여 있으며 실체가 명확히 드러난다. 그런데 이제 이것이 전통적 소비재 기업만의 일이 아니다. 현재 새로이 시작되고 있는 4차 산업의 1등 기업들 역시 소비자의 일상으로 들어와 있다. 애플의 아이폰이나 아마존의 상거래 서비스 등은 우월한 내수 소비재다. 그런 점에서 워런 버핏이 기술 기업 성장주가 아닌 소비재 기업 가치주로서의 애플에 투자했다는 분석은 설득력이 높다고 하겠다. 가치주이면서 성장성이 높은 것이다.

워런 버핏의 변심은 산업이 거대한 변화를 상징한다. 그의 선택이 던지는 메시지는 '이제는 4차 산업이 산업의 중심이 되기 시작했다'라는 의미일 것이다.

포스트 코로나 시대, 연금자산 운용의 핵심은 4차 산업 1등주 펀드

———

나의 판단으로는 사상 유례없는 코로나19 사태로 언택트와 디지털화라는 급격한 변화를 맞이하고 있고, 경제불황과 대규모 실업 사태로 과잉 유동성 공급과 제로금리 시대는 장기화할 가능성이 크다. 결론적으로 이번 사태로 세상은 본격적인 4차 산업혁명기에 접어들었다.

4차 산업의 글로벌 1등주에 투자하는 것도 매우 주요한 방법이다. 사업을 해도 4차 산업을 염두에 두고 관련 사업을 해야 한다. 또 한국인 입장에서는 장기적인 환율 리스크를 고려할 때 반드시 일정 부분은 해외 투자를 하는 것이 바람직할 수 있다. 현재 시점에서 장기적으로 미국과 중국의 4차 산업 우량주 펀드에 투자할 것을 추천한다.

첫째는 미국 중심의 글로벌 4차 산업 1등주다. FAANG, 마이크로소프트와 같은 4차 산업 우량주에 골고루 투자하거나 관련 투자상품에 투자하는 것이다.

둘째는 중국의 4차 산업 우량주에 투자하는 펀드다. 예를 들어 텐

센트와 알리바바, 바이두, 징동 등 중국의 4차 산업 기업들에 투자하는 상품이다. 중국과 미국은 4차 산업의 패권전쟁을 하고 있다. 미국의 견제를 받고 있는 중국의 4차 산업 기업들은 상대적으로 저평가되기 쉽지만, 중국의 발전도 길게 보면 피하기 어려운 현실이므로 장기투자의 좋은 대안이다.

이 두 가지 관련 상품에 분산투자 하는 것이 매우 좋은 연금투자 방법으로 판단된다.

저금리 시대 연금자산
이렇게 운용하라

초저금리 시대의 도래
—

바야흐로 저금리 시대가 도래했다. 그간 저금리는 이웃 나라 일본에서 벌어지고 있는 이른바 '잃어버린 20년'이라는 현상으로 치부해왔지만, 점차 우리의 현실로 다가오고 있다. 일찌감치 0%대 금리에 도달한 일본에 이어 유럽의 주요 국가들마저 장기적인 금리 하락 추세 끝에 마이너스 수준에 이른 상황이다. 또한 그간 선진국 중에서도 금융혁신과 높은 생산성 유지에 힘입어 상대적 고금리를 유지해오던 미국마저도 2020년 들어 코로나19로 인한 성장률 충격과 완화적인 통화정책으로 인해 0%대 금리에 진입했다.

국내 상황도 크게 다르지 않다. 한국은 아직 장기금리(국채 10년) 기준으로는 1%대 중반의 금리 수준을 유지하고 있지만 은행 정기예금금리(1년만기 기준)는 사상 처음으로 1%를 깨고 0%대로 하락했다.

그림 6-36 › 주요국 10년 국채금리 추이

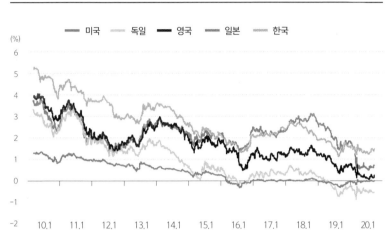

자료: 인포맥스, 하나금융투자

그림 6-37 › 예금금리 추이(1년)

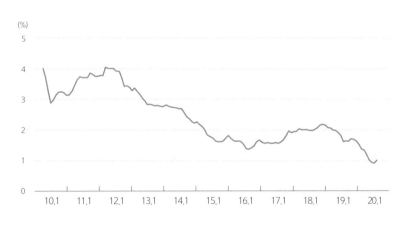

자료: 한국은행, 하나금융투자

저금리 현상의 주요 원인으로는 고령화, 과잉저축, 경기 침체 등을 꼽을 수 있다. 이 중 고령화와 과잉저축 문제는 이미 주요국뿐만 아니라 국내적으로도 일찌감치 회자되어왔기에 새롭지는 않다.

한편, 최근 전 세계적으로 금리 하락이 가속화되고 있는데 이는 코로나19로 인한 글로벌 경기 침체 및 이를 타개하기 위한 주요국 통화당국의 완화적인 통화정책이 결부되어 있기 때문이다. 즉, 은행의 사례로 볼 때 금리 결정의 잣대가 되는 중앙은행의 기준금리가 하향 조정됨에 따라 예금·대출금리가 낮게 유지될 수밖에 없는 현실에 노출되어 있는 것이다. 특히 국내의 경우 근래 부동산 가격의 불안에 따라 금리 인하 신중론이 지속적으로 제기되어왔지만, 경제주체들의 이자비용 경감 등을 통한 경기 활성화 명분에 금리 동결이나 인상 시도가 번번이 무산됐다.

고령화와 같은 구조적인 요인뿐만 아니라 경기 침체와 같은 순환적인 요인이 맞물려 현재의 저금리 현상은 단기간에 해소되기 어려울 것으로 보는 것이 경제계의 중론이다. 또한 시장금리는 기준금리의 영향을 받을 수밖에 없는 구조인데, 경기 회복이 가시화되기 이전에 중앙은행들이 섣불리 기준금리를 인상했다가 경기 회복 기회를 훼손했다는 비난을 받을 의사 결정을 할 가능성이 크지 않기 때문이다.

그림 6-38 ▸ 미국 시장금리, 기준금리 추이

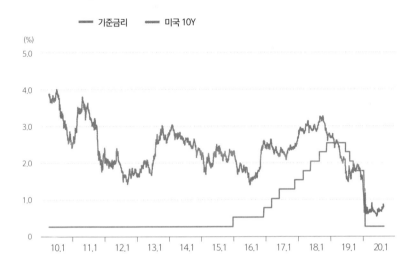

자료: 인포맥스, 하나금융투자

72의 법칙

—

초저금리 현상으로 인해 자산 운용, 특히 퇴직연금과 같은 장기·노후 상품에 대한 대비책이 절실해진 상황이다. 과거처럼 고금리 시대에는 안전한 은행 예금에 넣어놓기만 해도 이자수익을 통해 고정적이고도 안정적인 수입을 올릴 수 있었기에 노후 준비에 큰 어려움이 없었다. 하지만 예금금리가 0%대에 접어든 이상 이제 더는 과거와 같은 프레임으로는 생활비 충당은커녕 물가상승률을 고려한 원금보전조차도 위태로운 지경에 이르렀다.

고정적인 이자수입을 통한 자산증식을 측정할 때 통용되는 것 중 하나로 유명한 '72의 법칙'이라는 것이 있다. 금리 수준에 따라 투자 원금이 2배가 되는 기간(연 단위)을 간편하게 계산할 수 있는 공식인데, 72를 적용금리로 나누어(72 ÷ 금리) 나오는 값이 원금이 2배로 증식되는 기간이다. 예를 들어 예금금리가 5%라고 할 때 내 예금이 2배가 되려면 약 14년(72 ÷ 5 = 14.4)이 소요된다. 여기서 금리가 1%p 떨어질 때마다 원금이 2배가 되는 데 걸리는 시간은 4년, 6년, 12년, 34년 식으로 기하급수적으로 늘어난다. 적용금리를 1%라고 치면 한국인의 평균수명보다 약간 짧은 72년이라는 시간이 필요하다는 결론이 나온다. 이를 현재 1년만기 시중은행 예금금리 수준(0.5~0.7%)으로 계산하면 장장 100년이 넘는 시간이 소요된다.

그림 6-39 › '72의 법칙'에 따라 계산한 금리별 자산 2배 증식 소요 기간

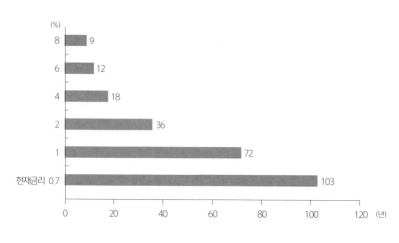

자료: 하나금융투자

따라서 현재와 같은 금리 환경에서는 이자의 증식에 따른 자산의 성장 속도가 현저히 느려지는 불편한 현실에 직면하게 된다. 더구나 고령화로 인해 평균수명이 급격하게 연장되면서 보유 자산의 수명 또한 절실한 마당에, 초저금리 상황은 문제를 더욱 어렵게 만드는 요인으로 작용할 수밖에 없다. 특히 국내의 경우 부동산을 제외한 일반 가계의 금융자산에서 예금이 차지하는 비중이 절대적인 점을 고려해보면 문제는 더욱 심각해진다.

저금리 환경은 예금과 같은 전통적인 수단의 자산증식뿐만 아니라 투자형 자산의 증식에도 불리하게 작용한다. 저금리를 가져온 사회·경제적 배경인 고령화·저성장 환경이 경제 내 전반적인 금융자산의 성과에 부정적으로 작용하기 때문이다.

쉬운 예로 주식 시장을 들 수 있다. 주식 시장에 상장된 어느 기업의 주가는 장기적으로 그 기업의 수익성 및 성장성에 의해 결정된다고 볼 수 있다. 그런데 경제 성장이 정체된 국가에 속한 기업들은 아무래도 고도성장기에 비해 성장탄력이 둔화되기 마련이고 그에 따라 주가를 끌어올릴 만한 주요 동인을 상실하게 된다. 과거 잃어버린 20년 동안 일본의 주식 시장이 오랜 박스권에 갇혀 있었던 사례를 떠올려보면 쉽게 알 수 있다. 이같이 부진한 자산 성과는 비단 주식 시장에만 국한되지 않는다. 경제가 활력을 잃으면 주식뿐만 아니라 부동산이나 대체투자 등 해당 경제권의 모든 자산 시장이 상승탄력을 상실하며, 이에 따라 투자자들은 자산 시장에서의 가격 상승을 통해 투자 수익률을 올리기가 점점 어려워진다.

초저금리 시대의 자산 운용

따라서 우리는 자산 운용 또한 과거와 완전히 다른 프레임으로 발상의 전환을 이루어야 한다. 초저금리 시대를 극복하기 위한 자산 운용 계획을 수립하는 데 기본적인 원칙과 핵심 전략에 대해 생각해보자.

첫째, 투자형 자산으로의 패러다임 전환

가장 먼저, 투자형 상품으로 자산배분을 변경해야 한다. 앞서 말한 바와 같이 원금이 보장되는 예금형 자산을 통해서는 자산의 증식은커녕 물가 상승 등으로 인해 구매력조차 유지하기가 힘들기 때문이다.

통상 투자형 자산이라고 하면 사람들은 주식과 같이 투자 위험이 높은 자산을 많이 떠올린다. 하지만 금융 시장에는 채권과 같은 안정성과 함께 주식투자에서처럼 높은 수익률을 기대할 수 있는 자산군이 존재하므로 그와 같은 기회를 적극 활용할 필요가 있다. 그런데 투자형 자산으로의 포트폴리오 변경을 검토할 때는 수익성과 안정성 간에 적절한 밸런스를 맞추어나가는 것이 중요하다. 기대수익을 높게 잡으면 손실의 가능성 또한 커지고, 반대로 안정성을 너무 강조하다 보면 기대수익이 정기예금과 별 차이가 없어지는 딜레마에 처하게 된다.

연금 운용과 같은 장기적인 자산 운용 전략에서는 이 같은 상황을 완화해줄 수 있는 변수가 존재하는데, 바로 장기적인 복리 효과다. 앞서 '72의 법칙'에서 적용금리가 낮아질수록 원금이 2배가 되는 시간이 기하급수적으로 늘어난다는 점을 살펴봤는데, 그와 같은 효과가 운용수익률 차원에서는 역으로 작용하는 것이다. 즉, 운용수익률(금리)을 조금이라도 높일 수 있다면 복리의 효과로 인해 장기적으로 운용 성과에 의미 있는 차이를 가져올 수 있다.

연봉 7,000만 원을 받는 40세 직장인이 20년간 퇴직연금을 적립한다고 가정해보자. 임금 상승률을 3%로 가정할 때 60세에 이르면 퇴직연금 적립금은 수익률이 2%인 경우 1억 8,677만 원이지만, 4%인 경우 2억 2,458만 원이 된다(그림 6-40). 운용수익률을 2%만 높여도 총 운용수익이 20%나 증대되는 효과를 볼 수 있는 것이다.

그림 6-40 › 운용수익률에 따른 퇴직연금 적립금 차이

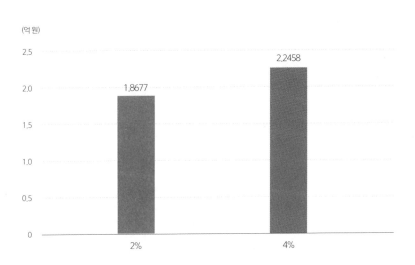

자료: 하나금융투자

이 사례를 통해 말하고 싶은 포인트는 투자형 상품으로 자산배분을 전환할 때 기대수익을 지나치게 높지 않은 방향으로 선택하더라도 운용 성과의 개선을 가져올 수 있다는 점이다.

둘째, 인컴형 자산을 통한 중위험-중수익 도모

인컴형 자산을 통한 중위험-중수익을 도모해야 한다. 이는 앞서 말한 사례와 자연스럽게 연관되는데, 이른바 인컴형 자산투자를 통해 투자자들은 지나치게 큰 위험에 노출되지 않으면서도 운용수익을 올릴 수 있다.

인컴형 자산은 말 그대로 인컴(income, 수입)이 발생하는 자산군이라고 볼 수 있는데, 이자수익(coupon)이 발생하는 채권을 비롯해서 부동산에 간접 투자하는 리츠 및 배당주가 대표적인 상품이다. 인컴형 자산의 가장 큰 특징은 정기적인 수입(현금흐름)이 발생한다는 점이다. 따라서 자산 가격에서 손실이 발생하더라도 시간이 지나면 들어오는 현금으로 손실이 어느 정도 만회되는 효과를 누릴 수 있다. 또한 현금의 유입은 운용 기간 전체에 걸쳐 인식되는 수익률의 진폭을 줄이면서 자산 운용에서 핵심적인 위험 요인인 변동성을 낮추어준다는 점에서도 긍정적인 요인이라고 볼 수 있다.

셋째, 글로벌 투자는 선택이 아닌 필수

투자의 프레임을 글로벌로 전환해야 한다. 한국 경제는 빠른 고령화 및 저성장 추세의 고착화로 장기적으로 자산 가격의 상승잠재력이 둔화될 가능성이 크기 때문에 투자 대상을 국내 자산에서 글로벌 자산으로 전환해야 한다는 의미다.

한국 경제는 수출 및 제조업 비중이 크다는 특성을 지니고 있고, 그에 따라 산업 및 기업 분포 또한 그런 특성을 반영하고 있다. 따라서 세계 경제 여건이 우호적이고 글로벌 교역이 활발한 시기에는 수혜를 누릴 수 있지만, 반대로 경기가 침체되거나 보호무역과 같은 수출 장벽이 득세하는 시기에는 그런 부정적 영향을 직접적으로 받을 수밖에 없는 구조를 지니고 있다. 반면, 선진 국가들은 내수 비중이 비교적 크고 그에 따라 산업 구성도 제조업보다는 서비스업의 비중이 큰 구조다. 따라서 한국이 경기 침체를 겪을 때 경기 상황이 상대적으로 우호적일 수 있고, 그에 따라 자산 시장의 움직임 또한 한국 시장과 차별적으로 움직일 수 있다.

이처럼 글로벌 관점에서 보면 지역별, 국가별로 각기 상이한 경제 사이클을 타기 때문에 자산 운용에서도 이런 흐름을 적극적으로 활용할 필요가 있다.

과거 한국의 고도성장기에는 굳이 밖에서 찾지 않아도 국내에 투자 기회가 널려 있었지만, 지금은 저성장·저금리로 인해 투자의 프레임에 일대 전환이 필요해졌다. 그런 차원에서 해외 투자는 더는 선택 사항이 아니라 필수 사항이 됐다.

넷째, 계란을 한 바구니에 담지 마라

분산투자를 실행해야 한다. '계란을 한 바구니에 담지 말라'라는 증시

격언은 비단 주식투자를 할 때만 필요한 덕목이 아니다. 경제 상황의 움직임과 관련해 서로 다르게 반응하는 여러 자산, 즉 상관계수가 낮은 여러 자산군 또는 투자상품을 조합해 투자함으로써 개별 자산의 위험을 회피하거나 그 영향을 최소화할 수 있다. 분산투자는 주식, 채권, 대체투자 등 여러 자산군 차원에서뿐만 아니라 선진국, 신흥국 등과 같이 지역별로도 구분하여 실행할 수 있다. 동일 자산군 내에서도 마찬가지다. 예를 들면 주식의 경우 성장주, 가치주, 경기방어주 등으로 분산함으로써 특정 영역에 편중될 때 따르게 되는 위험 요인을 사전에 통제할 수 있다.

분산투자와 관련해서 마지막으로 덧붙이고 싶은 중요한 포인트가 하나 있다. 분산투자는 전통적으로 강력한 리스크 관리 도구이지만 그 효과가 항상 나타나는 만병통치약은 아니라는 것이다. 좋다고 말해놓고 이제 와서 웬 뚱딴지 같은 소리냐고 할지도 모르겠지만, 최근 글로벌 저금리 및 유동성 효과가 맹위를 떨치면서 과거에 비해 자산 가격 움직임의 동조화 현상이 강해지고 있기 때문이다.

과거에는 경기가 좋아져서 주가와 금리가 동반 상승하면 주식의 플러스 성과가 채권의 마이너스 성과를 상쇄(금리가 오르면 채권 가격은 하락)하는 식으로 분산 효과가 실효성이 있었지만, 최근 들어서는 경기가 안 좋아서 시장금리는 하락하는데 시중에 풀린 유동성 효과로 인해 주가는 상승하는 현상이 나타나고 있다. 그에 따라 주식과 채권을 60:40으로 혼합하여 운용함으로써 포트폴리오의 위험과 수익을 적절히 관리하는 기존 방식의 포트폴리오 운용 전략이 더는 먹히지 않게 됐다.

하지만 그럼에도 대체투자나 실물자산 등으로 투자 대상을 확대하면 여전히 특정 자산에 이른바 '몰빵'하는 것에 비해 운용 위험이 감소한 다는 점은 분명하다.

다섯째, 펀드나 ETF와 같은 간접 투자 방식도 활용하자

마지막으로 간접 투자다. 지금까지 언급한 저금리 시대의 투자 원칙을 요약하자면 인컴자산을 통한 투자형 상품으로의 패러다임 전환과 함께 국내뿐만 아니라 해외 자산에도 투자하되 위험분산이 필요하다는 것이었다. 그런데 말이 쉽지 예금만 하던 사람이 이 같은 생소한 투자 원칙을 하루아침에 적용하기란 현실적으로 어려움이 크다. 따라서 이상의 원칙들을 스스로 실행하기 어려운 개인들은 자산 운용 전문가들에 의해 잘 분산된 포트폴리오로 구성된 금융상품에 대한 투자를 우선하여 고려해볼 만하다. 물론 이 경우 판매 및 운용보수와 같은 추가적인 비용이 발생한다는 단점이 있지만, 초기 진입 전략으로는 충분히 고려해볼 만하다는 판단이다. 투자 경험이 쌓이면 자연스럽게 이상과 같은 전략들을 본인이 직접 구사할 수 있게 될 것이다. 그때까지는 수업료를 지불하는 셈 치고 간접 투자 방식을 적절히 활용하는 것도 한 방법이 될 수 있다.

저금리와 저성장, 저물가의 역학
—

지금까지 초저금리 시대가 도래한 원인과 현상 그리고 초저금리를 극복하기 위한 투자 원칙 등에 대하여 살펴봤다. 그런데 이 장을 마치기 전에 이 장에서 전달하고자 했던 메시지의 또 다른 측면에 대해 한번 생각해보는 기회를 가지고 싶다. 장기적인 관점에서 연금성 자산을 긴 호흡으로 운용한다는 취지라면 한번 짚어볼 만한 이슈라는 생각에서 첨언하고 싶은 내용이다.

저금리 현상의 이면에는 저성장, 저물가가 있다

앞서 저금리 시대가 도래한 원인을 고령화, 과잉저축, 경기 침체 등으로 꼽았다. 그런데 저금리 시대의 또 다른 부산물은 저물가 현상이다. 물가를 화폐적인 현상(돈이 많이 풀리면 물가가 올라간다)이라는 측면에서 접근하는 경제학파도 있지만, 일반적으로 시중물가의 전반적인 흐름은 경제 성장률과 궤를 같이한다고 볼 수 있다. 고도성장기에는 재화나 화폐 등 모든 경제 요소에 대한 수요가 공급을 초과하므로 물가는 성장 속도에 맞추어 빠르게 상승한다. 반대로 저성장기에 들어서면 새로운 수요 유발 효과가 떨어지기 때문에 물가는 하락한다. 미 연준이 통화정책 변경(금리 인상)의 바로미터로 적정 수준(현재는 2%) 이상의 인플레이션(물가상승률)을 지속적으로 언급하는 이유가 바로 여기에 있다. 즉, 물가 동향은 경제활동을 반영하는 거울로 작용한다

물가가 하락하면 경제에는 좋지 않지만 내가 가진 돈의 구매력 보

존 차원에서는 도움이 된다. 물가가 빨리 오르지 않으니 내가 오늘 가진 돈으로 미래에도 유사한 수량의 물건을 살 수 있는 것이다. 명목금리와 실질금리에 대해서 들어봤을 것이다. 명목금리는 통상 말하는 금리라고 보면 되고, 실질금리는 명목금리에서 물가상승률을 차감해서 산출한 것이다. 그래서 경제 현상을 설명할 때 명목금리도 중요하지만 실질구매력을 측정하는 관점에서는 실질금리 또한 매우 중요한 의미를 지닌다.

앞의 〈그림 6-37〉에서 저금리 시대 도래에 따른 은행 정기예금 금리 추이에 대해 언급했다. 예금금리도 물가상승률을 고려한 실질금리를 그려볼 수 있을 것이다. 〈그림 6-41〉에는 2000년 이후의 금리 및

그림 6-41 › 국내 명목/실질 예금금리 추이

자료: 한국은행, 하나금융투자

물가상승률이 나타나 있다. 방금 말한 내용이 그림에 대부분 녹아 있다는 걸 알아차릴 수 있을 것이다. 명목 정기예금 금리가 지속적으로 하락세를 보이는 동안 물가상승률 또한 하락세를 보였다. 그에 따라 실질 예금금리는 과거에 비해 그다지 크게 하락하지 않았다.

물가상승률을 고려한 실질금리도 중요

결론적으로 말해 저금리 현상을 뒤집어보면 저물가 현상을 만나게 되고, 따라서 자산 운용에 대해 그리 조바심을 내지 않아도 된다는 것이다. 오늘의 예금자는 2000년대 초반의 예금자에 비해 그리 낮지 않은 실질 예금금리를 받고 있으니, 적어도 구매력 훼손에 따른 박탈감 또는 소외감 때문에 스트레스를 받을 필요는 없다는 점을 말해두고 싶다.

물론 방금 말한 논리에도 한계점은 존재한다. 물가지수가 진정한 물가상승률을 반영하고 있느냐인데, 이른바 장바구니 물가가 물가지수와 괴리가 큰 것 같다는 지적은 많이 들어봤을 것이다. 그런데 현행 물가지수 체계가 과거 수십 년간 큰 변화가 없었다는 점을 고려해보면 시계열상의 일관성은 유지되고 있기에 논리 전개상의 큰 무리는 없다는 판단이다. 즉, 설령 왜곡이 있다고 해도 과거와 현재 시점에 동일하게 왜곡되어 있기 때문에 실질금리 문제를 논하는 데 큰 무리가 없다는 뜻이다. 다만, 현재의 물가지수가 인간의 기본적인 의식주와 관련된 물가를 제대로 반영하느냐에 대해서 회의적인 경제학자들도 적지 않다는 점만은 언급하고 싶다.

자산 버블 가능성에 대비하라

자산 가격이 오른 것이 아니라 화폐 가치가 하락한 것

2020년 초 해외 유수의 운용사 대표가 "현금은 쓰레기"라는 언급을 해서 화제가 된 적이 있다. 어떤 의도로 그런 언급을 했는지는 불분명하지만 전 세계적으로 유동성 자금이 막대하게 풀리면서 화폐 가치가 하락하는 현상을 염두에 두고 말한 것은 맞다.

특히 코로나19 사태 이후 경기부양을 위한 정책에 따라 시중에 유동성이 풀리면서 자산 시장에 버블 조짐이 나타나고 있다. 그런데 자산 가격과 관련하여 일종의 착시 현상에 속고 있는 건 아닐까 하는 생각을 해볼 필요가 있다. 최근 들어 국내적으로도 부동산 가격이 치솟고 주식 시장도 활황세를 보인다. 그런데 이 같은 현상을 자산 가격이 상승한다는 측면이 아니라 돈의 가치가 하락한다는 측면에서 바라볼 필요가 있다는 것이다.

부동산의 예를 들자면, 우리 동네 집값만 오른 것이 아니라 전국적으로 대부분 동네의 집값이 모두 올랐다. 우리 집값이 명목상으로는 몇억 원씩 올라서 기분은 매우 좋겠지만 그 집을 팔고 더 좋은 집으로 이사할 수는 없다. 그래서 (집을 가진) 우리 모두는 부자가 된 것이 아니라 본전을 유지하고 있는 것에 불과하다. 앞서 소개한 "현금은 쓰레기"라는 언급은 이 같은 현상을 염두에 둔 것이라고 이해하면 될 것이다.

유동성 효과에 따른 자산 가격 버블 가능성을 염두에 두어야 한다

지금까지 저금리 시대에 투자 마인드를 바꿔야 한다는 점, 그리고 투자 마인드를 바꾸지 못한다고 해서 너무 비관할 필요도 없다는 점을 이야기했다. 보수적인 관점에서 예금을 고수해도 무방하긴 하다. 하지만 안분지족해야 한다면 사촌이 땅을 살 때 배가 아픈 것 정도는 감수할 용의도 있어야 한다는 점을 말하고 싶다. 실질금리로 인해 구매력은 어느 정도 유지된다고 해도 초저금리 현상으로 인한 자산 가격의 상승(또는 현금 가치의 하락)을 제어하기는 쉽지 않을 가능성이 매우 크기 때문이다.

여기 흥미로운 그림 2개가 있다. 〈그림 6-42〉는 연준의 재무상태표상 자산 보유 규모(연준이 돈을 얼마나 풀었는지 보여주는 지표)와 나스닥 시장의 밸류에이션 추이다. 수많은 과열 논란에도 불구하고 나스닥 시장은 시중에 돈이 풀리는 속도에 비례해서(거의 기계적으로) 상승했음을 보여준다. 실제로 나스닥지수의 12개월 예상 PER과 연준 자산 규모 간의 상관계수는 0.86을 보이며 높은 연관성을 나타내고 있다.

〈그림 6-43〉은 2020년 연초 이후 글로벌 자산 가격의 부문별 수익률이다. 유가 급락으로 인해 하락한 원자재와 신흥국 채권을 제외한 대부분의 자산이 플러스 수익률을 보였다. 저금리 시대에 장기적인 운용 전략을 논하면서, 한편으로 우리는 오늘 당장 내가 가진 현금의 가치가 눈앞에서 감소하는 현상을 목도하고 있다. 0%대의 금리에 예금하는 것과 현금으로 보유하는 것이 얼마나 큰 차이가 있을지 한 번쯤 생각해보기 바란다.

그림 6-42 › 연준의 자산 규모와 나스닥 PER

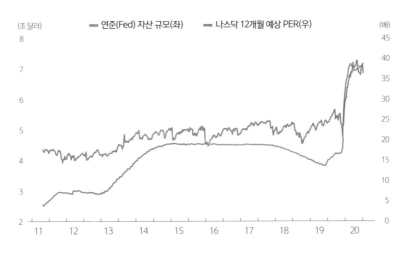

※ 2016년 10월 11일 기준
자료: Bloomberg, 하나금융투자

그림 6-43 › 글로벌 자산 가격의 부문별 수익률

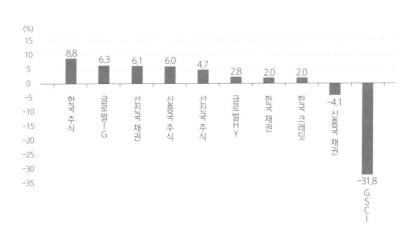

※ 2020년 10월 12일까지의 YTD(Year To Date, 연초부터 현시점까지) 수익률 기준
자료: Bloomberg, 하나금융투자

인컴자산
운용 전략

인컴형 상품으로 투자수익과 소득을 동시에

앞 장에서 저금리 시대 운용 전략에 대해 이야기했으니 이제는 본격적으로 세부 실행 방안을 검토할 차례가 됐다. 저금리 시대에 투자형 자산으로의 패러다임 전환과 함께 잊지 말아야 할 포인트는 너무 큰 리스크를 수반해서는 안 된다는 것이다. 자칫 위험 관리에 실패하면 노년 빈곤층으로 전락할 수 있고, 그 정도는 아니라고 하더라도 경제적으로 불행한 노후를 맞이하게 될 수도 있기 때문이다. 따라서 저금리 시대 연금자산의 투자 운용에서 철칙은 '높은 수익률보다는 잃어도 적게 잃는 구조로 접근해야 한다'는 것이다. 이처럼 위험과 기대수익을 적절히 관리하는 데 가장 좋은 수단 중 하나가 인컴형 자산에 투자하는 것이다.

앞서 고령화로 인해 자산 수명을 연장할 필요성이 있다는 이야기를 했는데, 저금리·저성장·고령화라는 세 가지 흐름이 만나는 지점에 있는 자산이 바로 '인컴형 자산' 또는 '현금흐름형 자산'이라 불리는 것들이다. 인컴형 자산에 투자함으로써 우리는 노후자금의 안정적인 증식과 함께 일정한 수입(인컴)을 통한 생활자금 마련이라는 두 마리 토끼를 동시에 잡을 수 있다.

인컴형 자산은 투자 대상에 따라 채권군, 실물자산군, 주식군으로 분류할 수 있다. 실제적인 차원에서 보면 실물자산군은 부동산 리츠라고 보면 되고, 주식군은 배당주식이라고 보면 된다. 예금은 일정한 금리를 주기 때문에 채권형 인컴자산의 범주에 포함시킬 수 있다. 그리고 통상 인컴형 자산의 특징 중 하나는 중위험-중수익형 상품이라는 점이다. 투자 원칙에서 중용을 지키는 자산군이라 할 수 있다.

지금부터 각 세부군을 다룰 텐데, 세부적인 투자 방법 등의 기술적인 측면보다는 각각의 상품군에 투자할 때 필수적으로 챙겨야 하는 포인트와 유념해야 할 리스크 요인에 중점을 두고자 한다.

신사의 투자상품, 채권

인컴형 상품 중에서 인컴(income)이라는 사전적 의미에 가장 적합한 자산은 역시 채권이다. 실제로 글로벌 투자 시장을 대상으로 자산을 배분하는 인컴형 펀드는 전체 자산의 최소 30% 이상, 평균적으로

40~60%를 국내외 채권에 투자한다. 즉, 채권은 인컴형 상품이 투자하는 가장 중요한 자산이다. 왜냐하면 이자라는 현금수입이 꾸준히 발생하기 때문이다. 즉, 때가 되면 어김없이 꼬박꼬박 이자를 주기 때문에 믿음직스러운 투자상품이라는 측면에서 '신사의 투자상품'이라는 수식어가 따라다니는 상품이다.

내가 채권 애널리스트(정확히는 신용 분석 애널리스트)로 활동하면서 느낀 점 중 하나는 아직도 많은 사람이 채권 관련 금융상품을 기관 투자자들의 전유물 또는 어려운 금융상품이라고 생각한다는 점이다. 그러나 채권 관련 상품은 생각보다 우리 주변 가까이에 있고, 이 글을 읽고 있는 사람 중 대다수가 채권투자 경험이 있다. 바로, 자동차를 구입해 등록할 때 공채를 매입한 경험이다. 아마도 대부분 사람이 매입하자마자 금융기관에 일정한 할인율로 되팔았을 것이다. 만일 되팔지 않고 만기(5년)까지 보유했다면 매년 약정된 금리에다가 원금을 더해 만기에 돌려받을 수 있었을 것이다. 다만, 그만큼 돈이 묶이기 때문에 대부분 할인해서 되파는 걸 선택할 뿐이다.

방금 채권투자와 관련된 주요 개념이 나왔다. 즉, 채권은 주식과 달리 일정한 만기가 있고 발행 시 일정한 이자를 지급할 것을 정한다는 것이다. 이는 채권투자에 수반되는 매우 중요한 가정인데, 주식에 투자할 때는 원금손실을 각오하고 들어가지만 채권은 기본적으로 만기에 원리금이 상환된다는 전제하에 투자가 시작된다.

표 6-10 › 채권과 주식의 차이점

구분	채권	주식
발행주체	정부, 지자체, 금융사, 일반 기업	주식회사
투자자 지위	채권자	주주
증권 성격	타인자본(부채)	자기자본(자본금)
증권 존속 기간	기한부(영구채 제외)	영구적
반대급부	이자	배당금
투자회수	만기상환, 매도	매도
가격 변동 위험	적다	크다

국채와 달리 회사채는 신용도에 따른 투자 위험을 수반한다

국가나 지방 정부가 발행하는 채권은 이 같은 약속에 대한 신뢰성이 높다. 국가는 징세권뿐만 아니라 발권력을 보유하고 있기 때문에 이론적으로 자국 통화로 발행된 채무에 대해서 상환하지 못할 이유가 없다. 반면, 국가가 아닌 일반 사기업이 발행하는 채권(회사채)이라면 얘기가 달라진다. 물론 신용도가 우수한 기업들의 경우에는 상환 가능성이 국채와 별반 차이가 없지만, 주식 시장에 상장되어 있는 기업들의 주가가 다르듯이 기업들의 신용도 또한 천차만별이기 때문이다. 그렇다면 회사채에 투자할 때 회사의 신용도를 투자자들이 일일이 알아보고 판단해야 할까? 그렇지 않다. 신용평가회사들이 상환 능력을 평가하여 표준화된 등급 체계에 따라 각각의 회사에 신용등급을 부여하기 때문에 투자자들은 최종 신용등급을 확인하기만 하면 된다.

표 6-11 › 국내외 신용평가사 등급분류 체계

등급	신용등급 정의
AAA	원리금 지급 능력이 최상급임
AA	원리금 지급 능력이 매우 우수하지만 AAA의 채권보다는 다소 열위임
A	원리금 지급 능력은 우수하지만 상위 등급보다 경제 여건 및 환경 악화에 따른 영향을 받기 쉬운 면이 있음
BBB	원리금 지급 능력이 양호하지만 상위 등급에 비해서 경제 여건 및 환경 악화에 따라 장래 원리금의 지급 능력이 저하될 가능성을 내포하고 있음
BB	원리금 지급 능력이 당장은 문제가 되지 않으나 장래 안전에 대해서는 단언할 수 없는 투기적인 요소를 내포하고 있음
B	원리금 지급 능력이 결핍되어 투기적으로 불황 시에 이자 지급이 확실하지 않음
CCC	원리금 지급에 관하여 현재에도 불안 요소가 있으며 채무불이행의 위험이 커 매우 투기적임
CC	상위 등급에 비하여 불안 요소가 더욱 큼
C	채무불이행의 위험성이 높고 원리금 상환 능력이 없음
D	상환 불능 상태임

자료: 한국신용평가, 하나금융투자

채권 상품 분류: 신용채권, 신흥국 채권, 고위험 채권

투자자 관점에서 크게 구분되는 채권의 종류별로 각각의 특징 및 투자 시 유의해야 하는 포인트를 점검해보자. 실제적인 투자 가능성이나 접근성 측면에서 한국을 포함한 선진국 국채는 일단 제외하기로 한다. 과거 초장기국채를 증권사에서 개인 투자자들을 대상으로 판매한 사례가 있지만, 일반화하기는 어렵다. 더욱이 최근 들어서는 주요 선진국 국채의 경우 금리가 마이너스를 넘나드는 등 금리 메리트가 사실상 없어졌기 때문에 투자 검토 대상에서 제외하기로 하겠다.

표 6-12 › 투자자 관점에서의 채권 분류 및 특징

구분	국내 신용채권	해외 신용채권	신흥국 채권	고위험 채권
대표적 유형	회사채, 여신금융채	미국 회사채, 은행 후순위채	브라질 국채	하이일드 채권 시니어론
신용등급 (국제등급 기준)	중상	제각각	낮음	낮음
금리 메리트	보통	제각각	높음	높음
리스크 포인트	기업 실적	기업 실적	환율	부도율
투자 접근성 (대중성)	보통	낮음	높음	보통
주요 투자 방식	직접, 개별	직간접, 펀드	직접, 개별	간접, 펀드

국내 신용채권

국내 신용채권은 크게 공사채, 은행채, 회사채, 여신금융채로 분류된다.

• 공사채, 은행채는 신용도 높지만 금리 메리트가 떨어진다

공사채, 은행채는 공기업과 은행들이 발행하는 채권이다. 대부분 신용
등급이 국내 등급 기준으로 최상위 등급인 AAA등급에 포진되어 있어
신용채권이라기보다는 국채에 더 근접한 속성을 지니고 있다. 투자 위
험이 제한적인 만큼 금리 메리트도 없기 때문에 일반 투자자들이 실제
투자할 근거를 찾기가 힘든 영역이다.

• 국내 회사채 시장은 IMF와 금융위기를 거치면서 우량 기업 위주로 재편됐다

회사채는 국내 신용채권 시장의 실질적인 몸통이라고 볼 수 있다. 회
사채 시장이야말로 국내 신용채권 시장의 모든 우여곡절과 역사가 그

대로 투영되어 있는 바로미터다. 국내 회사채 시장은 한국이 IMF 구제금융을 받은 시기를 전후하여 양적, 질적으로 크게 성장했다. IMF를 계기로 국내 기업들은 과다한 외부 자금 의존도에서 점차 벗어나 유상증자 등을 통해 자기자본을 확충해 재무구조를 개선했고, 이로써 진정한 신용평가 관점에서의 투자가 가능해졌다. 또한 IMF 이전에는 은행이나 종금사 등 간접금융 방식에 따른 대출 방식의 외부차입이 이루어진 반면, 그 이후에는 회사채 시장이 개화하면서 직접금융 방식에 따른 자금 조달이 보다 원활해졌다.

IMF 말고도 국내 회사채 시장은 2000년대 초반 현대그룹 구조조정, 2010년대 초반 동양·STX·동부그룹 구조조정이라는 몇 개의 큰 전환점을 지나왔다. 이런 과정을 겪으면서 국내 회사채 시장은 우량 기업 위주의, 다소 기형적인 구조로 변모해왔다.

표 6-13 〉 국내 회사채 등급분포 현황

등급	업체 수(개)	비중(%)	등급별 비중
AAA	70	16	
AA	140	31	투자등급 87%
A	122	27	
BBB	60	13	투기등급 13%
BB	30	7	
B	21	5	
CCC	3	1	

※ 2020.10.12 기준
자료: 한국 기업 평가, 하나금융투자

〈표 6-13〉을 보면 신용등급이 상위에 속하는 AAA, AA등급 기업의 분포가 절대적인 비중을 차지함을 알 수 있다. 국내 회사채 시장이 이렇게 기형적으로 발전해온 배경 중 하나는 아직까지도 여전히 은행 등 금융기관 대출에 의존하는 형태의 재무 전략을 고수하는 기업들이 많다는 것이다. 신용도가 우수한 알짜 중견 기업들도 굳이 회사채를 발행하는 데 수반되는 신용평가나 발행신고서 작성 등 번거로운 절차를 피하고자 기존의 대출 조달에 의존하는 경우가 많다.

결론적으로 국내 회사채 시장에 투자할 때 수반되는 신용 위험은 글로벌 관점에서 봐도 우량한 축에 속한다고 봐도 무방하다. 무디스(Moody's)나 S&P 등의 글로벌 신용등급을 보유하고 있는 국내 일반 기업(공기업, 은행 제외)들의 신용등급은 대략 A~BBB등급(국내 등급 기준으로는 AAA~AA등급)에 걸쳐 있다. 글로벌 투자자 관점에서도 한국 기업들이 발행하는 회사채는 적당한 신용도에 적당한 금리를 주는, 그야말로 중위험-중수익 채권으로 인식되고 있다.

• 일반 투자자들에게 투자 메리트가 점차 떨어지고 있는 국내 회사채 시장

대신 일반 투자자 관점에서 국내 회사채의 금리 메리트가 그리 높지 않다는 것이 단점이다. 2020년 10월 현재 기준 3년만기 AA-등급 회사채의 민평금리(AA-등급 회사채 지표금리)는 1.4~1.5% 수준에서 형성되어 있다. 예금금리보다 조금 높은 수준이라 투자 메리트가 예전같지 않은 것이다. 하위 등급으로 눈높이를 낮추면 보다 높은 투자수익을 기대할 수 있지만, 발행 물량 자체가 많지 않고 개별적으로 신용도를

점검해야 하는 등 번거로움이 크기 때문에 그다지 추천하고 싶지 않은 방식이다. 2010년대 초반까지만 하더라도 고금리 회사채 시장이 형성되어 개인 투자자들의 참여가 활발하기도 했지만, 이제는 과거지사가 됐다.

국내 회사채에 투자하고자 한다면 증권사 HTS 등을 통해 장외채권 매매 방식으로 개별 회사채에 투자할 수 있다. 채권 매매는 주식과 달리 한국거래소(장내 채권 매매)와 같은 표준화된 매개기관을 통하지 않고 거래상대방 간에 직접 매수·매도 호가를 제시하면서 거래가 되는 것이 일반적이다. 주식과 달리 채권은 동일 주체가 발행한 채권이라고 해도 변제순위(선순위, 후순위)나 잔존만기가 제각각이기 때문에 표준화된 방식의 거래가 이루어지기 어렵다.

한편, 국내 회사채 장외 거래의 경우 호가 갭이 크고 유동성이 제한적이어서 내가 사고 싶은 종목이 있어도 누군가 파는 사람이 없으면 사기가 어렵다. 그보다는 증권사가 발행 시장에서 직접 수요 예측을 통해 확보한 물량을 특판 형식으로 판매하는 채권에 투자하는 것이 그나마 현실적인 접근법이다. 다만, 이렇게 판매되는 채권들의 경우 금리가 높지만 신용등급이 낮은 경우가 많아 투자 기업을 꼼꼼히 검토해야 한다.

해외 신용채권

• 펀드, ETF 등 간접 투자가 활성화된 해외 채권 투자

해외 신용채권 또한 국내 신용채권과 유사한 맥락에서 접근하면 된다.

가장 큰 차이점이라고 한다면 개별 채권에 대한 투자가 상대적으로 용이하지 않다는 점을 들 수 있다. 국가 간 채권 체결 시스템상의 기술적 문제도 있지만 중개기관이 다수의 채권 재고를 쌓아놓고 판매하지 않는 한 수많은 해외 채권 중 특정 채권을 사기란 쉽지 않기 때문이다.

해외 신용채권은 대중성이 있는 채권 물량을 금융사에서 대량으로 떼어 와서 원하는 고객들에게 분할해 판매하는 형식으로 통상 이루어지기 때문에 내가 원하는 종목을 원하는 시기에 살 수는 없다는 제약이 따른다. 따라서 직접 투자보다는 펀드 등을 통한 간접 투자 방식을 활용하는 것도 한 가지 방법인데, 국내에 소개된 회사채형 펀드의 구색 또한 다양하지 못하다. 여기에는 해외 회사채펀드에 대한 수요가 크지 않다는 이유도 있는데, 국내에서는 비단 해외 채권뿐만 아니라 채권형 펀드 역시 시장화가 더디다.

그런데 최근 들어 ETF 투자가 활성화되면서 이 같은 문턱이 크게 낮아지고 있다. 특히 2020년에는 코로나19로 인한 금융 시장 불안을 해소하는 차원에서 연준이 회사채 ETF를 매입하면서 일반 투자자들 사이에서도 회사채 ETF에 대한 관심이 높아지고 실제 투자도 많이 이루어졌다.

표 6-14 › 국내 투자자의 주요 미국 회사채 ETF 매수 현황

(단위: 억 원)

티커	종목명	순매수 금액
LQD	iShares iBoxx USD Investment Grade Corporate Bond ETF	1,026
VCSH	Vanguard Short-Term Corporate Bond ETF	873
HYG	iShares iBoxx USD High-Yield Corporate Bond ETF	267
SPIB	SPDR Portfolio Intermediate Term Corporate Bond ETF	238

※ 기간: 2020.3.23~6.29
자료: 한국예탁결제원

• 해외 신용채권 직접 투자는 미국 회사채, 유럽 금융기관 후순위채가 주종

해외 신용채권 중 투자가 가장 용이한 그룹은 미국 회사채다. 우선 국내 투자자들에게도 친숙한 기업이 많은 데다가 주요 선진국 중 미국 채권의 금리가 상대적으로 높다는 점이 투자 포인트로 작용하기 때문이다. 신용등급이나 기업 펀더멘털을 전반적으로 볼 때 투자 위험이 크지 않다는 인식이 깔려 있고, 또 실제로 그러하기도 하다. 최근 국내 투자자들이 해외 주식에 투자할 때 미국 기업을 위주로 한다는 점도 복합적으로 작용해 미국 회사채에 대한 접근성을 높여주고 있다. 국내 투자자들이 투자하는 미국 회사채는 신용등급은 국제등급 기준으로 A~BBB등급 수준, 발행금리는 2~3%대, 발행만기는 5~10년 정도가 주종을 이룬다.

미국 회사채 이외에 국내 투자자들이 많이 투자하는 해외 신용채권은 유럽 금융기관 후순위채다. 금융위기 이후 중앙은행들의 중앙은행 격인 바젤위원회(BIS)에서 은행 시스템의 안정성 복원을 위해 각국 은행들의 자본 확충 로드맵을 수립하여 실행해오고 있는데, 자본 확충

방안의 핵심이 바로 후순위성 채권 발행을 통한 보완자본의 확충이다. 유상증자 등을 통한 보통 자본 확충만으로는 빠른 자본 증가가 어렵기 때문에 변제순위가 선순위채권보다 밀리는 후순위채권이나 신종 자본증권을 발행하면 보완자본으로 인정해주겠다는 취지이고, 그에 따라 유럽계 은행을 중심으로 자본성 채권의 발행이 크게 증가했다. 자본성 채권은 변제순위가 후순위인 만큼 투자 리스크가 크기 때문에 상대적으로 금리가 높게 형성되어 있어 고금리를 찾는 투자자들의 꾸준한 관심 대상이 되어왔다. 금융기관의 자본성 채권은 개인들이 직접 투자할 수는 없고, 금융기관을 통한 간접 투자는 비교적 활성화되어 있다.

신흥국 채권

• 고금리가 메리트인 신흥국 채권, 국내에서는 브라질 채권이 대세

신흥국 채권은 국내 투자자들에게는 브라질 채권으로 친숙한 대상이다. 한때 러시아 채권, 멕시코 채권 등도 관심을 끌었지만 이러니저러니 해도 신흥국 채권의 대장 격은 브라질 채권이다.

신흥국 채권 투자에서 가장 큰 장점은 높은 금리다. 현재 브라질 국채 10년물의 금리는 8% 내외로, 그야말로 저금리 시대라는 것이 무색할 정도의 고금리를 자랑하고 있다. 하지만 그 반대급부로 투자 위험은 선진국 채권에 비해 높다. 브라질의 국가신용등급은 BB등급으로 투기등급이다. 러시아, 멕시코의 신용등급은 BBB등급이고 금리는 6%대 초반을 형성하고 있다.

글로벌 신용평가사들이 국가신용도를 판단하는 핵심지표는 재정건전성이다. 즉, 경상수지와 같은 플로(flow) 측면의 경제지표도 중요하지만 현재 국가의 곳간이 얼마나 튼실한지를 주시하는 것이다. 브라질의 현재 GDP 대비 정부부채 비율은 88.8%(2020년 초 75.7%)로 절대적인 수치는 주요 국가에 비해 그렇게 높지 않다. 문제는 그 증가 속도가 빠르다는 점인데, 2020년 연말에는 100%에 육박할 것이라는 전망까지 나오고 있다.

브라질을 포함한 신흥국들의 또 다른 취약성은 정치적 불안정성이다. 브라질은 현직 대통령이 탄핵되기도 하는 등 정치적인 안정성이 상대적으로 높지 않고, 이는 남미 국가들의 공통적인 요인이기도 하다.

하지만 이 같은 부정적인 요인이 있음에도 우리가 계속 신흥국 채권에 관심을 둘 수밖에 없는 이유는 앞서 얘기한 금리 메리트 이외에도 이들 국가가 보유한 풍부한 부존자원에 있다. 브라질은 석유·철광석 등 광물자원이 풍부하고, 특히 기후가 좋아 세계적으로 농산물 수출 1위 국가이기도 하다. 최근 유가 급락으로 경상수지가 예전보다는 못하지만 풍부한 부존자원을 활용한 경제적 잠재력을 무시할 수가 없다. 이는 러시아나 멕시코, 인도네시아도 마찬가지다.

• 신흥국 채권 투자에서는 환율 리스크가 가장 큰 변수

신흥국 채권 투자에서 오히려 더 유의해야 하는 리스크는 환 변동성이다. 앞서 언급한 취약점들로 인해 신흥국의 환율은 외생적 경제 충격 및 내정 이슈 등이 불거질 때마다 급등락세를 보인다. 따라서 신흥국 채권 투자에서는 투자 타이밍을 잘 잡는 것도 기술적으로 매우 중요하다. 현지 환율이 상대적으로 강한 시점에 채권을 매수했을 경우 환율이 약세로 돌아서면 환차손이 발생해 전체 수익에 적지 않은 영향을 줄 수 있기 때문이다.

어쨌든 신흥국 채권 투자에서 고금리는 처음부터 끝까지 가장 중요한 투자 포인트다. 금리가 워낙 높기 때문에 환차손이 발생하더라도 시간이 지나면 손실을 벌충하기가 비교적 용이하다. 인컴형 자산투자의 가장 큰 장점이 극명하게 드러나는 사례라고 할 수 있다.

신흥국 채권에 실제 투자할 때는 금융기관을 통해 개별 채권에 직접 투자하는 방식으로 이루어진다. 워낙 대중성이 높은 채권이다 보니 만기별로 비교적 다양하게 구색이 갖춰져 있기도 하다.

고위험 채권

• 하이일드 채권은 고위험-고수익 상품으로 주식투자와 유사하다

고위험 채권은 '하이일드 채권'이라고 통칭되기도 한다. 말 그대로 고위험-고수익 채권이다. 따라서 인컴형 자산의 투자 대상으로서는 다소 적절치 않은 측면이 있지만, 글로벌 채권형 펀드에는 포트폴리오의 일부로 편입되기도 하기 때문에 상식 차원에서라도 알아둘 필요가 있다. 앞서 설명한 신흥국 채권 또한 큰 범주에서는 하이일드 채권으로 분류할 수도 있다. 하지만 일반적으로 하이일드 채권은 신용도가 낮은 기업이 발행하는 회사채를 가리키며, 그래서 '투기등급 채권'으로 불리기도 한다.

하이일드 채권은 투자 위험이 커서 개별 채권에 대한 거래 자체에 제약이 큰 상품이다. 한때 국내에서도 고금리 채권 수요에 부응해 개인 투자자들 사이에서 하이일드 채권 투자 붐이 일기도 했으나, 부실 대기업과 경기민감 업종이 구조조정을 겪으면서 시장이 많이 위축됐다. 현재는 일부 하위 등급(BBB등급) 위주로 근근이 명맥을 이어가고 있는 정도이기에 접근성은 낮다.

• 고위험 채권투자는 간접·분산투자 방식이 적절하다

오히려 국내 투자자들에게는 해외 하이일드펀드가 더욱 대중성이 있는 상품이다. 국내 개인 투자자들에게 가장 접근성이 좋았던 채권형 펀드는 국내외를 통틀어 아마도 하이일드펀드가 아니었나 싶다. 하이일드펀드의 특징은 이름 그대로 수익률이 일반적인 채권형 펀드에 비해 높아서 투자자들의 관심을 끌게 된 것으로 판단된다. 물론 변동성이 그만큼 큰 것이 단점인데, 그 때문에 투자 타이밍을 잘 잡는 것이 무엇보다 중요한 투자 포인트다.

또 다른 특징은 금융위기와 같은 시기에 급락세를 보이기도 하지만, 이후 반등 또한 그만큼 크게 나온다는 것이다. 고위험 상품이지만, 바로 그런 이유에서 역설적으로 장기 투자 시에 오히려 그 성과가 좋았다.

최근에는 투자등급 채권과 마찬가지로 다양한 하이일드 ETF가 상장되어 있어 투자의 접근성 또한 과거보다 좋아졌다.

그림 6-44 › 하이일드 펀드 장기 성과 추이

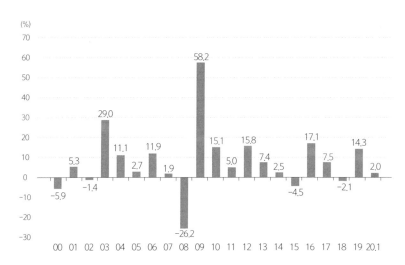

자료: Bloomberg

주식군 인컴형 자산

배당주

• 주식이지만 안정적인 수입이 발생하는 배당주투자

주식형 인컴자산의 대표적인 사례는 배당주투자다. 주식이라 투자 위험이 비교적 크지만 상대적으로 가격의 변동성이 작다는 측면에서 중위험-중수익형이라 할 수 있고, 타 주식이나 현재 주가 대비 배당을 많이 지급받을 수 있기에 인컴형이라 할 수 있다.

　일반적으로 배당주투자 하면 재미없고 지루한 주식투자라는 인식이 강하다. 최근에도 4차 산업혁명과 관련된 성장주가 주도한 증시 활황 국면에서 소외되면서 배당주펀드들의 성과 또한 상대적으로 저조한 편이다.

하지만 배당주투자를 하는 기본적인 출발점은 그때그때 달아오르는 테마주에 편승하기보다 장기적으로 안정적인 배당수익을 바라보고 하는 것이기에 단기적인 주식 시장의 움직임에 부화뇌동할 필요가 없다. 또한 실제로 장기 성과를 보면 배당주의 주가는 시장 평균 대비 크게 뒤지지 않는 성과를 보여준다.

그림 6-45 > 국내 지수별 수익률

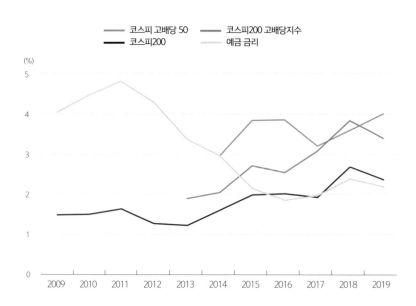

그림 6-46 ▶ 주요국 배당성향과 배당수익률

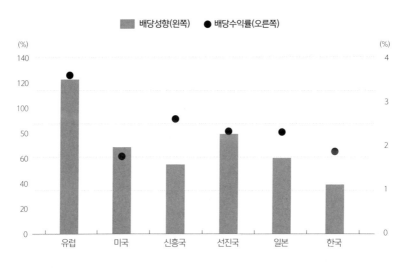

※ 배당성향과 배당수익률은 2019년 기준
자료: Bloomberg

• 이제는 배당주투자도 해외 투자가 필수

배당주투자 하면 으레 해외 주식을 먼저 떠올리게 된다. 국내 기업들의 배당률이 해외 기업에 비해 낮기 때문이다. 하지만 시장금리가 지속적으로 하락하는 사이 국내 배당수익률 또한 점진적으로 상승하면서 배당투자의 수익 매력도가 이전에 비해 개선되고 있다는 점은 고무적이다. 특히 고배당주 지수의 경우 절대수익률 자체가 의미 있는 수준으로 올라오면서 인컴형 자산으로서의 자격 요건을 충분히 갖추어가고 있다. 하지만 2017년 기준으로 한국 기업의 배당성향은 18% 정도로 주요국에 비해 현저히 낮은 편이다. 따라서 배당투자가 목적이라면 굳이 국내 시장을 고집할 이유는 커 보이지 않는다.

그림 6-47 ▶ MSCI 고배당주 및 일반주 지수 성과 추이

자료: Bloomberg

미국 배당주에 투자하기

해외 배당주 투자의 메인은 뭐니 뭐니 해도 미국 배당주다. 자본주의의 본산인 미국 기업들이 주주친화적인 경영 및 배당 정책을 지속하고 있기 때문이다. 미국 기업들이 주주친화적인 또 다른 배경은 소유와 경영이 분리되어 있다는 점이다. 미국 기업의 주주들은 전문 경영인에게 경영을 맡기고 그 과실을 배당을 통해 돌려받는 것으로 인식하기 때문에 배당에 대한 압력이 크다. 또한 지분이 다수의 연기금과 자산 운용사 같은 기관 투자자들에게 분산되어 있고, 이 기관들이 투자 성과를 올리기 위해 기업 경영자에게 배당을 늘리고 주가를 부양하라고 끊임없이 압력을 가한다.

또한 한국 배당주가 1년에 한 번 배당하는 것과 달리 미국은 분기 배

당이라 안정적인 현금흐름을 추구하는 인컴형 투자자에게 매력적이다.

배당귀족주

배당귀족주는 미국계 자산운용사인 피델리티자산운용에서 만든 개념으로, 최소 10년 이상 지속적으로 배당금을 늘려온 기업을 뜻한다. 피델리티자산운용 리서치팀에 따르면 배당수익은 미국 증시 수익의 3분의 2를 차지한다. 즉, 주가 상승에 따른 자본이득보다는 배당에 따른 수입이 더 큰 비중을 차지했다는 말이다. 실제로 미국 S&P500 기업 중 25년 이상 연속으로 배당액을 늘려온 종목은 2020년 현재 총 65개에 달한다. 이 중 50년 넘게 꾸준히 배당금을 늘려온 종목은 15개다.

표 6-15 ▶ 25년 이상 배당 늘려온 미국 배당귀족주 톱 20

(단위: %)

종목	배당률	종목	배당률
리얼티인컴	4.4	에머슨일렉트릭	3.1
레이시온테크놀로지스	4.7	코카콜라	3.3
월그린스부츠얼라이언스	5.1	제뉴인파츠	3.3
에브비	5.3	뉴코	3.6
프랭클린리소시스	5.4	3M	3.7
페더럴리티인베스트먼트	5.5	레짓앤플랫	3.8
셰브런	7.0	콘솔리데이티드에디슨	3.8
피플스유나이티드파이낸셜	7.0	에섹스프로퍼티트러스트	3.9
AT&T	7.3	앰코	4.2
엑손모빌	10.5	카디널헬스	4.2

※ 10월 1일 배당수익률 기준, S&P500 소속 기업
자료: Bloomberg

배당주 ETF

해외 주식 개별 종목에 투자하기가 부담스럽다면 배당주 상장지수펀드(ETF)에 투자하는 방법도 있다. 대표적인 배당주 ETF로는 블랙록의 'iShares Selecti Dividend'와 뱅가드의 'Dividend Appreciation' 등이 있다. 이들 ETF는 단순히 시가 기준 배당수익률이 높은 종목이 아니라 최소한 10년 이상 배당을 늘려온 기업 위주로 구성됐다. 다만, 배당주투자 시 고배당이 주가 하락으로 인한 착시 효과일 수도 있기 때문에 개별 종목에 투자할 때는 유의해야 한다. 배당수익률은 '배당 금액 ÷ 주가'로 산출되는데, 주가는 (하락한) 현재 주가인 반면 배당 금액은 전년도 데이터를 사용하기 때문이다.

실물자산 인컴형 자산

___

리츠

• 주식의 형태이지만 실제로 부동산에 투자하는 리츠

리츠의 매력은 여러 가지가 있지만, 그중에서도 가장 중요한 것은 적은 금액으로 수익성이 좋은 부동산에 투자할 수 있다는 점이다. 개인이 대형 상업용 부동산 등에 투자하기는 사실상 불가능하기 때문이다. 리츠의 또 다른 매력은 건물관리, 임차인 모집과 같은 운영 부담에서 벗어날 수 있다는 점이다. 또한 공모형 리츠는 부동산펀드가 상장된 형태이기 때문에 배당주투자와 유사한 구조로 되어 있다. 주식 시장을 통해 자유롭게 매매할 수 있으므로 투자 접근성이 뛰어나고, 임대수입을 기반으로 정기적인 배당을 함으로써 주주들에게 운용수익을 환원해준다.

현재 국내에 상장된 리츠는 10개 미만에 불과할 정도로 시장 기반은 해외에 비해 열위한 편이다. 그러다 보니 해외 리츠 투자를 고민하는 사람들이 많다. 해외 시장은 상장된 리츠의 수도 많고, 종류도 다양하기 때문이다. 시대의 흐름에 따라 최근에는 IT 산업이나 바이오 관련 시설들을 전문적으로 매입하여 임차하는 차세대형 리츠도 주목받고 있다.

리츠가 배당주와 유사한 측면이 많지만 결정적인 차이점이 하나 있다. 즉, 배당이라는 안정적인 인컴을 기대할 수 있을 뿐만 아니라 배당주에 비해 주가의 하방경직성이 강하다는 점이다. 그럴 수밖에 없는 것이 리츠는 특정 부동산을 기반으로 하기 때문에 기초자산의 가격 자체가 크게 변동하지 않는 데다가 경제위기와 같은 상황이 아니라면 가격이 급락할 가능성도 제한적이기 때문이다. 따라서 리츠에 투자하는 것은 주식투자가 꺼려지는 투자자들에게 보다 적합한 상품이라고 할 수 있다.

• **리츠 성과의 핵심 포인트는 입지, 용도, 운용사**

리츠가 안정성을 지니고 있긴 하지만 그래도 투자이니만큼 차별화되는 포인트를 염두에 두고 접근할 필요가 있다. 리츠에 투자할 때는 그야말로 부동산에 투자한다는 마인드로 접근하는 것이 적절하다. 리츠 투자 시 고려해야 할 투자 포인트는 첫째 입지, 둘째 용도, 셋째 운용사(또는 관리회사)로 요약된다. 부동산투자에서 입지의 중요성은 두말할 필요가 없다. 용도는 해당 부동산으로부터 안정적인 임대수익을 유지하는 데 기반이 된다. 장사가 잘 안되는 업종이라면 임대수익 흐름이 불안정해질 수 있기 때문이다. 마지막으로 운용사 또한 중요하다. 해당 부동산을 적절하게 관리·보수하여 가치를 유지하는 역할뿐만 아니라 기초자산을 전략적으로 교체하는 등 운용사의 역량이 투자 가치에 영향을 미치기 때문이다.

4차 산업 리츠펀드에
투자하라

기업들의 디지털 전환 인프라 수요가 폭발적이다

미국 기업들의 디지털 전환은 2018년 말 조사에서 2019년 가장 큰 변화로 지목되고, 관련 지출이 1.3조 달러나 될 정도로 기업들의 높은 관심사가 되어왔다. 조사기관 가트너에 따르면, 그럼에도 2019년 초기준 전환율이 50% 미만인 기업이 76%에 달할 정도로 디지털 전환은 아직 초기 단계라고 할 수 있다.

동시에 가트너는 주요 클라우드컴퓨팅 시스템인 IaaS(Infrastructure as a Services)와 SaaS(Software as a Service)의 시장 규모가 2020년에 전년 대비 각각 26%, 17% 성장할 것으로 전망했다. 코로나19로 주요 기업들이 영상회의 시스템이나 언택트 마케팅 등과 같은 디지털 활동을 늘리면서 클라우드 기반 서비스 경험이 증대돼 클라우드 시장은 가트너

전망치보다 더욱 빠르게 성장할 것으로 기대된다.

그림 6-48 › 가트너의 클라우드 시장 성장 전망

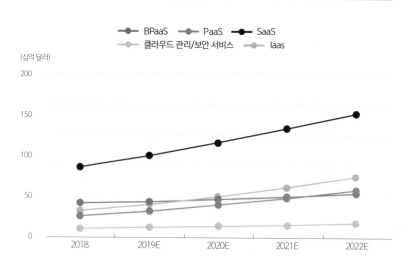

자료: 가트너

　대부분 기업이 온라인 디지털 마케팅 채널을 구축하고, 가능한 한 새로운 디지털 플랫폼으로 진화하고자 노력하고 있다. 중국의 신둥팡이라는 교육 업체가 대표적인 예다. 신둥팡은 오프라인의 교육 커리큘럼을 온라인화하여 만든 스트리밍 플랫폼 'XDF Cloud'를 통해 온라인화에 성공함으로써 언택트 시대의 성장을 이끌고 있다. 이 기업은 하드웨어 인프라를 확대함으로써 클라우드 플랫폼에 동영상을 저장하고, 동시접속 가능 인원을 기존 5만 명대에서 30만 명까지 늘려 스트리밍 서비스의 규모(Capacity)를 확장했다. 또 비대면 마케팅을 활성화하기 위하여 수강자가 오프라인에서 온라인으로 전환할 경우 수강료를 할인해줌으로써 디지털화에 성공했다.

금융·콘텐츠·쇼핑·숙박·헬스케어·음식배달 등 생활 전반에 걸쳐서 언택트(untact) 시대가 본격화되고 있고, 이를 준비하는 기업들의 디지털 전환도 본격화될 것으로 전망된다. 또한 그 바탕이 되는 네트워크 시스템, 인공지능(AI), 빅데이터, 사물인터넷, 데이터센터, 클라우드, 반도체 등의 분야도 장기적인 고성장 국면으로 접어들고 있다고 판단된다.

결국 포스트 코로나 시대는 디지털 컨택트(digital contact)를 바탕으로 4차 산업혁명을 앞당길 것이다. Google, Amazon, Facebook, Microsoft, Netflix, Naver, Kakao 등 디지털 1등 플랫폼 기업들의 생태계 확장은 더욱 가속화될 것이며, 이를 위한 디지털 인프라에 집중적인 투자가 진행될 것으로 예상된다.

개인들의 디지털 인프라 수요도 급증하고 있다

———

포스트 코로나 시대로 들어서면서 기업뿐만 아니라 개인들 사이에서도 비대면과 디지털화가 강화되고 있다. 포노사피엔스(Phono Sapiens, 스마트폰을 신체 일부처럼 사용하고 의존하는 새로운 인류)는 신세대를 지칭하는 용어로 전반적인 '디지털 생활 문화'로의 변화를 단적으로 표현한다. 신세대만이 아니다. 코로나19 사태를 겪으면서 스스로 '컴맹'이라던

40~60대도 온라인 쇼핑과 유튜브, 넷플릭스와 같은 스테이 홈의 문화적 경험을 통해 포노사피엔스로 빠르게 변하고 있다.

표 6-16 ▶ 코로나19 이후 비디오 관련 활동 조사 결과

(단위: %)

활동	비율
Disney+ 시청	68
훌루 시청	66
넷플릭스 시청	66
영화/쇼 유료결제	66
콘솔 게임	65
TV 방송	58
케이블 TV	57
아마존프라임 시청	56
영화관 시청	18

　코로나19 사태는 개인 소비의 온라인화가 대폭 강화되는 계기가 됐다. 예를 들어 영화관에 잘 가지 않고 집에서 개인적으로 비디오 스트리밍을 통해서 영화를 보는 사람이 급격히 증가했다. 대표적인 수혜 업체가 넷플릭스다. 글로벌 온라인 동영상 서비스(OTT) 기업인 넷플릭스는 2020년 1분기 전 세계 신규 가입자를 1,577만 명이나 늘렸다. 이는 시장의 전망치보다 2배가 넘는 놀라운 실적이다. 또 전체 가입자 수도 1억 8,000만 명을 넘었다. 1분기 매출액도 전년 대비 28%를 넘는 좋은 실적을 기록했고, 2분기에도 매출액이 약 23% 늘어날 것으로 시장은 전망하고 있다. 스트리밍 산업에 새로이 뛰어든 경쟁사 디즈

니+도 최근 2개월간 2,000만 명 이상의 고객을 추가로 확보한 것으로 알려졌다. 그만큼 온라인 동영상 서비스 산업이 급성장하고 있음을 보여준다.

한편, 개인 소비 측면에서는 온라인 쇼핑의 성장도 폭발적이다. 대표적인 업체인 아마존은 1분기에 매출이 26%나 늘었다. 역시 코로나19 사태의 수혜자임을 알 수 있다. 아마존은 또 코로나19 사태 이후 직원 17만 5,000명을 뽑았다. 국내에서도 대표 온라인쇼핑 업체 쿠팡의 실적 성장이 눈부시다. 쿠팡뿐만이 아니라 마켓컬리 등 그 외 온라인 배송 업체의 성장도 이제는 당연하게 여겨질 정도로 고성장세를 이루고 있다.

코로나19 사태로 개인이나 기업이나 디지털화되고 있기에 많은 데이터가 빅데이터화되어 보존되어야 한다. 그 밖에 동영상 스트리밍이나 영상회의, 온라인 교육 등의 콘텐츠가 저장공간에 저장되고 네트워킹되어야 한다. 여러 목적에 맞는 소프트웨어 컴퓨팅 시스템을 포함한 클라우드 환경의 데이터센터부터 단순한 저장장치의 데이터센터까지 다양한 디지털 인프라가 필요한 시대가 됐다. 또 풍부한 데이터를 네트워킹할 수 있는 통신 환경, 즉 5G 인프라 환경이 필요해졌다. 결론적으로, 데이터센터나 5G 인프라 타워, 물류센터 등 4차 산업의 인프라가 되는 리츠들은 코로나19 사태 이후 일차적으로 폭발적인 수요 증가가 나타나고 있다.

다우존스 초창기 지수 종목 11개 중 9개가 철도 기업이었다

미국의 서부 시대에 노다지를 꿈꾸며 사람들이 서부의 금광으로 몰려 들었지만, 결과적으로 큰돈을 번 사람은 그 인프라를 설치하고 사람과 물건을 실어 나른 철도회사였다. 대표적인 금광 지역이던 버지니아시 티에서 철도 사업을 했던 '스탠퍼드'라는 사람은 훗날 거기서 번 돈으 로 오늘날 실리콘밸리를 이끌어가는 최고의 대학, 스탠퍼드대학교를 설립했다고 한다. 물론 거기서 청바지를 팔던 사람도 오늘날까지 유명 한 '리바이스 청바지'의 창업자가 됐다.

산업혁명기에도 마찬가지다. 미국 산업혁명 시기에 가장 먼저 핀 꽃은 철도 산업이었다. 「월스트리트저널」 창간자이기도 한 찰스 다우 (Charles Henry Dow)는 1884년 다우존스지수를 처음 개발했다. 뉴욕 증 시를 한눈에 보여주기 위해서였다. 다우지수 출범 당시 처음 선보인 것은 9개의 철도회사를 포함해서 11개 기업의 주가를 평균한 것이었 다. 이는 사실상 철도주 평균 주가나 다름없었다. 미국 산업혁명은 그 인프라였던 철도가 미국 주요 지역에 깔리면서부터 본격적으로 성장 하기 시작했다. 이를 통해 철강 산업이 성장하고 이 인프라를 바탕으 로 많은 자원의 교류가 시작됐다.

4차 산업도 본격적인 성장을 위해서는 5G 인프라가 설치되어야 하 고, 수많은 클라우드센터를 포함한 데이터센터가 설치되어서 빅데이 터가 축적되고 교류되어야 한다. 또 물류센터 등 많은 4차 산업 인프 라 시설이 갖춰져야 한다. 산업혁명기의 인프라를 담당했던 것이 철도

회사라면 지금 4차 산업혁명의 인프라는 디지털 인프라 시설이고, 이를 투자하고 관리하는 4차 산업 리츠회사가 4차 산업혁명을 가져오는 바로 그 철도회사일 것이다. 산업혁명기에 가장 먼저 돈을 벌고 성장한 산업이 철도였던 것처럼, 4차 산업혁명기에도 디지털 인프라 관련 산업에 주목해야 한다.

산업혁명기의 주도 업종은 인프라, 철도와 철강, 전기, 원유

미국의 산업혁명은 현재의 산업 세계를 형성한 결정적 토대가 됐다. 영국으로부터 1차 산업혁명의 바통을 이어받은 미국이 이를 기업 현장에 도입함으로써 자본주의가 질적으로 도약했으며 거대 기업들이 탄생할 수 있었다. 산업혁명의 물결이 없었다면 세계 자본주의와 기업은 지금과는 다른 모습이 됐을 것이다.

앞서 이야기한 바와 같이 미국에서 산업혁명은 인프라를 담당하고 지역과 지역의 연결을 담당하던 철도 산업에서 시작됐다. 이것은 지금으로 말하면 통신 인프라나 데이터센터 같은 4차 산업 인프라의 핵심이었을 것이다. 철도와 함께 산업혁명을 주도한 철강의 발전도 눈부셨다. '베세머(Bessemer) 제강법'이라는 기술로 무장한 앤드루 카네기(Andrew Carnegie)는 철강왕으로 등극했고, 그의 제철공장은 급속도로 성장했다. 건물을 짓는 데 철강이 사용되며 미국의 산업은 한 단계 더 도약했다. 카네기는 창업 20년 만에 미국의 제철 산업을 지배하는 기업가로 성장했다. 그는 제철 제품의 신속한 유통을 위해 전용 철도를 건설하기까지 했다. 철강 산업의 발진 역시 산업혁명의 또 하나의 중요한 인프라 산업이었다.

카네기제철의 가치를 알아차린 금융 자본가 J. P. 모건(J. P. Morgan)이 5억 달러라는 천문학적 금액으로 이 회사를 인수했다. 그는 자신이 소유한 페더럴제강, 내셔널제강, 아메리카제강과 카네기철강을 합병해 US스틸이라는 미국 최대의 철강 공룡을 만들었다. US스틸의 당시 자본금은 14억 달러였다. 그 무렵 미국의 1년 예산 5억 2,500만 달러보다 2.7배나 더 컸다. 이런 공룡 기업의 대규모 기업공개를 계기로 뉴욕 증시가 규모 면에서 런던 증시를 앞서나가기 시작했다.

철도의 성장과 함께 산업혁명의 주력 산업 분야가 하나씩 발전해갔다. 산업혁명의 에너지원이 된 석유도 거대한 산업을 이뤘다. 미국 석유 사업의 핵심 인물이 그 유명한 존 D. 록펠러(John D. Rockefeller)다. 록펠러는 당시 모두가 뛰어드는 석유 채굴보다는 새로운 사업에 눈을 돌렸다. 그는 정유와 판매를 중심으로 삼았다. 철도회사와의 계약을 통해 운송비를 절감하는 등 새로운 경영 체계를 도입했고 스탠더드오일을 설립했다. 미국 석유 시장의 10%에 지나지 않던 스탠더드오일은 창업한 지 9년 만에 미국 전체 석유의 95%를 점유하기에 이르렀다. 독과점 신디케이트의 효시다. 석유 산업 역시 산업혁명에서 또 하나의 중요한 인프라 산업으로서 이후 자동차 산업이 발전하는 데 밑바탕이 됐다.

2차 산업혁명은 전기가 이끌었다. 에디슨의 전구는 말 그대로 획기적인 발명품이었다. 에디슨은 화력발전소도 설립함으로써 전기의 대량생산 가능성을 열었다. 이 눈부신 혁신에 매료된 모건은 그의 사업에 투자하고 특허권을 사들여 전기 산업에 본격적으로 뛰어들었다. 이렇게 에디슨전기회사가 탄생했다. 그 후 이 기업은 톰슨-휴스턴과의 합병을 거쳐 오늘날까지 미국을 대표하는 기업 중 하나인 GE(제너럴일렉트릭)로 발전했다.

전화 사업은 벨이 발명하고 에디슨이 실용화했다. 벨이 개발한 전화 기술을 토대로 설립된 미국 최대 전화 사업체 벨텔레폰은 이후 AT&T(American Telephone & Telegraph, 미국 전화&전신회사)로 발전했다. 그리고 웨스턴유니언과 합병함으로써 미국 전화와 전신 시장을 석권하고 사실상 독점 체계로 발전해나갔다.

산업혁명의 기술혁신을 가장 극적으로 보여주며 기업 판도를 변화시킨 것이 자동차의 대량보급이었다. 헨리 포드가 대량생산에 나섬으로써 자동차가 대중적으로 보급되기 시작했다. 그리고 자동차 산업은 강철, 기계, 유리, 고무, 전기, 석유, 건설 등 연관된 기반 산업들을 선도하며 거대한 산업 생태계를 이뤘다.

미국 초기 산업은 자본에 의해 시장이 지배되지 않고 기술력만으로도 시장을 지배할 수 있는 혁신적 분위기였다. 기술력에 따른 경쟁이 특허제도의 지원을 받았다. 하지만 미국 산업혁명의 전개와 대기업의 탄생에는 거대 자본이 필요했고 새로이 등장한 금융 자본가가 이를 뒷받침했다. 그 결과 기업 규모가 점점 커졌다. 산업혁명으로 미국은 미증유의 번영을 구가하게 됐으며 미국 산업과 증시는 엄청난 규모의 시너지를 이뤘다.

세계를 움직이는 미국 대기업 중 상당수는 산업혁명기에 탄생하여 새로운 기술과 시장을 선도하면서 예전에는 상상하기조차 어려웠던 성장을 이뤘다. 그리고 강력한 독점 체계를 구축함으로써 거대 기업으로 우뚝 섰다. 미국 기업사에서 보듯 산업혁명은 전례 없이 거대하고 강력한 기업과 이들이 주도하는 새로운 시장 생태계를 만들어냈다. 산업혁명의 수혜는 카네기나 록펠러, 에디슨, 헨리 포드 등의 기업가에게만 돌아가지 않았다. 모건으로 대표되는 투자자들이 더 큰 부를 거머쥐었다.

4차 산업혁명 역시 새로운 기술, 새로운 기업, 새로운 인프라, 새로운 시장과 산업, 새로운 부의 기회를 포함하고 있다. 이전에 없던 데이터센터, 클라우드, 반도체, 5G 네트워크 장비 등 새로운 기술 인프라를 바탕으로 새로운 성장을 만들어가고 있다. 그 성장의 기회에 올라타는 사람에게는 무한한 가능성이 주어진다.

중위험-중수익 배당형
부동산 재간접펀드 부동산 리츠 시대가 온다

―――

매년 시가배당수익률이 3.5%를 넘고, 연간 10% 전후의 안정적인 성장을 하는 5G 인프라 통신타워와 통신장비용 스몰셀을 임대하는 크라운캐슬인터내셔널은 미국 최고의 리츠회사다. 5G 도입으로 미국

내 스몰셀 임대 사업은 2026년까지 앞으로 6년 동안 매년 20%가 넘는 고성장을 할 것으로 기대된다. 제로금리 시대에, 언택트 시대에, 5G 시대에 이만한 투자처가 있을까?

서부 시대에는 금광을 캐는 광부보다 실제로는 광산에서 맥주를 팔고, 청바지를 팔고, 철도를 운영하고, 호텔을 운영하는 사람들이 돈을 벌었다. 철도 기업을 운영하면 어느 사업자가 금을 캐든지 상관이 없다. 누가 됐든 수송은 할 것이기 때문이다. 그것이 중위험의 인프라 사업자다. 시간이 지나면 철도업자, 즉 중위험의 인프라 사업자가 가장 안정적으로 많은 돈을 번다.

지금도 4차 산업의 1등 기업이 되기는 어렵고, 경쟁 사회에서 어떤 기업이 장기적으로 돈을 벌지를 판단하기는 상당히 어려울 수도 있다. 하지만 4차 산업 인프라가 되는 데이터센터나 클라우드센터, 물류센터, 5G 등 통신장비 설치를 위한 타워나 인프라 장비들은 매우 좋은 투자처다. 이제는 '4차 산업의 건물주'가 되는 꿈을 가져보는 것도 아주 좋은 투자 대안이 될 수 있다.

4차 산업 시대에 반드시 필요한 부동산으로 구성하자

하나금융투자는 4차 산업 시대에 수요가 크게 증가할 것으로 예상되는 부동산에 투자하고자 4차 산업 리츠 포트폴리오를 구성했다. 4차 산업 부동산의 종류로는 5G 통신, 클라우드, 사물인터넷과 연결된 통신 인프라 부동산과 데이터센터가 있으며 디지털 콘택트 소비의 중심인 물류 인프라 등이 포함된다. 이들 4차 산업 부동산은 기존 부동산들과 다르게 산업의 성장과 함께 꾸준히 수요가 증가하는 자산이며, 여기에 투자하는 리츠 또한 전통적인 리츠들보다 높은 성장성을 보이게 된다.

그림 6-49 › 역사적 수익률: 하나금융투자 성장형 리츠 포트폴리오 vs FTSE EPRA/NAREIT Develop Index

※ 아메리칸타워, 크라운캐슬, 프롤로지스, 에퀴닉스, 알렉산드리아, 디지털리얼티, 케펠DC 성장형 리츠 8개 종목과 캐피타랜드몰, 메이플트리 로지스틱스, 아센다스리츠, 케펠리츠, 오메가헬스케어, 신한알파리츠 가치형 리츠 6개 종목을 65:35 동일가중으로 시뮬레이션한 결괏값임
※ 2020년 3월 26일 종가 기준
자료: Bloomberg, 하나금융투자

하나금융투자는 글로벌 성장형 리츠 대표 종목 8개와 자산 가치 측면에서 우량한 가치형 리츠 6개를 통해 4차 산업 리츠 포트폴리오

를 제안한다. 최근 5년 동안 하나금융투자의 4차 산업 리츠 포트폴리오 총수익률은 글로벌 선진국 리츠 지수인 FTSE EPRA/NAREIT Devlop TRI를 크게 넘어서고 있다. 특히 코로나19로 전통적인 부동산에 대한 투자심리가 얼어붙는 현재 상황에서도 2020년 연초 대비 플러스 수익률을 기록하며 강력한 4차 산업 수요를 바탕으로 한 성장을 이어나가고 있다.

포트폴리오를 구성하는 4차 산업 부동산들을 살펴보자.

5G 통신 인프라 리츠: 초저지연의 시대로

5G는 앞으로 10년간 우리의 일상을 완전히 바꿔놓을 것이다. 2019년부터 한국과 미국을 중심으로 5G 서비스 상용화가 시작됐지만, 아직까지 실질적인 도입률은 매우 낮은 수준이다. 미국의 경우 2019년 가용 디바이스 기준 5G망 채택률이 1%에 불과했는데 이는 소비자가 실질적인 수혜를 느끼기 어려운 수준이다. 2020년에도 하반기부터 T모바일, 버라이즌, AT&T와 같은 대형 통신사들의 관련 투자가 본격적으로 나타날 전망이지만 연내 5G 채택률은 4~5%에 불과할 것으로 보인다.

다만 장기적으로는 5G 인프라의 증가와 함께 매우 가파른 증가세를 보일 것으로 기대되며, 시장조사기관에 따르면 2025년을 기준으로 미국의 5G 채택률이 50%에 육박할 것으로 추정된다. 5G는 우리가 기대하는 사물인터넷·VR미디어·자율주행과 같은 초저지연 통신망 시대에 반드시 필요한 기술이며, 이를 위해서는 대대적인 통신 인프라 투자가 이뤄져야 한다. 앞으로 10년간 통신셀타워, 스몰셀, 인빌딩중계장비(DAS)를 포함한 5G 인프라 투자가 크게 증가할 것이며 이런 통신 인프라에 투자하는 아메리칸타워(AMT), 크라운캐슬(CCI)과 같은 리츠들의 높은 성장이 기대된다.

그림 6-50 ▶ 미국 5G 채택률 추정

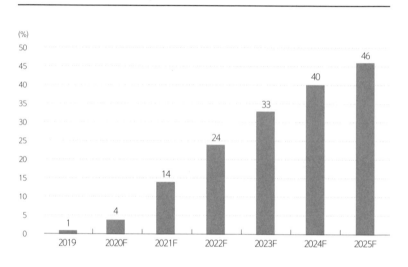

자료: AV&Co, Statista, 하나금융투자

데이터센터 리츠: 세상 모든 데이터의 기반이 되는 인프라

5G 통신망의 도입은 4차 산업의 불씨를 댕기게 된다. 기존에 낮은 통신 속도로 상호연결이 어렵던 디바이스 간의 연결, 즉 사물인터넷의 도입이 본격화될 수 있기 때문이다. 글로벌 디바이스 연결은 2023년까지 연평균 30% 이상 증가할 전망인데, 디바이스 간의 연결은 곧 디

바이스 연결에 필요한 데이터 전송량의 증가를 의미한다. 이렇게 증가하는 데이터 트래픽을 처리하기 위해서는 데이터센터와 같은 데이터의 인프라가 크게 증가할 수밖에 없다. 사물인터넷이나 자율주행과 같은 초저지연·대용량데이터 연결은 결국 데이터 저장과 컴퓨팅의 효율이 기하급수적으로 높아져야 하기 때문이다.

또한 최근 클라우드컴퓨팅의 급격한 발전으로 아마존, 마이크로소프트, 구글과 같은 초대형 클라우드 공급사(하이퍼 스케일러)들의 클라우드컴퓨팅용 데이터센터 투자가 확대되고 있다. 이들이 고성능의 클라우드 서비스를 전 세계 기업 또는 개인 대상으로 제공하기 위해서는 세계 각지에서 데이터 허브 역할을 할 데이터센터(부동산)라는 인프라가 필요하다. 이런 인프라를 공급하는 전문 업체들이 바로 에퀴닉스(EQIX), 디지털리얼티(DLR) 같은 데이터센터 리츠다. 이들은 전 세계에 500개 이상의 공용 또는 맞춤형 데이터센터를 공급하고 데이터 연결을 중개하는 등 4차 산업 시대에 반드시 필요한 인프라를 공급하고 있다.

따라서 글로벌 데이터 트래픽의 증가나 클라우드컴퓨팅 수요의 증가는 결국 리츠들이 보유하고 있는 데이터센터에 대한 수요 증가로 연결될 것이며 이는 이들이 앞으로 10년 이상 꾸준히 성장할 수 있는 근거가 된다.

그림 6-51 ▶ 글로벌 디바이스 간 연결은 연 30%의 속도로 증가할 전망

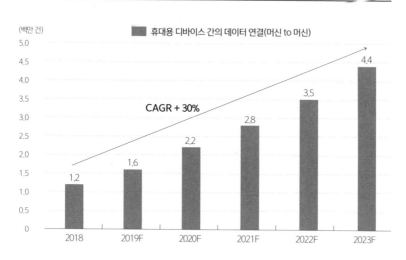

자료: Cisco Annual Internet Report, 2018-2023(2020/03/09 발간 자료), 하나금융투자

그림 6-52 ▶ 데이터 인프라 역할을 하는 데이터센터 시장 역시 고성장 기대

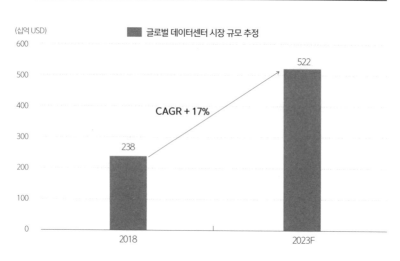

자료: Technavio Market Research(2019), 하나금융투자

이커머스 물류 리츠: 디지털 콘택트 시대 소비 트렌드

이커머스 또한 디지털 콘택트 소비 시대에 대표적인 트렌드다. 코로나19의 확산과 함께 전 세계 소비자들은 기존의 오프라인 소비를 탈피하여 온라인 소비를 지속하고 있다. 당분간 이런 상황이 이어질 것이므로 포스트 코로나 시대에는 이커머스가 총소비의 주축을 담당하게 될 가능성이 크다.

그림 6-53 › 미국 이커머스 시장 규모 및 비중 추이

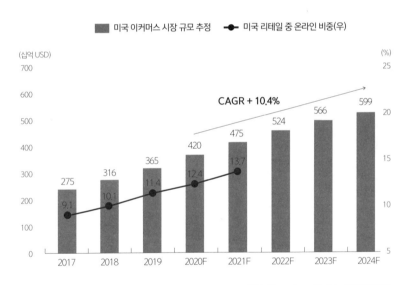

자료: Bloomberg, Statista, 하나금융투자

특히 주요 도시 내 빠른 배송을 위해서는 최종 유통시설의 역할을 하는 중소형 물류시설들이 증가해야 한다. 따라서 이런 시설에 투자하는 물류 리츠들의 높은 성장이 기대된다.

미국의 대표적인 물류 리츠인 프롤로지스(PLD)는 전 세계에서 4,000여 개의 물류·유통시설을 임대 중이며 가장 대표적인 이커머스 수혜 리츠다. 이 밖에도 저온 물류 인프라를 중점적으로 투자하는 아메리콜드(COLD)와 싱가포르 대표 물류 리츠인 메이플트리로지스틱스(MLT) 또한 장기적으로 높은 성장이 기대된다.

3층 연금은 필수,
국민연금은 기본 중의 기본이다

'동학개미 운동'이라는 신조어가 나올 정도로 한국 사회에 주식투자 열풍이 불고 있다. 금리는 제로에 가까워지고 부동산 시장에도 세금 중과세 정책이 쏟아지면서 갈 곳을 찾지 못한 많은 유동 자금이 주식시장으로 이동했다. 그에 따라 한국의 개인 투자자들이 정말 보기 좋게 안정적인 수익을 내는 경험을 하고 있다. 코로나19가 가져온 변화 중 한 가지가 이처럼 우리 사회에서도 주식투자에 대한 시각이 바뀌기 시작했다는 것이다.

주식투자를 하기에 가장 좋은 상품은 연금이다. 주식투자의 원리인 우량주 장기 투자가 연금의 원리와 같기 때문이다. 주식투자는 주주로서 우량 기업의 주인이 되는 자격에 투자하는 것이다. 주가의 단기적인 오르내림보다는 장기적인 기업 실적에 기반해서 기업 가치의 상승에 따른 주가의 상승을 수익률로 가져오기 때문에 주식은 장기적으로 금리보다 훨씬 더 높은 수익률을 기록해왔다.

앞서 살펴봤듯이, 미국의 가계자산을 보면 주식자산과 연금자산의 비중이 크다. 그래서인지 미국이나 호주 등 연금 선진국으로 불리는 사회에서는 '은퇴' 하면 자유(55%), 즐거움(53%) 등 긍정적인 단어가 연상된다는 조사 결과가 있다. 반면 한국 사회에서는 재정적인 불안, 건강 우려, 외로움 등 부정적인 단어가 중심이다. 그만큼 은퇴에 대한 준비가 부족하다는 뜻일 것이다. 우리나라도 미국처럼 은퇴는 축복이고 희망으로 인식되어야 한다. 은퇴를 앞둔 사람들이 행복한 노후를 미리미리 설계하고, 목표를 갖고 노력하는 과정에서 100년 행복을 꿈꿀 수 있어야 한다.

자유롭고 편안하며 행복한 노후의 전제가 되는 것은 경제적인 안정이다. 장수에 대비한 평생 소득을 만드는 데에는 연금만 한 게 없다. 연금 수령 시기와 수령 기간만 잘 조절해도 사망할 때까지 소득이 발생하기 때문이다. 그래서 다양한 연금 상품에 대한 이해와 사회적인 관심이 매우 중요하다. 현역 시절 일찍부터 준비할수록 '스노볼 효과(snowball effect)'로 연금액이 늘어나지만, 개인마다 자금 사정이 다르기에 일률적으로 제시하기는 어렵다. 다만, 기본적인 3층 연금제도(국민연금, 퇴직연금, 개인연금)는 최대한 활용하기를 권한다. 특히 국민연금은 오래 납부하고 늦게 받으면 연금 수령액이 늘어나는 구조다.

연금의 자산배분을 고려할 때 우리나라 국민연금의 변화를 참고하자. 국민연금은 2019년에 전체 기금 운용수익률이 11.31%를 기록했다. 여기에는 자산배분의 변화가 큰 몫을 한 것으로 판단된다. 이를 구체적으로 보면, 2010년에는 국내 채권 비중이 전체 운용자산의 73.8%였지만 2020년에는 41.9%로 무려 32%p가 줄었다. 그 대신 주식 비중이 큰 폭으로 늘었다. 2010년에는 17.9%였지만, 2020년에는 39.6%에 달했다. 10년 전에 비해 무려 21.7%p가 증가한 것이다.

가장 보수적으로 국민의 미래를 받쳐주는 것이 국민연금이다. 그런데 국민연금이 지난 10년간 주식 비중을 2배로 늘렸고, 4년 뒤인 2024년에는 45%까지 늘려갈 계획이라고 밝혔다. 왜 그럴까? 당연히 장기 수익률 차이 때문이다. 이제 개인들도 원금손실의 우려를 과감히 떨치고 연금의 구성을 자산배분형 상품으로 바꾸어서 수익률 관리에 치중해야 할 때다.

연금은 장기 상품이어서 수익률이 매우 중요하다. 수십 년에 걸쳐 '복리의 마술'이 적용되기에 더더욱 그렇다. 수익률 관리를 위해 정기적 리밸런싱 규칙을 만들어보자. 매년 말 한 해의 세금을 정산하는 것과 같이 일정 날짜를 기준으로 연금 수익률을 점검하고, 수익률을 1% 더 높일 방법을 찾자. 지금의 1% 수익률 차이가 훗날 연금자산 규모에 큰 차이를 가져온다는 것을 기억해야 한다. 세금 혜택과 절세 혜택도 반드시 챙기자. 10%의 절세는 수익률 10%와 같다는 것을 명심하자. 연금만 탄탄히 준비되어도 노후가 훨씬 여유로워진다.

나의 금퇴족
점수는?

나도 금퇴족을 따라서 노후자금을 마련하고 싶은데 어떻게 해야 할까?
금퇴족이 노후 준비 100점이라면, 지금 내 현실은 몇 점이라고 할 수
있을까? 100년행복연구센터에서 제시한 '금퇴족 점수표'를 활용하여
현재 상황을 점검해보자.

계산 방법

① 내가 보유한 금융자산의 점수(❶)를 찾는다.

    ※ 퇴직(연)금만 있는 경우 Ⓐ, 집만 있는 경우 Ⓑ, 둘 다 없는 경우 Ⓐ, 둘 다 있는 경우 Ⓑ

② 저축 점수(❷)를 찾는다.

    ※ 퇴직(연)금이 없는 경우 해당 점수표에서 한 칸 아래 점수 적용

③ ❶과 ❷를 곱한다.

점수 해석

130점 이상: 예비 금퇴족 – 노후 생활비 외에 다른 목표를 설정한다.

100점 이상: 금퇴족 안정권 – 지금처럼 꾸준히 준비한다.

70점 이상: 양호 – 저축을 조금 더 늘린다.

평균 소득자 금퇴족 점수표

01

> **평균 소득자: 세전 월 300만 원 이상~500만 원 미만**

임금근로 일자리 전체 평균소득(297만 원) ~ 대기업 평균소득(501만 원) 수준

※ 소득수준은 통계청의 2018년 기준 임금근로 일자리 소득 결과 자료 참조

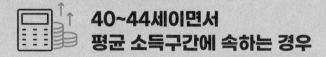

40~44세이면서
평균 소득구간에 속하는 경우

> **40~44세 금퇴족 100점의 모습은?**

- 평균 소득은 월 386만 원이다.
- 현재 생활수준(월 278만 원)을 유지하려면 국민연금 예상액을 제하고 부족한 생활비(141만 원)를 마련해야 하며, 이를 위해 60세까지 필요자금을 적립해야 한다.

금퇴족 평균소득	386만 원
현재 생활수준(소비지출)	278만 원
국민연금 예상액	137만 원
부족한 생활비	141만 원
60세 시점 필요자금	4억 원

- 현재 1억 원이 있고, 월 58만 원(소득의 15%)을 저축한다.
- 퇴직(연)금으로 회사에서 매월 쌓이는 32만 원까지 합하면, 직·간접적으로 저축하는 돈은 매월 총 90만 원이다.

(현재) 얼마 있어야 하나?		1억 원
(앞으로) 월 얼마씩 저축해야 하나? ❶		58만 원
	소득 대비	15%
퇴직연금 불입분 ❷		32만 원
총 저축액 (❶+❷)		90만 원

- 보유 금융자산 중 주식이나 부동산 펀드 등 채권을 제외한 금융투자자산에 32%를 배분한다.

금융투자자산 비중은?	32%

> 나의 금퇴족 점수 계산하기

Ⓐ 주택연금 활용계획 없는 경우

현재 금융자산	❶ 점수		소득 대비 저축 비중	❷ 점수
1억 8,000만 원	135점		30%	2.0점
1억 4,000만 원	115점		20%	1.5점
1억 원	100점		15%	1.0점
8,000만 원	85점	×	5%	0.75점
6,000만 원	70점		저축 안 함 (퇴직연금 있음)	0.5점
3,000만 원	60점		저축 안 함 (퇴직연금 없음)	0.25점
-	50점			
	40점			

※ 퇴직연금 적립금 포함

Ⓑ 주택연금 활용계획 있는 경우(60세부터 월 65만 원 주택연금 가정)

현재 금융자산	❶ 점수		소득 대비 저축 비중	❷ 점수
1억 3,000만 원	135점		25%	2.0점
9,000만 원	115점		15%	1.5점
5,000만 원	100점		10%	1.0점
3,000만 원	85점	×	저축 안 함 (퇴직연금 있음)	0.75점
1,000만 원	70점		저축 안 함 (퇴직연금 없음)	0.5점
-	60점			
-	50점			
-	40점			

사례 월소득 400만 원인 40세 직장인입니다. 집은 없고 퇴직(연)금은 있어요. 현재 금융자산 8,000만 원이 있고 월 60만 원씩 저축하는데, 저의 금퇴족 점수는 몇 점인가요?

(금융자산 8,000만 원 보유 시 점수) 85점 × (소득 대비 저축 15%일 때 점수) 1.0점 = 85점

45~49세이면서 평균 소득구간에 속하는 경우

▶ 45~49세 금퇴족 100점의 모습은?

- 평균 소득은 월 386만 원이다.
- 현재 생활수준(월 278만 원)을 유지하려면 국민연금 예상액을 제하고 부족한 생활비(141만 원)를 마련해야 하며, 이를 위해 60세까지 필요자금을 적립해야 한다.

금퇴족 평균소득	386만 원
현재 생활수준(소비지출)	278만 원
국민연금 예상액	137만 원
부족한 생활비	141만 원
60세 시점 필요자금	4억 3,000만 원

- 현재 2억 3,000만 원이 있고, 월 58만 원(소득의 15%)을 저축한다.
- 퇴직(연)금으로 회사에서 매월 쌓이는 32만 원까지 합하면, 직·간접적으로 저축하는 돈은 매월 총 90만 원이다.

(현재) 얼마 있어야 하나?	2억 3,000만 원
(앞으로) 월 얼마씩 저축해야 하나? ❶	58만 원
소득 대비	15%
퇴직연금 불입분 ❷	32만 원
총 저축액 (❶+❷)	90만 원

- 보유 금융자산 중 주식이나 부동산 펀드 등 채권을 제외한 금융투자자산에 16%를 배분하고 있다.

금융투자자산 비중은?	16%

› 나의 금퇴족 점수 계산하기

Ⓐ 주택연금 활용계획 없는 경우

현재 금융자산	❶ 점수		소득 대비 저축 비중	❷ 점수
2억 9,000만 원	135점		30%	2.0점
2억 6,000만 원	115점		20%	1.5점
2억 3,000만 원	100점		15%	1.0점
2억 2,000만 원	85점	×	5%	0.75점
2억 원	70점		저축 안 함 (퇴직연금 있음)	0.5점
1억 7,000만 원	60점		저축 안 함 (퇴직연금 없음)	0.25점
1억 4,000만 원	50점			
8,000만 원	40점			

※ 퇴직연금 적립금 포함

Ⓑ 주택연금 활용계획 있는 경우(60세부터 월 65만 원 주택연금 가정)

현재 금융자산	❶ 점수		소득 대비 저축 비중	❷ 점수
2억 1,000만 원	135점		25%	2.0점
1억 8,000만 원	115점		15%	1.5점
1억 5,000만 원	100점		10%	1.0점
1억 3,000만 원	85점	×	저축 안 함 (퇴직연금 있음)	0.75점
1억 2,000만 원	70점		저축 안 함 (퇴직연금 없음)	0.5점
9,000만 원	60점			
6,000만 원	50점			
-	40점			

사례 | 월소득 386만 원인 45세 직장인입니다. 집도 있고 퇴직(연)금도 있어요. 현재 금융자산 6,000만 원이 있고 월 100만 원씩 저축하는데, 저의 금퇴족 점수는 몇 점인가요?
(금융자산 6,000만 원 보유 시 점수) 50점 × (소득 대비 저축 25%일 때 점수) 2.0점 = 100점

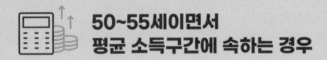

50~55세이면서 평균 소득구간에 속하는 경우

> ### 50~55세 금퇴족 100점의 모습은?

· 평균 소득은 월 386만 원이다.
· 현재 생활수준(월 278만 원)을 유지하려면 국민연금 예상액을 제하고 부족한 생활비(137만 원)를 마련해야 하며, 이를 위해 60세까지 필요자금을 적립해야 한다.

금퇴족 평균소득	386만 원
현재 생활수준(소비지출)	278만 원
국민연금 예상액	141만 원
부족한 생활비	137만 원
60세 시점 필요자금	4억 2,000만 원

· 현재 3억 1,000만 원이 있고, 월 58만 원(소득의 15%)을 저축한다.
· 퇴직(연)금으로 회사에서 매월 쌓이는 32만 원까지 합하면, 직·간접적으로 저축하는 돈은 매월 총 90만 원이다.

(현재) 얼마 있어야 하나?		3억 1,000만 원
(앞으로) 월 얼마씩 저축해야 하나? ❶		58만 원
	소득 대비	15%
퇴직연금 불입분 ❷		32만 원
총 저축액 (❶+❷)		90만 원

· 보유 금융자산 중 주식이나 부동산 펀드 등 채권을 제외한 금융투자자산에 10%를 배분하고 있다.

금융투자자산 비중은?	10%

› 나의 금퇴족 점수 계산하기

Ⓐ 주택연금 활용계획 없는 경우

현재 금융자산	❶ 점수
3억 5,000만 원	135점
3억 3,000만 원	115점
3억 1,000만 원	100점
3억 원	85점
2억 9,000만 원	70점
2억 8,000만 원	60점
2억 6,000만 원	50점
2억 2,000만 원	40점

×

소득 대비 저축 비중	❷ 점수
30%	2.0점
20%	1.5점
15%	1.0점
5%	0.75점
저축 안 함 (퇴직연금 있음)	0.5점
저축 안 함 (퇴직연금 없음)	0.25점

※ 퇴직연금 적립금 포함

Ⓑ 주택연금 활용계획 있는 경우(60세부터 월 65만 원 주택연금 가정)

현재 금융자산	❶ 점수
2억 4,000만 원	135점
2억 2,000만 원	115점
2억 원	100점
1억 9,000만 원	85점
1억 8,000만 원	70점
1억 7,000만 원	60점
1억 5,000만 원	50점
1억 1,000만 원	40점

×

소득 대비 저축 비중	❷ 점수
25%	2.0점
15%	1.5점
10%	1.0점
저축 안 함 (퇴직연금 있음)	0.75점
저축 안 함 (퇴직연금 없음)	0.5점

사례 | 월소득 386만 원인 50세 직장인입니다. 집은 없고 퇴직(연)금은 있어요. 현재 금융자산 2억 8,000만 원이 있고 월 80만 원씩 저축하는데, 저의 금퇴족 점수는 몇 점인가요?

(금융자산 2억 8,000만 원 보유 시 점수) 60점 × (소득 대비 저축 20%일 때 점수) 1.5점 = 90점

02 중상위 소득자 금퇴족 점수표

> **중상위 소득자: 세전 월 500만 원 이상~800만 원 미만**

대기업 임금근로자 평균소득(501만 원) ~ 임금근로자 상위 4.5% 미만 수준

※ 소득수준은 통계청의 2018년 기준 임금근로 일자리 소득 결과 자료 참조

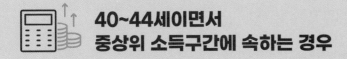

40~44세이면서 중상위 소득구간에 속하는 경우

> ## 40~44세 금퇴족 100점의 모습은?

- 평균 소득은 월 638만 원이다.
- 현재 생활수준(월 403만 원)을 유지하려면 국민연금 예상액을 제하고 부족한 생활비(238만 원)를 마련해야 하며, 이를 위해 60세까지 필요자금을 적립해야 한다.

금퇴족 평균소득	638만 원
현재 생활수준(소비지출)	403만 원
국민연금 예상액	165만 원
부족한 생활비	238만 원
60세 시점 필요자금	6억 8,000만 원

- 현재 2억 3,000만 원이 있고, 월 95만 원(소득의 15%)을 저축한다.
- 퇴직(연)금으로 회사에서 매월 쌓이는 53만 원까지 합하면, 직·간접적으로 저축하는 돈은 매월 총 148만 원이다.

(현재) 얼마 있어야 하나?		2억 3,000만 원
(앞으로) 월 얼마씩 저축해야 하나? ❶		95만 원
	소득 대비	15%
퇴직연금 불입분 ❷		53만 원
총 저축액 (❶+❷)		148만 원

- 보유 금융자산 중 주식이나 부동산 펀드 등 채권을 제외한 금융투자자산에 17%를 배분한다.

금융투자자산 비중은?	17%

› 나의 금퇴족 점수 계산하기

Ⓐ 주택연금 활용계획 없는 경우

현재 금융자산	❶ 점수		소득 대비 저축 비중	❷ 점수
3억 7,000만 원	135점		30%	2.0점
3억 원	115점		20%	1.5점
2억 3,000만 원	100점		15%	1.0점
1억 9,000만 원	85점	×	5%	0.75점
1억 6,000만 원	70점		저축 안 함 (퇴직연금 있음)	0.5점
9,000만 원	60점			
2,000만 원	50점		저축 안 함 (퇴직연금 없음)	0.25점
-	40점			

※ 퇴직연금 적립금 포함

Ⓑ 주택연금 활용계획 있는 경우(60세부터 월 138만 원 주택연금 가정)

현재 금융자산	❶ 점수		소득 대비 저축 비중	❷ 점수
2억 1,000만 원	135점		25%	2.0점
1억 4,000만 원	115점		15%	1.5점
7,000만 원	100점		10%	1.0점
3,000만 원	85점	×	저축 안 함 (퇴직연금 있음)	0.75점
-	70점			
-	60점		저축 안 함 (퇴직연금 없음)	0.5점
-	50점			
-	40점			

사례 월소득 638만 원인 41세 직장인입니다. 집도 있고 퇴직(연)금도 있어요. 현재 금융자산 7,000만 원이 있고 월 65만 원씩 저축하는데, 저의 금퇴족 점수는 몇 점인가요?

(금융자산 7,000만 원 보유 시 점수) 100점 × (소득 대비 저축 10%일 때 점수) 1.0점 = 100점

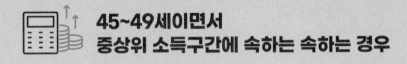

45~49세이면서 중상위 소득구간에 속하는 속하는 경우

> ### 45~49세 금퇴족 100점의 모습은?

· 평균 소득은 월 638만 원이다.
· 현재 생활수준(월 403만 원)을 유지하려면 국민연금 예상액을 제하고 부족한 생활비(237만 원)를
마련해야 하며, 이를 위해 60세까지 필요자금을 적립해야 한다.

금퇴족 평균소득	638만 원
현재 생활수준(소비지출)	403만 원
국민연금 예상액	166만 원
부족한 생활비	237만 원
60세 시점 필요자금	6억 9,000만 원

· 현재 3억 9,000만 원이 있고, 월 95만 원(소득의 15%)을 저축한다.
· 퇴직(연)금으로 회사에서 매월 쌓이는 53만 원까지 합하면, 직·간접적으로 저축하는 돈은 매월 총
148만 원이다.

(현재) 얼마 있어야 하나?		3억 9,000만 원
(앞으로) 월 얼마씩 저축해야 하나? ❶		95만 원
	소득 대비	15%
퇴직연금 불입분 ❷		53만 원
총 저축액 (❶+❷)		148만 원

· 보유 금융자산 중 주식이나 부동산 펀드 등 채권을 제외한 금융투자자산에 12%를 배분한다.

금융투자자산 비중은?	12%

› 나의 금퇴족 점수 계산하기

Ⓐ 주택연금 활용계획 없는 경우

현재 금융자산	❶ 점수
4억 9,000만 원	135점
4억 4,000만 원	115점
3억 9,000만 원	100점
3억 6,000만 원	85점
3억 4,000만 원	70점
2억 9,000만 원	60점
2억 4,000만 원	50점
1억 9,000만 원	40점

×

소득 대비 저축 비중	❷ 점수
30%	2.0점
20%	1.5점
15%	1.0점
5%	0.75점
저축 안 함 (퇴직연금 있음)	0.5점
저축 안 함 (퇴직연금 없음)	0.25점

※ 퇴직연금 적립금 포함

Ⓑ 주택연금 활용계획 있는 경우(60세부터 월 138만 원 주택연금 가정)

현재 금융자산	❶ 점수
2억 8,000만 원	135점
2억 3,000만 원	115점
1억 8,000만 원	100점
1억 6,000만 원	85점
1억 3,000만 원	70점
8,000만 원	60점
3,000만 원	50점
-	40점

×

소득 대비 저축 비중	❷ 점수
25%	2.0점
15%	1.5점
10%	1.0점
저축 안 함 (퇴직연금 있음)	0.75점
저축 안 함 (퇴직연금 없음)	0.5점

사례 | 월소득 650만 원인 46세 직장인입니다. 집은 없고 퇴직(연)금은 있어요. 현재 금융자산 3억 6,000만 원이 있고 월 98만 원씩 저축하는데, 저의 금퇴족 점수는 몇 점인가요?
(금융자산 3억 6,000만 원 보유 시 점수) 85점 × (소득 대비 저축 15%일 때 점수) 1.0점 = 85점

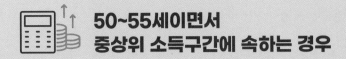

50~55세이면서
중상위 소득구간에 속하는 경우

▶ 50~55세 금퇴족 100점의 모습은?

· 평균 소득은 월 638만 원이다.
· 현재 생활수준(월 403만 원)을 유지하려면 국민연금 예상액을 제하고 부족한 생활비(237만 원)를 마련해야 하며, 이를 위해 60세까지 필요자금을 적립해야 한다.

금퇴족 평균소득	638만 원
현재 생활수준(소비지출)	403만 원
국민연금 예상액	166만 원
부족한 생활비	237만 원
60세 시점 필요자금	6억 9,000만 원

· 현재 5억 1,000만 원이 있고, 월 95만 원(소득의 15%)을 저축한다.
· 퇴직(연)금으로 회사에서 매월 쌓이는 53만 원까지 합하면, 직·간접적으로 저축하는 돈은 매월 총 148만 원이다.

(현재) 얼마 있어야 하나?	5억 1,000만 원
(앞으로) 월 얼마씩 저축해야 하나? ❶	95만 원
소득 대비	15%
퇴직연금 불입분 ❷	53만 원
총 저축액 (❶+❷)	148만 원

· 보유 금융자산 중 주식이나 부동산 펀드 등 채권을 제외한 금융투자자산에 9%를 배분한다.

금융투자자산 비중은?	9%

› 나의 금퇴족 점수 계산하기

Ⓐ 주택연금 활용계획 없는 경우

현재 금융자산	❶ 점수		소득 대비 저축 비중	❷ 점수
5억 8,000만 원	135점		30%	2.0점
5억 4,000만 원	115점		20%	1.5점
5억 1,000만 원	100점		15%	1.0점
5억 원	85점	×	5%	0.75점
4억 9,000만 원	70점		저축 안 함 (퇴직연금 있음)	0.5점
4억 6,000만 원	60점		저축 안 함 (퇴직연금 있음)	0.5점
4억 3,000만 원	50점		저축 안 함 (퇴직연금 없음)	0.25점
4억 원	40점		저축 안 함 (퇴직연금 없음)	0.25점

※ 퇴직연금 적립금 포함

Ⓑ 주택연금 활용계획 있는 경우(60세부터 월 138만 원 주택연금 가정)

현재 금융자산	❶ 점수		소득 대비 저축 비중	❷ 점수
3억 3,000만 원	135점		25%	2.0점
3억 원	115점		15%	1.5점
2억 7,000만 원	100점		10%	1.0점
2억 6,000만 원	85점	×	저축 안 함 (퇴직연금 있음)	0.75점
2억 4,000만 원	70점		저축 안 함 (퇴직연금 있음)	0.75점
2억 1,000만 원	60점		저축 안 함 (퇴직연금 없음)	0.5점
1억 8,000만 원	50점		저축 안 함 (퇴직연금 없음)	0.5점
1억 5,000만 원	40점			

사례 월소득 638만 원인 51세 직장인입니다. 집도 없고 퇴직(연)금도 없어요. 현재 금융자산 5억 원이 있고 월 130만 원씩 저축하는데, 저의 금퇴족 점수는 몇 점인가요?
(금융자산 5억 원 보유 시 점수) 85점 × (소득 대비 20%를 저축하지만, 퇴직연금이 없으므로 한 단계 낮은 점수) 1.0점 = 85점

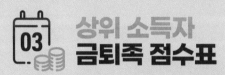

상위 소득자
금퇴족 점수표

> ### 상위 소득자: 세전 월 800만 원 이상
>
> 임금근로자 상위 4.5%의 소득 이상 수준

※ 소득수준은 통계청의 2018년 기준 임금근로 일자리 소득 결과 자료 참조

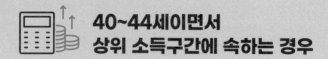

40~44세이면서
상위 소득구간에 속하는 경우

> ### 40~44세 금퇴족 100점의 모습은?

· 평균 소득은 월 1,504만 원이다.
· 현재 생활수준(월 655만 원)을 유지하려면 국민연금 예상액을 제하고 부족한 생활비(489만 원)를
마련해야 하며, 이를 위해 60세까지 필요자금을 적립해야 한다.

금퇴족 평균소득	1,504만 원
현재 생활수준(소비지출)	655만 원
국민연금 예상액	166만 원
부족한 생활비	489만 원
60세 시점 필요자금	13억 4,000만 원

· 현재 5억 5,000만 원이 있고, 월 150만 원(소득의 10%)을 저축한다.
· 퇴직금으로 회사에서 매월 쌓이는 125만 원까지 합하면, 직·간접적으로 저축하는 돈은 매월 총
275만 원이다.

(현재) 얼마 있어야 하나?	5억 5,000만 원
(앞으로) 월 얼마씩 저축해야 하나? ❶	150만 원
소득 대비	10%
퇴직연금 불입분 ❷	125만 원
총 저축액 (❶+❷)	275만 원

· 보유 금융자산 중 주식이나 부동산 펀드 등 채권을 제외한 금융투자자산에 10%를 배분한다.

금융투자자산 비중은?	10%

› 나의 금퇴족 점수 계산하기

Ⓐ 주택연금 활용계획 없는 경우

현재 금융자산	❶ 점수		소득 대비 저축 비중	❷ 점수
7억 3,000만 원	135점		30%	2.0점
6억 4,000만 원	115점		20%	1.5점
5억 5,000만 원	100점		10%	1.0점
3억 8,000만 원	85점	×	5%	0.75점
2억 1,000만 원	70점		저축 안 함 (퇴직연금 있음)	0.5점
1억 1,000만 원	60점		저축 안 함 (퇴직연금 없음)	0.25점
-	50점			
-	40점			

※ 퇴직연금 적립금 포함

Ⓑ 주택연금 활용계획 있는 경우(60세부터 월 187만 원 주택연금 가정)

현재 금융자산	❶ 점수		소득 대비 저축 비중	❷ 점수
5억 5,000만 원	135점		25%	2.0점
4억 6,000만 원	115점		15%	1.5점
3억 8,000만 원	100점		5%	1.0점
2억 1,000만 원	85점	×	저축 안 함 (퇴직연금 있음)	0.75점
3,000만 원	70점		저축 안 함 (퇴직연금 없음)	0.5점
-	60점			
-	50점			
-	40점			

사례

월소득 1,500만 원인 42세 직장인입니다. 집은 있고 퇴직(연)금은 없어요. 현재 금융자산 3억 8,000만 원이 있고 월 210만 원씩 저축하는데, 저의 금퇴족 점수는 몇 점인가요?

(금융자산 3억 8,000만 원 보유 시 점수) 100점 × (소득 대비 15%를 저축하지만, 퇴직연금이 없으므로 한 단계 낮은 점수) 1.0점 = 100점

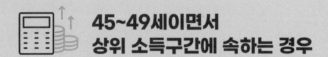

45~49세이면서
상위 소득구간에 속하는 경우

> **45~49세 금퇴족 100점의 모습은?**

· 평균 소득은 월 1,504만 원이다.
· 현재 생활수준(월 655만 원)을 유지하려면 국민연금 예상액을 제하고 부족한 생활비(487만 원)를
  마련해야 하며, 이를 위해 60세까지 필요자금을 적립해야 한다.

금퇴족 평균소득	1,504만 원
현재 생활수준(소비지출)	655만 원
국민연금 예상액	168만 원
부족한 생활비	487만 원
60세 시점 필요자금	13억 2,000만 원

· 현재 7억 6,000만 원이 있고, 월 150만 원(소득의 10%)을 저축한다.
· 퇴직금으로 회사에서 매월 쌓이는 125만 원까지 합하면, 직·간접적으로 저축하는 돈은 매월 총
  275만 원이다.

(현재) 얼마 있어야 하나?	7억 6,000만 원
(앞으로) 월 얼마씩 저축해야 하나? ❶	150만 원
소득 대비	10%
퇴직연금 불입분 ❷	125만 원
총 저축액 (❶+❷)	275만 원

· 보유 금융자산 중 주식이나 부동산 펀드 등 채권을 제외한 금융투자자산에 12%를 배분한다.

금융투자자산 비중은?	12%

▶ 나의 금퇴족 점수 계산하기

Ⓐ 주택연금 활용계획 없는 경우

현재 금융자산	❶ 점수
8억 7,000만 원	135점
8억 2,000만 원	115점
7억 6,000만 원	100점
6억 4,000만 원	85점
5억 2,000만 원	70점
4억 원	60점
2억 8,000만 원	50점
1억 6,000만 원	40점

×

소득 대비 저축 비중	❷ 점수
30%	2.0점
20%	1.5점
10%	1.0점
5%	0.75점
저축 안 함 (퇴직연금 있음)	0.5점
저축 안 함 (퇴직연금 없음)	0.25점

※ 퇴직연금 적립금 포함

Ⓑ 주택연금 활용계획 있는 경우(60세부터 월 187만 원 주택연금 가정)

현재 금융자산	❶ 점수
6억 5,000만 원	135점
5억 9,000만 원	115점
5억 3,000만 원	100점
4억 1,000만 원	85점
2억 9,000만 원	70점
1억 7,000만 원	60점
5,000만 원	50점
-	40점

×

소득 대비 저축 비중	❷ 점수
25%	2.0점
15%	1.5점
5%	1.0점
저축 안 함 (퇴직연금 있음)	0.75점
저축 안 함 (퇴직연금 없음)	0.5점

사례 | 월소득 1,500만 원인 47세 직장인입니다. 집은 없고 퇴직(연)금은 있어요. 현재 금융자산 4억 원이 있고 월 280만 원씩 저축하는데, 저의 금퇴족 점수는 몇 점인가요?

(금융자산 4억 원 보유 시 점수) 60점 × (소득 대비 저축 20%일 때 점수) 1.5점 = 90점

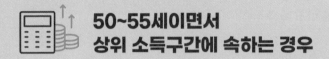

50~55세이면서
상위 소득구간에 속하는 경우

› 50~55세 금퇴족 100점의 모습은?

· 평균 소득은 월 1,504만 원이다.
· 현재 생활수준(월 655만 원)을 유지하려면 국민연금 예상액을 제하고 부족한 생활비(488만 원)를 마련해야 하며, 이를 위해 60세까지 필요자금을 적립해야 한다.

금퇴족 평균소득	1,504만 원
현재 생활수준(소비지출)	655만 원
국민연금 예상액	167만 원
부족한 생활비	488만 원
60세 시점 필요자금	13억 4,000만 원

· 현재 10억 2,000만 원이 있고, 월 150만 원(소득의 10%)을 저축한다.
· 퇴직금으로 회사에서 매월 쌓이는 125만 원까지 합하면, 직·간접적으로 저축하는 돈은 매월 총 275만 원이다.

(현재) 얼마 있어야 하나?		10억 2,000만 원
(앞으로) 월 얼마씩 저축해야 하나? ❶		150만 원
	소득 대비	10%
퇴직연금 불입분 ❷		125만 원
총 저축액 (❶+❷)		275만 원

· 보유 금융자산 중 주식이나 부동산 펀드 등 채권을 제외한 금융투자자산에 8%를 배분한다.

금융투자자산 비중은?	8%

▸ 나의 금퇴족 점수 계산하기

Ⓐ 주택연금 활용계획 없는 경우

현재 금융자산	❶ 점수
10억 9,000만 원	135점
10억 6,000만 원	115점
10억 2,000만 원	100점
9억 5,000만 원	85점
8억 8,000만 원	70점
8억 1,000만 원	60점
7억 4,000만 원	50점
6억 7,000만 원	40점

×

소득 대비 저축 비중	❷ 점수
30%	2.0점
20%	1.5점
10%	1.0점
5%	0.75점
저축 안 함 (퇴직연금 있음)	0.5점
저축 안 함 (퇴직연금 없음)	0.25점

※ 퇴직연금 적립금 포함

Ⓑ 주택연금 활용계획 있는 경우(60세부터 월 187만 원 주택연금 가정)

현재 금융자산	❶ 점수
7억 8,000만 원	135점
7억 5,000만 원	115점
7억 1,000만 원	100점
6억 4,000만 원	85점
5억 7,000만 원	70점
5억 원	60점
4억 3,000만 원	50점
3억 6,000만 원	40점

×

소득 대비 저축 비중	❷ 점수
25%	2.0점
15%	1.5점
5%	1.0점
저축 안 함 (퇴직연금 있음)	0.75점
저축 안 함 (퇴직연금 없음)	0.5점

사례 | 월소득 1,500만 원인 52세 직장인입니다. 집도 있고 퇴직(연)금도 있어요. 현재 금융자산 3억 6,000만 원이 있고 월 350만 원씩 저축하는데, 저의 금퇴족 점수는 몇 점인가요?
(금융자산 3억 6,000만 원 보유 시 점수) **40점** × (소득 대비 저축 25%일 때 점수) **2.0점** = **80점**

돈 걱정 없는 노후를 준비하는 연금 플랜

100년 통장

초판 1쇄 인쇄 2020년 11월 27일
초판 1쇄 발행 2020년 12월 4일

지은이 하나금융그룹 100년행복연구센터(조용준, 김혜령, 이남희, 경은진, 김상만, 김훈길)
펴낸이 김선준, 김동환

편집팀장 한보라   **마케팅** 권두리
본문 편집 공순례   **표지디자인** 강수진   **본문디자인** 김영남

펴낸곳 페이지2북스   **출판등록** 2019년 4월 25일 제2019-000129호
주소 서울시 강서구 양천로 551-17 한화비즈메트로 1차 1306호
전화 070) 7730-5880   **팩스** 02) 332-5856
이메일 page2books@naver.com
종이 (주)월드페이퍼   **출력·인쇄·후가공·제본** (주)현문

ISBN 979-11-90977-05-0 (03320)